长三角区域一体化的战略路径

国务院发展研究中心课题组　著

The Strategic Path of the Integrated Regional Development of the Yangtze River Delta

图书在版编目（CIP）数据

长三角区域一体化的战略路径/国务院发展研究中心课题组著.—北京：中国发展出版社，2020.11

ISBN 978-7-5177-1143-8

Ⅰ.①长…　Ⅱ.①国…　Ⅲ.①长江三角洲—区域经济发展—经济一体化—经济规划　Ⅳ.①F127.5

中国版本图书馆 CIP 数据核字（2020）第 213500 号

书　　名：长三角区域一体化的战略路径
著作责任者：国务院发展研究中心课题组
出 版 发 行：中国发展出版社
联 系 地 址：北京经济技术开发区荣华中路 22 号亦城财富中心 1 号楼 8 层（100176）
标 准 书 号：ISBN 978-7-5177-1143-8
经　销　者：各地新华书店
印　刷　者：北京市密东印刷有限公司
开　　本：710mm×1000mm　1/16
印　　张：18.75
字　　数：234 千字
版　　次：2020 年 12 月第 1 版
印　　次：2020 年 12 月第 1 次印刷
定　　价：75.00 元

联 系 电 话：（010）68990525　68990692
购 书 热 线：（010）68990682　68990686
网 络 订 购：http：//zgfzcbs.tmall.com
网 购 电 话：（010）68990639　88333349
本 社 网 址：http：//www.develpress.com
电 子 邮 件：gulianchi@163.com

DRC

2020

国务院发展研究中心研究丛书

“长江三角洲区域一体化发展总体思路与战略举措研究”课题组

课题负责人：

马建堂　国务院发展研究中心党组书记、研究员

张来明　国务院发展研究中心党组成员、副主任、研究员

课题协调人：

侯永志　国务院发展研究中心发展战略和区域经济研究部部长、研究员

李建伟　国务院发展研究中心公共管理与人力资源研究所所长、研究员

课题联络人：

卓　贤　国务院发展研究中心发展战略和区域经济研究部副部长、研究员

赵　峥　国务院发展研究中心公共管理与人力资源研究所研究室副主任、研究员

张晓路　国务院发展研究中心公共管理与人力资源研究所交流培训室副主任、助理研究员

课题组成员：

刘培林　国务院发展研究中心发展战略和区域经济研究部一级巡视员、研究员

王金照　国务院发展研究中心信息中心主任、研究员

王　青　国务院发展研究中心市场经济研究所副所长、研究员

李　兰　国务院发展研究中心公共管理与人力资源研究所副所长、研究员

杨维富　国务院发展研究中心公共管理与人力资源研究所所长助理、研究员

宋紫峰　国务院发展研究中心产业经济研究部研究室主任、研究员

沈恒超　国务院发展研究中心创新发展研究部研究室主任、研究员

王海芹　国务院发展研究中心资源与环境政策研究所研究室主任、研究员

李维明　国务院发展研究中心资源与环境政策研究所研究室主任、研究员

沈俊杰　国务院发展研究中心办公厅（人事局）副处级秘书、副研究员

贾　珅　国务院发展研究中心发展战略和区域经济研究部研究室副主任、副研究员
赵福军　国务院发展研究中心对外经济研究部研究室主任、研究员
张　贺　国务院发展研究中心国际合作局综合处副处长、助理研究员
王伟进　国务院发展研究中心公共管理与人力资源研究所研究室副主任、副研究员
王立坤　国务院发展研究中心市场经济研究所副研究员
孙　轩　国务院发展研究中心公共管理与人力资源研究所研究室副主任、助理研究员
刘小鸽　国务院发展研究中心发展战略和区域经济研究部一级主任科员、助理研究员
周灵灵　国务院发展研究中心公共管理与人力资源研究所副研究员
王军礼　国务院发展研究中心公共管理与人力资源研究所助理研究员
王炳文　国务院发展研究中心公共管理与人力资源研究所副研究员
陈　迪　清华大学博士研究生
陈　勇　北京大学国际关系学院硕士研究生
刘红霞　首都师范大学副教授

总 序

为决战决胜全面建成小康社会
贡献高端智库更大智慧和力量

马建堂

2020 年是全面建成小康社会决战决胜之年和“十三五”规划收官之年。面对突如其来的新冠肺炎疫情，在以习近平同志为核心的党中央坚强领导下，全国人民以习近平新时代中国特色社会主义思想为指导，坚决贯彻落实中央各项方针政策，紧扣全面建成小康社会目标任务，统筹推进疫情防控和经济社会发展工作，迎难而上、奋力拼搏，决战决胜全面建成小康社会，确保如期全面建成得到人民认可、经得起历史检验的小康社会。

小康社会是中华民族对幸福生活的千年期盼，全面建成小康社会是中国共产党的奋斗目标和庄严承诺。党的十八大以来，以习近平同志为核心的党中央顺应我国经济社会新发展和广大人民群众新期盼，提出了全面建成小康社会新的目标要求，赋予了“小康”更高的标准、更丰富的内涵、更全面的要求。全面建成小康社会，是“两个一百年”奋斗目标的第一个百年奋斗目标，是中国共产党向人民、向历史作出的庄严承诺，是中国特色社会主义进入新时代的重大历史任务，也是乘势开启全面建设社会主义现代化国家新征程、实现中华民族伟大复兴中国梦的重要里程碑，具有十分重要的实践意义、历史意义和世界意义。在习近平新时代中国特色社会主义思想指引下，我国决战全面建成小康社会生动展开、决胜在即。

一是经济迈向高质量发展。习近平总书记指出，我国经济已由高速增长阶段转向高质量发展阶段，正处在转变发展方式、优化经济结构、转换增长动力的攻关期。以经济建设为中心是兴国之要，经济迈向高质量发展是全面建成小康社会的重要物质基础。党的十八大以来，我国积极推进一系列体制机制改革和政策创新，大力推动经济发展质量变革、效率变革、动力变革，经济高质量发展取得了显著成效。2012～2019 年，我国经济增长平均速度达到 7.0%，在世界主要经济体中保持领先，持续成为推动世界经济增长的动力源。2019 年，我国 GDP 达到 990865 亿元，接近 100 万亿元，人均 GDP 按年平均汇率折算达到 10276 美元，标志着我国经济发展迈上了新的台阶。同时，产业结构持续优化，制造业内部结构升级趋势明显，化解产能过剩取得实效，供给体系质量逐步提高。

二是创新驱动成效显著。习近平总书记强调，创新是引领发展的第一动力。全面建成小康社会，解决我国发展面临的突出短板问题，守住安全底线，提高发展的平衡性、包容性和可持续性，根本的出路唯有实现创新驱动。党的十八大以来，我国持续加大创新资源投入，通过全面深化改革不断释放和激发全社会的创业创新热情，自主创新能力显著增强，创新型国家和人才强国建设取得决定性进展。2012～2019 年，全社会研发经费投入从 10298 亿元增长到 21737 亿元，7 年间翻了一番，目前研发经费支出占 GDP 比重已达到 2.19%，超过欧盟 15 个初创国家平均水平。持续投入结出了累累硕果，我国在基础研究、前沿技术等领域取得诸多重大突破，产生一批在世界上叫得响、数得着的重大成果。创新对经济社会发展的引领力不断增强，全员劳动生产率稳步提高，2019 年已达到 115009 元/人。科技与经济深度融合，智能制造、无人配送、在线消费、医疗健康等新产业新业态新商业模式持续高速发展，对经济社会发展的支撑作用不断增强，不少领域在全世界处于领先水平，这一点在新冠肺炎疫情暴发期间表现得尤为突出。

三是发展协调性明显增强。习近平总书记指出，现代化建设各个环节、各个方面要协调发展，不能长的很长、短的很短。协调发展是全面建成小康社会的应有之义。从发展目标上说，协调就是要让全体人民共享发展的成果；从发展手段上说，协调就是要扬长避短，既要巩固和厚植原有优势，也要着力破解难题，补齐短板，克服“木桶效应”，从而提高整体发展质量，挖掘发展潜力，增强发展后劲。党的十八大以来，我国一系列重点发展战略举措都体现了协调发展的理念，取得了明显成效。在区域协调发展方面，我国提出了京津冀协同发展、长江经济带发展、粤港澳大湾区建设、长三角一体化发展、黄河流域生态保护和高质量发展等重大战略，持续支持革命老区、边疆地区、贫困地区加快发展，不断缩小地区发展差距。2019 年我国东部地区人均 GDP 是西部的 1.76 倍，比 2012 年下降了 0.08 倍。反映 31 个省区市人均 GDP 不均等程度的基尼系数从 2012 年的 0.237 下降到 2019 年的 0.235。在城乡协调发展方面，着力实施乡村振兴战略，坚持工业反哺农业、城市支持农村和多予少取放活的方针，促进城乡资源均衡配置，加快推进农业农村现代化步伐。2019 年城镇居民人均可支配收入是农村居民的 2.64 倍，比 2012 年明显下降。

四是人民生活水平和质量普遍提高。习近平总书记强调，让老百姓过上好日子是我们一切工作的出发点和落脚点。全面建成小康社会，人民是最终的阅卷人，必须坚持以人民为中心的发展理念，紧紧抓住人民最关心最直接最现实的利益问题。2013～2019年，我国全年城镇新增就业人数都在1300万人以上，在一个有14亿人口的大国实现了比较充分的就业。2012～2019年，我国居民人均可支配收入从16510元增长到30733元，收入分配差距问题有所缓解，中等收入人口比重持续上升，经济增长和社会发展成果真正被广大人民共享。截至2019年底，全国参加城镇职工基本养老保险的有43482万人，参加城乡居民基本养老保险的有53266万人，参加基本医疗保险的有135436万人。作为一个发展中国家，我国建成了全世界覆盖面最广的社会保障网，有效解除了广大人民的后顾之忧。全面小康是惠及全体人民的小康，是没有一个人掉队的小康，其中最艰巨的是打赢精准脱贫攻坚战。习近平总书记多次强调，小康不小康，关键看老乡。2012～2019年，我国年末贫困人口从9899万人减少到551万人，连续7年年均减贫1000万人以上，9000多万人已经稳定脱贫，贫困发生率从10.2%降到0.6%，脱贫攻坚取得了决定性成就。这是人类减贫史乃至发展史上前无古人的壮举。

五是国民素质和社会文明程度显著提高。习近平总书记指出，只有物质文明建设和精神文明建设都搞好，国家物质力量和精神力量都增强，全国各族人民物质生活和精神生活都改善，中国特色社会主义事业才能顺利推向前进。党的十八大以来，中国梦和社会主义核心价值观深入人心，已经内化为人们的精神取向、外化为人们的自觉行动，成为当代中国精神的集中体现，凝结着全体人民共同的价值追求。随着对教育、卫生等公共事业的持续投入，2018年我国劳动年龄人口的平均受教育年限达到10.63年，人均预期寿命达到77岁，国民思想道德素质、科学文化素质、健康素质明显提高，为创建知识型、技能型、创新型劳动者大军提供了坚实人力基础。特别是在2020年初新冠肺炎疫情暴发后，习近平总书记亲自指挥、亲自部署，始终把人民群众生命安全和身体健康放在第一位，带领全党全国人民打响疫情防控的人民战争、总体战、阻击战，并迅速扭转局面，取得疫情防控持续向好态势，有力保障了人民健康安全。

六是生态环境质量总体改善。习近平总书记强调，环境就是民生，青山就是美丽，蓝天也是幸福。良好的生态环境是最公平的公共产品和最普惠的民生福祉，是全面建成小康社会的重要内容，否则，就会影响小康社会的“成色”。党的十八大以来，我国明确实行了最严格的生态环境保护制度，逐步健全了以主体功能区制度为核心，以源头预防、过程控制、损害赔偿和责任追究为主要内容的生态文明制度体系。党的十九大提出要坚决打好污染防治攻坚战，以改善生态环境质量为核心，以解决人民群众反映强烈的突出生态环境问题为重点，围绕污染物总量减排、生态环境质量提高、生态环境风险管控三类目标，全面推进蓝天保卫战，着力打好碧水保卫战，扎实推进净土保卫战，大力开展生态保护和修复，强化生态环境督察执法，保证党中央关于生态文明建设决策部署落地生根见效。由于这些努力，近年来我国环境质量改善速度之快前所未有，生态环境发生了历史性、转折性和全局性的变化。空气质量明显改善。2019年，在监测的337个地级及以上城市中，空气质量达标的城市占46.6%，比最近可比的2015年提高了25个百分点；全国细颗粒物（PM2.5）未达标地级及以上城市的年平均浓度为40微克/立方米，比2015年下降了29.8%。水环境质量明显好转。全国地表水Ⅰ－Ⅲ类水体比例达到70%以上，劣Ⅴ类水体比例控制在5%以内。能源资源消费更加集约。2019年，每万元国内生产总值用能量为0.49吨标煤，比2012年下降了24.5%；每万元国内生产总值用水量67立方米，比2012年下降了38.8%。

七是各方面制度更加成熟更加定型。习近平总书记指出，新时代改革开放具有很多新的内涵和特点，其中很重要的一点就是制度建设分量更重，改革更多面对的是深层次体制机制问题，对改革顶层设计的要求更高，对改革的系统性、整体性、协同性要求更高，相应地，建章立制、构建体系的任务更重。全面小康是我国近现代发展史上的一次重大历史变革，其建成、巩固以及在此基础上开启我国社会主义现代化国家建设新征程，都要依靠沿着正确方向深化改革形成的成熟定型的国家制度和国家治理体系。党的十八届三中全会开启了全面深化改革、系统整体设计推进改革的新时代。近几年来，我国坚持和完善党的领导制度体系、人民当家作主制度体系、中国特色社会主义法治体系、中国特色社会主义行政体制、社会主义基本经济制度、繁荣发展社会主义先进文化的制度、统筹城乡的民生保障制度、共建共治共享的社会治理制度、生态文明制度体系等，主要领域的基础性制度体系基本形成，重要领域和关键环节改革成效显著，按制度办事、依法办事意识普遍提高，运用制度和法律治理国家的能力显著增强，各方面制度优势正不断转化为管理国家的效能，为全面建成小康社会提供了强大制度保障。

在决战决胜全面建成小康社会的宏伟征程中，国家高端智库肩负着光荣而重大的职责使命。今年以来，国务院发展研究中心深入学习贯彻习近平新时代中国特色社会主义思想，深入学习贯彻习近平总书记重要指示批示精神和党中央决策部署，扎实开展“不忘初心、牢记使命”主题教育，不断增强“四个意识”、坚定“四个自信”、做到“两个维护”，党的建设自觉性主动性和初心使命意识进一步增强，为党咨政、为国建言的质量进一步提高，支撑主责主业、服务中央决策的能力进一步提升，政务运转和服务保障工作进一步提效，国际交流合作机制进一步深化，“智库创新工程”带动智库体制机制建设实现新的突破，国家高端智库建设迈上新的台阶。

过去一年，我们围绕经济社会发展全局性、战略性、前瞻性、长期性和重点热点难点问题开展深入研究，推出一大批高质量研究报告，进一步提高了服务中央决策的能力和水平，共完成几十项中央交办重大课题，高质量完成长江三角洲区域一体化、海南自由贸易港制度与政策体系等多项重大研究任务。

呈现在读者面前的这套“国务院发展研究中心研究丛书 2020”，就是一年多来中心部分代表性成果的集中展示。本年度丛书计划出版 10 余部著作，其中包括国务院发展研究中心重大研究课题报告和研究部（所）承担的重点研究课题报告。这也是“国务院发展研究中心研究丛书”自 2010 年至今连续第 11 年出版。11 年来，丛书累计出书 150 余种，受到社会各界读者，特别是中央和地方各级领导同志以及政策咨询研究机构工作人员的高度关注和广泛好评，成为我国智库业界的知名出版物。在此，我谨代表国务院发展研究中心和丛书编委会，向广大读者表示真诚的感谢，希望丛书继续得到领导、专家、读者们的关心、指导和帮助。

当前，我国正站在一个开启全面建设社会主义现代化国家伟大征程的新起点上。国务院发展研究中心将更加紧密地团结在以习近平同志为核心的党中央周围，继续深入学习习近平新时代中国特色社会主义思想，全面贯彻党的十九大和十九届二中、三中、四中全会精神，不忘初心、牢记使命，唯实求真、守正出新，持续提高综合研判和战略谋划能力，加快智库体制机制创新，着力深化国际交流合作，奋力开拓国家高端智库建设新局面，为推进国家治理体系和治理能力现代化、决战决胜全面建成小康社会、实现“十三五”完美收官和“十四五”顺利开局、向第二个百年奋斗目标进军，贡献更大的智慧和力量！

2020 年 8 月 17 日

（作者为国务院发展研究中心党组书记、研究员）

目　录

总报告

专题报告 一

专题报告二

专题报告三

专题报告四

专题报告五

专题报告六

专题报告七

专题报告八

专题报告九

专题报告十

专题报告十一

专题报告十二

专题报告十三

专题报告十四

专题报告十五

总报告

长江三角洲区域一体化发展总体思路与战略举措研究

2018 年 11 月 5 日，习近平总书记在首届中国国际进口博览会上宣布，支持长江三角洲区域一体化发展并上升为国家战略。2019 年 12 月，中共中央、国务院印发了《长江三角洲区域一体化发展规划纲要》。这是党中央着眼于完善我国改革开放空间布局、推进我国社会主义现代化全局、增强我国国际竞争力大局而推出的重大举措，对我国未来发展和国际地位提升具有历史性意义。必须顺应当今世界所处的百年未有之大变局，适应当今中国社会主要矛盾的转化，总结和运用好国内外经验，搞好长三角一体化发展战略设计，推动长三角一体化高质量发展，使长三角在我国新时代现代化进程中发挥更大引领作用。

一、站在历史新起点的长三角一体化发展

长三角区域覆盖沪、苏、浙、皖三省一市，北枕山东半岛连接京津冀，南依海西地区连通粤港澳，西经长江经济带通达长江中上游，

东临太平洋联通五大洲，是“一带”和“一路”的交会区，战略地位极其重要。

长三角人杰地灵，具吴越之钟秀，曾孕育出影响千载的江南文化；物阜民勤，备江海之豪迈，自南宋以来就一直是我国最富庶的地区，有“苏湖熟，天下足”之说。新中国成立后，在计划经济时期，仅上海一地就贡献了国家约1/6的财政收入。通过几十年的改革开放，长三角已经成为我国最重要的经济区域，最重要的对外开放前沿。2018年长三角地区常住人口2.2亿，占全国的17%；生产总值3.2万亿美元，占全国的23%，已经超过英国，直追德国；人均生产总值达到1.42万美元，跨过了世界银行设立的高收入经济体门槛，是我国最有条件率先实现现代化的区域。

在世界处于百年未有之大变局、中国特色社会主义进入新时代的大背景下，中央把长三角一体化发展确立为国家战略，具有重大意义。一体化发展将促进资源要素优化配置，提高创新能力和科技水平，推动长三角率先实现现代化；将使长三角能更好地辐射带动其他地区的发展，与其他地区形成更加合理的空间发展新格局；将推动长三角发展成为全球高端技术和产业的策源地和聚集地，孕育和集聚更多具有世界性影响的资源配置平台和配置主体，成为全球资源要素配置的重要枢纽和我国参与国际竞争的战略依托。

20世纪80年代，围绕长三角一体化发展有关各方进行了许多富有创新价值的探索。党的十八大以来，长三角合作发展步伐明显加快，三省一市在推动一体化发展方面取得了明显成效，构建了初步的协调治理机制，对接了有关发展规划和政策，围绕打通“断头路”、建设科创走廊、推动大气污染联防联控等制定了行动规划并开始付诸实施。但总体而言，目前的合作还不够深入，合作成效还不够显著，合作潜力尚未充分释放。其根本原因是行政区划在一定程度上限制和割裂了经济内在联系，行政壁垒影响和制约了生产要素合理流动和有效配置。比较突出的表现是：协调治理机制层级不够高，权威性不够大；基础设施、产业布局等缺乏顶层设计和统一规划，主要城市发展定位相似，产业分工不明确；要素流动受阻，配置效率低，企业跨区域兼并重组面临阻碍，生产率提升受到制约；公共服务水平差异较大，公共服务设施空间布局不均衡，与共享发展成果的要求有差距。

着眼于更好地推进我国社会主义现代化建设全局，着眼于应对百年未有大变局的战略需要，长三角一体化发展上升为国家战略，长三角一体化发展跃入了崭新的阶段。在新的历史起点上，长三角一体化发展的实质是：通过创新和完善区域治理体系与协同发展机制，消除影响要素流动、资源配置的行政壁垒，构建优势互补、分工合理、包容共进的发展格局，率先实现高质量发展和现代化建设目标，在国家推进更高起点的深化改革和更高层次的对外开放进程中，发挥引领和示范作用。

实现长三角一体化发展，必须坚持改革推动、创新引领，通过改革消除产品和要素流动的显性和隐性壁垒，通过创新推动形成有效的协同治理机制；必须坚持市场主导、政府引导，让市场在生产要素跨区域配置中起决定性作用，充分激发各类主体参与一体化发展的积极性，形成推动一体化发展的强大合力，政府搞好顶层设计和统筹规划，维护市场竞争秩序，优化公共服务供给；必须坚持规划先行、试点示范，统一编制规划，强化规划体系的衔接，充分发挥规划在推动要素空间优化配置上的先导性作用，在规划引领下选择若干具有代表性、示范效应强的区域，开展多形式、多层次、多目标的试点示范；必须坚持龙头带动、各扬所长，充分发挥上海的龙头带动作用，强化其作为国际经济、金融、贸易、航运以及科创中心的功能，苏浙皖三省立足于各自优势，各扬其长，合理分工，形成共建共享、共同发展的良好格局；必须坚持生态优先、宜居为要，进一步处理好经济发展和生态环保的关系，严守生态红线，协同治理环境，传承和发展江南文化，建设美丽长三角。

推动长三角一体化发展，要力争把长三角建设成为贯彻新发展理念的先行区，奋力在重要领域和关键环节改革上取得突破，率先形成新发展方式，率先实现高质量发展；建设成为我国发展强劲活跃的增长极，充分激发创新活力，在长三角打造世界级产业集群使之与粤港澳大湾区、京津冀等战略性区域共同带动全国发展；建设成为中国全面开放新格局的开拓者，积极发展更高层次的开放型经济，提升长三角集聚和配置全球生产要素的能力；建设成为共享发展成果的示范区，缩小城乡区域发展差距，逐步实现基本公共服务均等化，提高人民群众的获得感、幸福感、安全感；建设成为人与自然和谐共生的美丽家园，优化城市空间格局，推动城乡融合发展，修复和保护生态，治理和改善环境，创造丰富而优质的生态产品和服务。

根据长三角总体定位和一体化发展的目标要求，沪、苏、浙、皖应依托各自优势，深化分工、加强合作，实现错位发展。上海应着力打造国际经济中心、国际金融中心、国际贸易中心、国际航运中心和具有全球影响力的科技创新中心。江苏应着力打造全球先进制造业集群聚集地、新技术革命产业化示范基地、带动长江经济带发展的枢纽区、区域均衡发展的先行区。浙江应着力打造全球数字经济发展策源地、全国践行绿色发展理念的样板区、城乡融合发展的试验区，成为包容共享发展的探路者。安徽应着力打造全国综合性科技创新基地、全国中高端制造业基地、长三角高质量发展拓展区、长三角重要生态涵养区。

站在新的历史起点上推动长三角一体化发展，要以坚定不移的改革破除障碍，以活力迸发的创新探索路径，以扎实有效的工作推进合作，最大限度地释放三省一市协同发展的聚合效能，促进长三角尽快形成要素流动自由、产业分工合理、空间开发相对均衡、基本公共服务大体一致、人与自然和谐共生的发展格局。

二、加强统一顶层设计，推动规划对接向规划一体跃升

长三角一体化高质量发展，必须坚持问题导向和目标导向相结合，坚持统一谋划、统一设计、统一部署和多主体参与相结合，尽快构建科学完善、覆盖全域的规划体系，以规划先行推动解决区域发展合作面临的重大问题，引领长三角一体化科学发展。

（一）加快构建统一完善的规划体系是推动长三角一体化发展的头等要事

规划是政府引领区域协调发展的有效手段，一体化的发展需要一体化的规划。当前长三角面临的基础设施互联互通不够、空间开发欠缺协调、产业同质化竞争等问题，在很大程度上就是因为三省一市长期以来受行政区划限制，基于自身利益的考虑，分头编制规划，致使规划之间衔接不够，使三省一市的发展在战略层面上没能实现协同。推进长三角一体化发展，必须立足长三角全域，本着发挥比较优势、实现合理分工、共商共建共享的原则，尽快出台长三角发展的总体规划和一系列专项规划。

（二）着力推动长三角规划从相互对接向统一编制转变

近年来，长三角三省一市在分头编制规划的基础上，进行过不同领域、不同层次的规划对接，为实现发展空间布局优化打下了一定基础。但这种对接层次比较低，未能从根本上改变规划碎片化的状况，难以支持长三角的深度合作和一体化发展。面对长三角一体化发展的更高要求，应从分散规划的对接转向统一编制规划，统一构建覆盖全域的规划体系。要统一规划编制的主体，由国家相关部门牵头，三省一市统一编制相关规划；要编制统一的规划，实现重大规划三省一市全域“一张图”，在一张蓝图上统筹长三角全域的产业布局、基础设施建设、资源开发、环境保护等；要统一规划编制的指导思想和总体要求，综合考虑长三角各地资源禀赋、产业基础、历史分工状况等因素，遵循区域合作发展的规律，增强总体规划的科学性、各地规划的融合性和各领域规划的衔接性。

（三）集中力量抓紧编制长三角一体化发展规划体系

规划体系一般由支柱性规划和专项规划构成。推动长三角一体化发展应有三个支柱性规划，分别是《长三角一体化发展总体规划纲要》《“十四五”时期长三角国民经济和社会发展规划》《长三角国土空间规划》，这三个规划相辅相成、各有侧重，总体规划是纲领，国土空间规划是基础，“十四五”规划是近中期行动的路径。总体规划要在中央统一领导下，吸收三省一市及相关部委和机构的意见，加快制定、尽快出台。加快编制“十四五”规划，通过这一规划来明确“十四五”时期三省一市在发展空间、产业升级、基础设施、生态保护、人民福祉等方面的安排。要在已有城乡规划、土地利用规划等各类规划的基础上，编制统一的国土空间规划，统筹长三角陆海江湖全域的资源，实现国土开发与承载能力相匹配、集聚开发与均衡发展相协调、资源节约与环境友好相统一。在支柱性规划的基础上，还要围绕促进产业合理分工、基础设施互联互通、生态环境共治共保、公共服务均等协调等，编制长三角产业、交通、环境和公共服务等领域的专项规划。

三、以要素市场一体化为重点，加快建设长三角统一市场

长三角一体化发展面临的最突出的障碍是市场分割，特别是要素市场的分割。推动一体化发展，就是要消除行政壁垒对商品和要素自由流动的限制。当前应聚焦促进生产要素在区域内合理有效配置，加快建设统一开放、竞争有序的市场体系，助推长三角一体化发展。

（一）加快形成符合全国统一大市场要求的长三角市场法规和标准

统一的法规标准是统一市场的基本要件，是市场高效运行的重要保障。目前，长三角各地区仍存在一些有碍市场公平竞争的规则标准。要加快清理并废除妨碍长三角统一市场建设和市场公平竞争的各种法规、标准和规定，加快构建统一市场的制度基础。根据长三角一体化发展的需要，抓紧制定全区域相对统一的法规标准体系和监管规则。统一准入规则，实现企业证照、资质互认，消除对新设企业及外地企业进入本地市场的各种歧视和限制；统一产品和服务标准，消除企业跨区域经营、销售产品及参与政府采购的区域壁垒；统一执法标准和监管规则，增强监管执法的透明度，实现信息共享，坚持公正执法，坚决破除区域保护和市场壁垒，促进市场公平竞争。

（二）抓紧培育长三角统一的土地市场

统一的土地市场是实现土地要素高效利用的基础。在总结三省一市改革经验的基础上，允许长三角地区做新的创新和探索。加大农村土地改革力度，深入探索农村土地征收、集体经营性建设用地入市、宅基地管理制度等改革。建立统一的地票市场，促进土地资源优化配置。加大全区内土地异地占补平衡的力度，允许城乡建设用地增减挂钩节余指标在长三角范围内交易。在统筹编制长三角国土空间规划的基础上，充分考虑长三角产业和人口布局调整趋势，建立土地指标和空间规划的动态优化机制，引导产业和资源要素合理布局，提高空间规划与土地指标配置的匹配度。

（三）大力促进劳动力在长三角有序便捷流动

实现劳动力在空间上的自由流动，既关乎效率也关乎公平。要分区域、分阶段、分人群逐步消除长三角城乡和区域间落户限制，逐步实现人才和劳动力在全区自由流动。在经济发展水平和公共服务水平差距较小的环太湖地区，率先改革城乡户籍管理制度，允许城乡居民自由选择户籍性质和户籍所在地；简化并统一长三角特大、超大城市落户积分项目，实现城市间户籍准入年限、落户积分累积互认。有序推动基本公共服务均等化，加快推进三省一市社保省际联网，实现劳动力跨区流动时养老、失业、医疗等社会保障关系的跨省市携带和接续，便利劳动力在长三角自由流动。对高端人才、国际人才和紧缺人才，统一和完善认定标准，建立更加便利的居住证制度，实行技术移民和永久居留申请制度，为相关人才跨区域、跨行业、跨体制的流动、就业和创业提供更加便利的条件。

（四）着力推动长三角金融市场一体化高质量发展

金融是要素资源配置的核心，金融市场的统一是长三角一体化发展的必然要求。支持有条件的城市商业银行在长三角范围内布局网点，鼓励其跨行政区开展金融服务，提高资金配置效率；以企业债和公司债为重点，加快长三角债券市场发展，支持长三角符合条件的企业发行企业债和公司债，提高债券发行便利性，探索公司信用类债券指数、绿色债券指数等产品，广泛吸引长三角及其他地区社会资金参与市场交易；在长三角地区探索建立地方债二级市场，允许区内财政收支可持续、债务率稳健和财政信用优良的地方政府按规定发行的地方政府债券在二级市场上交易转让；促进长三角期货现货市场联动发展，提高上海期货交易所对大宗商品的市场定价能力。

（五）合力构建长三角高水平的诚信体系

高水平的诚信体系有助于降低交易成本，提升整体经济效率。要推动长三角三省一市信用立法，并实现规则统一、标准统一、监管协同、措施联动。拓展各类信用信息收集渠道，归集交通出行、社会保障、共享经济、电子商务、税收等信用信息，完善覆盖全区域商事主体及个人的长三角信用信息数据库。建立跨区域信用信息共享、分类监管和联合奖惩机制。对守信主体，在区域内统一实施容缺受理、简化程序、免押服务等奖励措施；对失信主体，特别是涉及生态环境、食品药品、产品质量、安全生产、知识产权等失信行为的，在区域内统一实行联合惩戒措施。加快培育市场化、专业化、跨区域的信用服务机构，鼓励与国际信用评级机构合作，引导区域内信用信息合规化、深度化市场应用。

四、发挥区域整体优势，建设若干世界级产业集群

优化产业分工布局需要发挥市场和政府“两只手”的作用，既要以有序的市场竞争实现企业间的优胜劣汰和要素资源的集约高效利用，也要以有效合作实现地区间的错位融合发展和整体提升，构建基于比较优势、实现合理分工、促进良性竞合的产业生态系统，促进具有全球竞争力的世界级产业集群的培育和形成。

（一）统一编制长三角产业发展专项规划

产业发展规划是投资和建设的先导，直接影响着一个地区的产业选择和布局。目前长三角产业同质化竞争依然存在，产业分工布局不尽合理，一个很重要的原因是缺少覆盖全域、具有约束力的产业发展专项规划。为此，要从服务国家发展战略、面向未来全球竞争、立足于全局全域角度，按照发挥上海的龙头作用、苏浙皖各扬所长的要求，统筹考虑区域内各地的资源禀赋、发展基础、区位特征、环境容量、带动效应等因素，制定产业发展专项规划。

（二）加快形成体现比较优势、合理分工、协同发展的产业空间格局

合理产业空间格局的形成，既是“存量”产业分工优化的结果，也有利于引导“增量”产业朝着集聚化、专业化的方向布局。要通过强化产业规划的指导作用和国土规划、土地资源、环境容量的引导作用，尽快在长三角全域形成合理的产业空间格局。上海要凸显高端服务业特色，着重发展金融、大飞机、生物医药等我国亟须突破提升的

关键产业；“上海 - 南京 - 合肥”沿线可凸显高端制造特色，着重发展集成电路、新能源汽车、航空航天、机器人、新材料、高端工程机械、船舶以及智能语音、脑科学等产业；“合肥 - 杭州”沿线可凸显绿色生态特色，着重发展节能环保、新能源、养老服务、旅游、文化、现代农业等产业；“杭州 - 上海”沿线可凸显数字经济特色，着重发展平台经济、智能制造、人工智能、新零售、智能网联汽车、文化创意等产业。其他地区也要基于自身资源禀赋和产业基础，根据国内外市场需求的变化，发展各具特色的产业。

（三）共同搭建多主体、多类别的平台载体

产业跨区域的优化布局和融合发展，需要各类平台载体的支撑。大型企业集团的内部整合以及上下游关联带动，是形成产业分工布局的关键动力之一。要鼓励支持各类企业特别是大型企业集团以市场化的方式在长三角优化布局，进一步整合区域内的供应链、产业链、价值链。政府要更好地发挥作用，特别是省市交界区共建各具特色的产业园，这是消除行政壁垒对经济发展阻碍的重要举措。要在平等协商的前提下，建立各类跨区域产业合作园区，支持“飞地经济”的发展，在保证国家统计制度、财税制度统一的前提下，允许和支持有关地区生产总值分计、财税分享等制度探索。同时，面向国际化发展需要，共同搭建全域招商引资平台与“走出去”综合服务平台等，不断提高长三角企业的全球竞争力和影响力。

（四）协同推动新产业、新业态、新模式发展

战略性新兴产业的综合竞争力是决定长三角以及我国未来在全球竞争中所处位势的关键。长三角发展战略性新兴产业的基础要素比较

完备，要协同供给侧和需求侧政策，力争在一些重要领域率先实现突破。要以5G规模化应用、量子保密通信干线网建设为契机，共同制定数字治理的统一标准和规范，打造长三角数字经济、平台经济生态系统。整合各地现有优势，加快建设一批面向长三角应用推广的工业互联网平台，打造智能制造和智能服务的领先集群。率先开展高速公路智能网联汽车应用，加强在共享出行等领域的政策协调和衔接，打造下一代汽车、智能共享出行等领先集群。建设长三角政府采购“区域一张网”，以规模化政府采购助推区域内新兴产业发展。

五、聚焦创新资源开放共建共享，建设长三角科技创新共同体

创新是加快长三角一体化发展的根本动力。要针对重大科研基础设施建设统筹不够、科技资源共享不足、科研机构合作不畅等突出问题，以建设高水平的创新平台为抓手，推动科研基础设施共建、创新资源共享、激励机制重塑，合力打造整体实力强、创新活力足、协同程度高的科技创新共同体。

（一）加快构建高水平科创环廊

近年来，长三角相关省市为推动科技创新，谋划并推动G60科创走廊建设，在资源共享、平台共建、协同攻关以及联合规划、一体审批、政策支持等方面进行了若干探索，有不少成功做法。要加快相关经验的复制推广，构建以上海为核心，南京、杭州、合肥为重要节点的“上海－南京－合肥－杭州－上海”技术创新和成果产业化应用环廊。强化区域创新生态建设，吸引国内外企业在科创环廊设立研发机

构和创新孵化基地，鼓励创新创业，以创新链的完善带动产业链的升级。

（二）进一步推动创新资源开放共建共享

创新资源开放共建共享能够大幅提升科技资源的利用效率和长三角的整体创新能力。建设长三角科技创新共同体，要率先实现创新资源开放共享。区内国家投资或国有单位的重大科研基础设施、大型科研仪器和公共检验检测平台要向全社会开放。开展创新券支持行动，鼓励中小科研机构和企业通过创新券支付开放共享设备的使用费，将创新券通兑通用的范围扩大到整个长三角地区。积极吸引和对接全球创新资源，建设开放互通、布局合理的区域创新体系。鼓励其他地区的高校、科研机构和企业参与长三角科技创新活动。服务于国家创新战略实施，着眼于创新高地打造，加快推进长三角地区重大科技基础设施、交叉研究平台和前沿学科建设，新建一批重大科技平台和产业技术创新平台。

（三）联合开展重大科技攻关

长三角地区是我国重大装备和关键零部件的生产基地，分布着数量众多的国家级科研机构，应在重大科技攻关上做开路先锋和全国的排头兵。要结合服务国家发展战略和区域产业发展需要，统筹安排三省一市大型科研院所的科研任务。引导大型科研院所之间适度分工，协同攻关，联合开展国家重大科技项目研究，着力攻克高端芯片、工业软件、高端装备等一系列“卡脖子”技术难关。支持长三角三省一市设立联合创新基金，就重大科研项目开展合作。支持长三角在创新活跃、技术能力强、有军工研发制造基础的地区，创建军民融合创新示范区，推动军民融合发展。

（四）支持和鼓励科技创新政策先行先试

建设长三角创新共同体，要进一步优化创新环境，完善激励机制。在科研成果产权认定和收益分配上，鼓励长三角地区加快实施科技成果产权认定、成果转化和收益分配的创新政策，对使用国有科研资金取得的科研成果，探索实行研究单位和研究人员产权共有制，有条件的可明确主要科研人员的产权比例。落实好科研成果产权认定、市场转让、入股分红等方面的税收优惠政策，将长三角建设成为具有国际竞争力的科技成果转化示范区。在科研经费使用上，要支持长三角地区开展科研经费包干制试点，特别是要建立容错机制，鼓励科研人员进行突破性、开创性的研发。在知识产权保护和运用上，要发挥好上海知识产权法院的作用，加强长三角知识产权保护的一体化。支持长三角地区知识产权证券化试点。在创新人才引进上，要多措并举，吸纳海内外人才，将长三角打造成全球优秀科技人才的汇聚地。可探索建立技术移民制度和高端人才双重国籍制度，实现外籍创新人才创办科技型企业享受国民待遇，推动职业资格国际互认。允许三省一市政府以地方财政返还方式，降低高端人才、国际人才和紧缺人才的个人所得税征收水平，提升长三角吸引人才的国际竞争力。

六、推动规划、建设、运营、管理一体化，共建互联互通的基础设施体系

基础设施互联互通是要素跨区域自由流动的必要条件，也是引导区域空间格局优化的有效手段。推动长三角一体化发展，要立足于国家战略和区域一体化发展的需要，坚持统筹规划、联动建设、协同运营、智慧管理，提高基础设施的互联互通水平，增强基础设施对一体化发展的支撑作用。

（一）加强国家重大基础设施规划统筹

立足于完善国家改革开放空间格局，着眼于服务长三角、京津冀、粤港澳“三圈”协同和长江经济带、“一带一路”、沿海发展带“三带”联动，加强对三省一市基础设施统筹规划和顶层设计。针对长三角基础设施空间布局不均衡，特别是“东强西弱”“南密北疏”的问题，优先加强东西横向交通大通道和长江以北欠发达地区交通等基础设施规划布局，进一步推动安徽和沪苏浙基础设施的互联互通，加快促进长三角基础设施均衡发展。

（二）联动建设区域基础设施网络

打造“轨道上的长三角”，根据构建“半小时通勤圈”、“一小时都市圈”和“两小时城市群”的需要，建设完善的轨道交通网络。全面打通公路省界“断头路”，实现跨省路网全面对接。立足于整体功能和效率提升，发挥上海浦东、虹桥机场的核心作用，提升杭州、南京、合肥等枢纽机场能力，强化宁波、无锡等干线机场功能，构建世界级空港群。增强上海港、宁波舟山港辐射带动能力，加快南通港发展，提升南京、镇江、马鞍山、芜湖、安庆等沿江内河港口疏运能力，构建世界级港口群。推动铁路、公路、机场、港口的便捷接驳，建设公铁水、江海河联运系统。

（三）积极培育跨区域基础设施运营载体

以市场为导向，以资本为纽带，组建跨区域基础设施运营载体，推动区域城际铁路、海港、空港深度合作。可以考虑以轨道交通、海港、空港整合为重点，探索成立长三角城际铁路集团、长三角港务集团、长三角机场集团等，在跨区域交通基础设施资源整合、结构调整、效率提升等方面发挥协同效应。充分发挥大型企业集团的管理和网络优势，通过增资扩股、兼并收购等方式，积极推动长江内河主要开展社会化服务的国有港口航运资源整合。

（四）提升基础设施的智慧化水平

率先开展全域无感支付，在取消省际公路收费站的基础上，进一步取消全境公路收费站，打造“无收费站的长三角”。率先建立长三角基础设施智慧管理服务平台，以“互联网+”推动跨区域基础设施管理标准统一和信息共享，降低要素流动的资金成本和时间成本。

（五）协同建设新一代信息基础设施网络

充分利用长三角数字经济发展起步早、基础好的有利条件，紧密结合产业需要、生活需求，协同构建新一代信息基础设施网络。一体化推进长三角地区5G网络建设，率先实现5G网络长三角全覆盖，率先建成“5G网上的长三角”和“网速最快的城市群”。加强长三角数据中心以及存储、运算资源协同布局，提升区域信息资源互通率和共享性，推动长三角率先实现从“万物互联”向“万物智联”演进。推动长三角城市群量子保密通信干线网络建设，建立国际一流的信息安全保障体系。

七、提升长三角协同对外开放水平，打造全球资源配置枢纽

长三角协同开放，无论是对于加快长三角一体化发展，使其在全国现代化建设中发挥引领示范作用，还是对于打造参与国际竞争的龙

头区域，提升我国在全球的竞争力，都至关重要。要支持长三角在贸易投资自由化、便利化上先行先试，通过发挥上海的龙头作用和区域的整体合力，提升长三角的全球资源配置能力。

（一）支持长三角率先实施外资准入新举措

长三角产业基础雄厚、政府防控风险能力强。要主动适应中美贸易谈判和中欧投资协定谈判的新变化，对汽车制造业、金融服务业等已经明确开放但仍设有过渡期的行业提前在长三角地区全面放开准入。在具备条件的地区增设自由贸易试验区，扩大自贸区范围。支持长三角地区各自贸试验区率先压缩负面清单，扩大医疗、教育、增值电信、互联网服务等领域开放。建立与国际接轨的行业管理和监管制度，改变投资准入中的“大门开、小门不开”的状况。

（二）进一步提升长三角地区的贸易便利化水平

要进一步完善长三角一体化大通关，加强长三角国际贸易数据和信息的共享，完善不同关区和审单、布控、查验、放行等不同环节的沟通和衔接，支持海关特殊监管区跨省市的“互联互通”，进一步提升企业一体化通关的便利度，降低通关的时间和成本。复制推广贸易便利化措施，可将上海自贸区的自由贸易账户和跨境电子商务试点的相关贸易便利化措施推广到长三角地区所有的海关特殊监管区，扩大政策适用范围。根据平衡普惠的原则，针对安徽开放平台少、开放型经济发展相对滞后的状况，在安徽增设海关特殊监管区。

（三）推动三省一市携手开拓国际市场

三省一市是我国企业“走出去”的关键区域，要整合资源，抱团出海。可通过推动企业合作、共建海外产业园区、共办国内外展会、共同建设“走出去”综合服务平台等方式，形成“走出去”合力，服务“一带一路”建设。要建立跨区域的对外贸易投资协会商会，加强信息分享和协调，避免恶性竞争。

（四）合力打造全球资源配置枢纽

要围绕打造全球资源配置枢纽的需要，建设联通世界的高水平基础设施。切实发挥上海的龙头作用，加强长三角的港口、机场分工合作，做强做大枢纽港，增加枢纽港国际远洋航线和国际长线航班的数量和密度。在枢纽港的离岛区域和特殊监管区，探索建设更高水平的开放平台。可比照其他国家和地区自由贸易港的相关政策，制定海关监管、人员进出境、资金流动、信息流动、税收管理等方面的政策，提升离岸业务和转口业务的竞争力，打造全球物流、人流、资金流、信息流汇聚中心和配置中心。

八、突出重点、分步实施，稳妥推进长三角基本公共服务均等化

公共服务内容广泛，事项繁多，公共服务的水平和标准各地也有高有低。由于各地财力不同，长三角基本公共服务一体化、均等化难以一步到位，要逐步推进。要以教育、医疗、养老为重点，完善公共服务体制机制，统筹使用公共服务资源，依托新一代信息技术，以标准统一和便利化为突破口，推进公共服务设施共建共享，逐步实现公共服务均等化。

（一）着力推进教育资源的均衡配置

可考虑三省一市按比例统筹部分地方教育费附加，重点用于区域内义务教育财力薄弱地区，着力支持皖北、苏北、浙南等地区农村学生、寄宿制学生、流动人口子女、低收入家庭子女的学前教育和义务教育。统筹部分失业保险基金，用于农民工、下岗职工、退役军人、大学毕业生的职业教育与技能培训。鼓励三省一市推行常住人口子女异地高考，支持共建大学。鼓励区域内外知名学校在区内教育资源薄弱地区办分校，支持优秀教师跨省市支教和优质学校跨省市合作帮扶。大力发展互联网远程教育，推动教育资源的均衡配置。

（二）大力推动医疗资源的便利共享

稳妥推进医疗保险跨省异地使用与直接结算，促进医疗卫生信息的互联互通，扩大医疗机构检查结果互认范围，提高异地就医便利性。大力支持区内医务人员跨省多点执业。大力发展互联网医疗，便捷预约就诊、双向转诊、远程医疗服务的开展。鼓励三省一市发挥各自优势，建立服务更广人群的区域性医院、医联体、诊疗中心、康复中心与医疗研发机构，推动优质医疗服务机构在薄弱地区办分院。协同建立重大疾病联防联控联治机制，提升突发公共卫生事件应急联动能力。

（三）积极促进区域养老资源的普惠化使用

针对区域人口流动性大与老龄化程度高的特征，在推进养老保险区域统筹的同时，全面提升养老保险跨省转移接续与资格认证的效率，允许养老金补贴的异地使用，建立标准统一的养老服务监管认证机制，提升异地养老便利性。三省一市统筹部分彩票公益金，重点用于养老服务资源的均衡配置，向老龄化程度高、养老服务设施落后、省市交界地区及农村地区倾斜，鼓励养老服务机构规模化、连锁化发展。鼓励、支持区内养老服务机构跨省市发展，清除行业准入的行政壁垒，取消、放宽省（市）外养老服务机构连锁运营的注册登记要求，促进养老服务的普惠均衡发展。

（四）充分发挥现代网络信息技术和社会组织的积极作用

积极运用现代信息技术，加快公共服务信息资源的联通共享，加快网络支付、异地结算进程。鼓励第三方机构通过公平竞争参与公共服务的供给，发挥各类公共服务联盟在吸引社会资本、搭建合作平台、均衡资源配置、促进行业自律方面的积极作用。

九、践行绿色发展理念，建设美丽宜居长三角

发展的根本目的是增进民生福祉，建设良好的生态环境是改善民生的必然要求。推进长三角一体化发展，要紧紧围绕建设美丽宜居长三角的需要，切实贯彻落实绿色发展理念，把生态环境保护放在优先位置，牢固树立生态共同体意识，严守生态保护红线，以健全的生态环境协同治理机制，修复和保护生态，推进美好宜居家园建设。

（一）统一划定并严守“生态保护红线、环境质量底线和资源利用上线”

统筹好发展与“三条线”的关系，确保长三角区域发展不超载、底线不突破。统一划定严格的生态、环境和资源红线，强化硬约束。按照区域生态环境空间管制总体要求，推动生态空间一体化管控。统一流域水污染物和区域大气污染物排放标准，统一实施区域污染物总

量控制和资源、能源利用总量控制，统一生态环境监管平台。根据区内不同地域的生态环境承载力的空间差异，加快统一编制环境准入负面清单。探索建立具有适当行政执法权力的长三角河长联合委员会，推进流域跨界治理。建立统一的长三角排污企业环境信用体系，实施信用联合奖惩制度，强化社会和舆论监督。

（二）建立完善的全域生态保护补偿机制

推动长三角生态环境一体化保护与建设，需要建立统一的生态保护补偿机制。要扩大生态补偿范围，加大长三角重点生态功能区、森林、湿地、海洋、河流、湖泊等生态保护补偿力度。总结推广新安江流域生态补偿试点经验并积极引导社会资本参与，加快建立长江、太湖、淮河等跨省流域上中下游受益地区与生态保护地区的横向生态补偿机制。

（三）探索建立区域生态产品及权益价值实现的市场化机制

长三角区域生态环境治理不仅要依靠行政手段，还要依靠市场机制。要加快建立生态环境保护的市场激励机制，增强生态环境保护的内生动力。总结并推广现有试点示范经验，加快推进长三角跨区域用能权、用水权、碳排放权、排污权等交易市场体系建设，促进资源节约和减排成本降低。借鉴美国湿地保护的做法，探索组建“长三角生态银行”，在政府管制的前提下，充分发挥企业主体作用，推动生态修复和环境保护，实现生态价值和经济价值的平衡。设立长三角绿色发展示范区，实施近零碳排放区示范工程，探索创新“绿水青山”向“金山银山”转化机制。

（四）建立统一的自然资源资产统计核算制度和生态环境监测制度

实现自然资源统一监管的首要前提是按照统一标准，对各类自然资源资产“摸清家底”。加快建立长三角自然资源资产统计核算制度，开展实物量统计，探索价值量核算，由国家统计局会同三省一市统一编制长三角自然资源资产负债表，为自然资源资产的价值核算、市场化交易和政绩考核创造必要条件。为了更好地统一监测长三角生态环境变化，可由生态环境部组建“长三角生态环境监测中心”，统筹长三角生态环境监测网络建设，开展统一监测，服务全区域生态环境监管；搭建长三角生态环境大数据平台，实现生态环境监测信息共享、共用。

（五）稳步推进长三角生态环境保护立法、执法、司法的一体化

法治一体化是实现区域生态环境协同治理的基础性保障。要加快推动长三角区域生态环保统一立法，着力改变当前环保协作无法律约束、无法定责任分工、无法定资金投入的局面，形成跨区域跨流域生态环境保护统一规划、统一标准、统一执法、统一环评、统一监测、统一应急的联防联控机制。赋予生态环境部华东督察局更多统筹协调长三角生态环境协同治理的职责，通过实施江河湖海全流域的统一执法，加强上下游联动，着力解决当前环境监管中存在的“真空”、监管效能不高的问题。推动长三角生态环境司法一体化，着力解决跨区域环境污染案件异地受理难、调查取证难、司法鉴定难、执行难等突出问题，进一步强化区域环境司法协作，加强环境污染刑事、民事、行政审判交流和执行联动，逐步推进检察机关跨区域环保行政公益诉讼立案管辖、证据取得、胜诉执行一体化，推动环境污染纠纷联动化解。

十、构建“一核、一环、四圈、两带、三区”的空间布局，充分发挥长三角对周边地区的辐射带动作用

要围绕进一步突出上海的龙头地位和提升长三角辐射带动能力，根据不同地区的功能定位、发展基础和资源环境条件，打造不同层次、不同规模、功能复合、能带动周边发展的空间载体，努力构建“一核、一环、四圈、两带、三区”的空间结构，形成分工合理、优势互补、各具特色、整体带动能力强的空间发展格局。

（一）进一步强化上海的核心作用

上海是我国的经济中心，在长三角一体化发展中居于核心地位。要按照长三角一体化发展对上海的核心要求，不断提升上海城市能级和核心竞争力，增强国际经济中心、金融中心、贸易中心、航运中心和科技创新中心的核心功能建设。将疏解城市非核心功能与辐射带动其他地区发展相结合，把一些功能转移到毗邻地区，推动区域整体实力提升。

（二）着力打造“上海－南京－合肥－杭州－上海”高质量发展环廊

沪宁合杭是长三角区域经济最发达、科创条件最优越、产业和人口最密集的地区，打造高质量发展环廊，在长三角一体化发展过程中具有特殊而重要的作用。这一发展环廊要形成以上海为创新引领高地，以南京、杭州、合肥为“科创－制造”基地的分工格局，形成优势更加突出的科创实力和产业化能力。要率先在这一环廊培育创新发

展共同体，释放创新潜力，形成发展合力，以源源不断的创新带动长三角发展。

（三）加快推动上海大都市圈、南京都市圈、杭州都市圈、合肥都市圈建设

依托上海、南京、杭州、合肥等大型、超大型城市，建设高水平的都市圈。支持上海与在通勤、产业、人文等方面与其关系紧密的苏州、无锡、南通、宁波、嘉兴、舟山等地区共建上海大都市圈，率先实现同城化。加大杭州都市圈、南京都市圈、合肥都市圈建设力度，以增强都市圈基础设施连接性、贯通性为重点，加快推动都市圈公路和轨道交通网建设；以优化都市圈内各城市分工格局为导向，推动上海、南京、杭州、合肥产业结构优化和升级。

（四）增强沿海发展带和沿江发展带的辐射带动力

长三角横连东西长江经济带的起点，纵贯南北沿海经济带的中间地带，这一独特的“丁”字形江海经济带，辐射引领全国。要进一步发挥长三角独特的区位优势和经济引领作用，加快建设沿海发展带与沿江发展带，进而带动全国的发展。要进一步拓展沿海主轴带联动功能，依托沿海发展带向北通过山东半岛经济区联动京津冀地区，共同推动环渤海经济区、“三北”地区的发展；向南通过海西经济区对接珠三角，深化长三角与粤港澳大湾区合作，共同创造我国改革开放的新局面。进一步提升沿江主轴带引领功能，以长江为纽带，推动长江上中下游形成优势互补、共同发展大格局。

（五）培育发展“东北”“西北”“南部”三个合作发展引领区

发挥好长三角对周边地区的带动作用，还要探索跨行政区域合作

发展新模式，打造能带动周边发展的空间载体。根据长三角与周边地区在交通、产业、人文等方面的联系状况，建议优先推动苏北、皖北、浙南与长三角毗邻地区跨区域联动发展，强化与鲁南、豫东、闽北的对接，打造长三角“东北”“西北”“南部”三个合作发展区。“东北”合作区包括江苏省徐州市、连云港市和山东省临沂市、日照市等。在长三角地域内要把徐州打造成为辐射苏鲁豫皖毗邻区的区域性中心城市，加快培育连云港增长极，吸引鲁南地区融入长三角发展。“西北”合作区包括安徽省阜阳市、亳州市和河南省周口市、商丘市等。长三角要把阜阳打造成皖西北区域性中心城市，加快亳州城市发展，打通长三角与中原城市群联动发展的联系通道。“南部”合作区包括浙江省温州市、丽水市和福建省南平市、宁德市等。长三角要依托衢州、丽水等地区的生态资源优势，突出发展绿色产业，打造本区域参与海西经济区、海上丝绸之路经济带建设的前沿阵地。

课题负责人：马建堂　张来明

课题协调人：侯永志　李建伟

课题组其他主要成员：刘培林　王金照　王　青　李　兰　卓　贤
宋紫峰　沈恒超　王海芹　李维明　沈俊杰
贾　珅　赵福军　赵　峥　张晓路　张　贺
王伟进　王立坤　孙　轩　刘小鸽

专题报告一

长三角要素市场一体化研究

长三角是我国经济发展最活跃、开放程度最高、创新能力最强的区域之一，在全国经济中具有举足轻重的地位。长三角一体化发展具有极大的区域带动和示范作用。随着长三角一体化发展正式上升为国家战略，长三角在市场体系一体化方面全面提速，相关工作和探索创新取得了积极成效，但距离国家实现更高质量一体化发展的要求，仍存在一定差距，也面临着一些障碍。下一步，长三角地区加快深化改革和创新突破步伐，应紧扣“一体化”和“高质量”两个关键，以要素市场一体化为重点，努力完善统一开放、竞争有序的市场体系，有效带动整个长江经济带和华东地区发展，为全国现代市场体系建设提供改革示范和经验借鉴。

一、长三角市场体系一体化发展取得积极进展

20 世纪 80 年代，围绕长三角一体化发展有关各方进行了许多富有创新价值的探索。进入 21 世纪，长三角经济不断发展，区域分工协作日益深化，对区域经济一体化提出了更新更高的发展要求，在国家

和地方政府持续推动下，长三角地区市场体系一体化速度不断加快、发展水平日益提高，三省一市政府相关合作不断深化，协作范围日益拓展，在法规标准、市场监管、基础设施建设、消除要素流动障碍等领域，均取得了一定进展和成效。

（一）市场一体化发展的组织保障和工作机制初步形成

2008 年 9 月，国务院印发《国务院关于进一步推进长江三角洲地区改革开放和经济社会发展的指导意见》（国发〔2008〕30 号），明确提出了苏浙沪二省一市探索建立区域性合作协调机制，初步在长三角地区推动统一的市场准入制度、市场监管规则、市场服务措施等要求的落实。在地方政府推动市场一体化发展的探索实践中，苏浙沪二省一市在市场准入、竞争执法、消费维权、食品安全监管、价格监管、质量提升、标准化等多个领域开展交流合作，先后实施了一系列配套政策措施，并通过交流学习、召开年会、重大案件区域联动等形式，努力推动区域合作政策落地。

2018 年 3 月，苏浙皖沪三省一市共同组建了长三角区域合作办公室，集中在上海市办公，建立了决策、协调、执行三层机制，固化了主要领导座谈会和联席会议等合作协商机制。同时，三省一市建立了由省（市）委省（市）政府主要领导负责的推进长三角一体化发展工作领导小组，下设交通、能源、人社、金融、商务等多个专题合作组。地方围绕区域一体化的机构建设，为长三角市场体系一体化发展，提供了良好的组织机构和工作机制保障。

2018 年 5 月，三省一市共同发布《长三角地区一体化发展三年行动计划（2018—2020 年）》（以下简称“三年行动计划”）。“三年行动计划”围绕供应链体系和标准化体系建设、建立协调机制、对接市场规则、提升区域综合监管执法水平、维护公平竞争的市场秩序、推动区域市场实现融合发展等议题，细化分解了任务和工作要求，明确负责部门。“三年行动计划”的发布、实施，为实现市场一体化发展进一步明确了思路和重点，成为推进长三角一体化发展的地方指导性文件。

2019 年 1 月，三省一市在商务部、国家市场监管总局的指导下，共同签署《长三角地区市场体系一体化建设合作备忘录》，大力实施“三联三互三统一”工程，即营商环境联建、重点领域联管、监管执法联动，市场信息互通、标准体系互认、市场发展互融，逐步实现统一市场规则、统一信用管理、统一市场监管，将市场体系一体化发展逐步推向深入。

（二）劳动力自由流动限制有所缓解

三省一市通过全面放开落户限制、推进人才体系建设、创新就医结算、加强养老服务合作等举措，使长期束缚劳动力和人才流动的障碍逐步松动，劳动力自由流动的限制有所缓解。

一是放宽区域内大城市落户条件。2019 年 4 月，国家发展改革委印发《2019 年新型城镇化建设重点任务》，目前，长三角地区仅上海、南京、杭州、合肥、苏州五座超大、特大城市仍保留落户限制，无锡、宁波、绍兴等大城市已全面放宽落户条件。

二是在人才服务合作和公共服务领域进行多方面试点探索。2018 年 3 月，签署《三省一市人才服务战略合作框架协议》，聚焦“人才服务协同计划”“人才流动合作计划”“人才发展推动计划”三大行动计划，整体推进人力资源协作。共同举办长三角地区人才交流洽谈会等活动，推进外国人工作许可就近办理事项。

三是开展跨省异地就医结算试点工作。2018 年，三省一市在上海签订试点合作协议，启动长三角地区异地安置退休、异地长期居住、常驻异地工作、异地转诊等四类人员跨省异地就医试点工作，试点地区参保人员进行跨省异地就医门诊费用可实现刷医保卡直接结算，解决个人先行垫付压力，减少群众往返奔波的困扰。健全社保待遇资格认证工作机制，进一步推行网络认证模式，协助开展异地认证，统一实施流动就业人员基本医疗保险关系转接续业务经办规程，大力推进电子社保系统建设。

四是加强区域养老服务合作。一方面，合力开发养老服务人力资源。围绕各地养老服务需求，优化劳动力资源配置，强化专业培训，培育区域养老服务人员专业化市场。研究建立长三角地区护理员水平评价制度，推进护理员从业资格互认。另一方面，加强养老服务政策协同。统一统计口径，明确统计范围，健全指标体系，共建养老服务领域统计制度。探索建立三省一市养老补贴异地结算机制。推进区域养老服务机构设施、服务标准和照护需求评估标准互认。建立行业管理信息平台，加强养老服务机构的统一管理。统筹规划区域养老产业布局，共同推进养老产业协同发展。

（三）区域金融市场体系建设步伐有所加快

近年来，长三角地区加强了金融创新和风险防范等方面的合作。上海市金融办牵头制订了“长三角地区一体化发展金融合作三年行动计划”，区域性金融市场建设步伐有所加快，服务长三角功能有所增强，金融改革创新合作取得积极进展。

一是支持地方法人金融机构和金融交易场所加强合作。共同促进南京泛长江三角区域金融中心、杭州钱塘江金融港湾、合肥国际金融后台服务基地建设。完善长三角城商行联席会议制度，支持长三角城商行全面加强合作。发挥城商行资金清算中心作用，进一步提升城商行之间资金清算效率。发挥多层次资本市场作用，推进上海证券交易所区域内服务基地建设，搭建企业上市服务咨询平台，支持优质创新型企业在沪上市。对接区域内一体化发展实际需求，支持依法合规发行专项建设债券、自贸区债券、绿色债券、资产支持证券等产品，支持依法合规发起设立主要投资于长三角的各类产业投资基金、股权投资基金，鼓励多元化、市场化、专业化运作。

二是金融风险处置联合机制初步构建。三省一市在建立信息共享、及时预警的常态化机制和加强跨省市风险案件联合处置等方面强化共识，依托长三角风险联防工作例会制度，签署了《长三角金融办防范区域金融风险合作协议》，实现区域金融风险联防、宣教联动、监管联手，并定期交流各辖区风险最新发展态势，通报重大风险案件工作进展。

三是期货现货区域联动发展格局初步形成。2018 年，上海国际能源交易中心推出原油期货，与浙江自贸试验区探索油品全产业链合作，共批准舟山 3 家仓库为原油期货指定交割仓库。上海和浙江两个自贸试验区之间也实现“期现合作”，发挥上海金融、期货交易中心的优势，加强浙江自贸区大宗商品现货交易和期货交割的对接。

（四）“飞地经济”成为土地资源优化配置的重要方式

三省一市在土地市场一体化方面进行了有益探索，而“飞地经济”日益成为长三角区域内更加有效合理配置土地资源的重要方式。

安徽省成为长三角跨省“飞地”的主要承接地。例如上海临港集团与郑蒲港新区现代产业园的合作发展；安徽省江北和江南产业集中区与沪苏浙地区深度合作共建产业园区，包括上海安亭汽车零部件安庆产业园、张江萧县高科技园区、沪皖松江宣城产业园、浙皖宣城萧山产业园等。同时，各省市也积极探索合理配置土地资源的新思路和新模式。例如江苏省积极支持各地通过有序开展城乡建设用地增减挂钩、同一乡镇范围内村庄建设用地布局调整试点等工作，出台了《江苏省增减挂钩节余指标流转使用管理暂行办法》，允许用地指标紧张的地区在省内有偿调剂贫困地区节余指标，在助力精准扶贫的同时，进一步在更大范围内优化土地资源的配置，提高了土地要素综合利用效率。

（五）统一标准和监管联动工作取得初步成效

共同推动标准统一。一是三省一市在落实《长三角地区市场体系一体化建设合作备忘录》中，以政府标准和市场标准区域协同为切入点，加快完成长三角区域展会、交通、旅游等服务标准互认和实施。二是加快推进物流标准一体化。推动标准托盘循环共用，周边城市积极加快融入以上海为中心的长三角物流配送体系，实现标准托盘与物流包装的跨地区联动。推动物流信息平台服务标准化，通过统一数据交换标准，促进物流产业链上下游企业之间的信息沟通。三是加快形成重点领域标准体系。重点聚焦公共服务、城市管理、全域旅游等领域，建立计量区域间发展合作机制。完善长三角标准化协调推进机制，增进重大标准化项目合作，推进区域标准化试点。四是推进区域间标准互认和采信。开展合格评定一体化建设，统一规范评定评价尺度，开放检验检测认证行业统计结果，着力推进检验检测认证信息互通、数据共享、结果互认。

强化区域市场监管联动。完善长三角执法协作及信息共享机制，健全联席会议、线索通报、证据转移、案件协查等制度，加强跨地区综合执法联动。共同开展产品质量安全预警和风险评估方面的研究合作。依托长三角打击侵权假冒工作联席会议机制，对相关产品的生产、流通、销售形成全链条打击。促进社会共治，推动行业协会、商会等组织完善公示、约谈等工作机制。加强舆论宣传引导，增强消费者自觉抵制侵权假冒商品意识，共同防范和打击侵权假冒违法犯罪。此外，三省一市还在统一企业登记规范、加强食品安全监管、建立跨区市场监管合作机制、探索新业态包容审慎监管等方面进行协作。

（六）长三角信用体系和信息共享机制初步建立

信用体系建设是长三角市场一体化建设的重要内容，三省一市协同工作在多主体、多领域取得进展和成效。

一是共同出台《长三角地区深化推进国家社会信用体系建设区域合作示范区建设行为方案（2018—2020 年）》。推动环保、食品药品、旅游产品质量等重点领域实施跨区域联合奖惩，江苏、浙江、上海已开通了“信用长三角”平台联合奖惩系统账户。2018 年，江苏省向该平台推送了一年来环保领域行政处罚数据近 7000 条。上海积极推动 N 证合一工作，在相关执法领域授权委托市信用平台为企业开具无违法违规信用报告，推动信用平台与全市“一网通办”线上统一受理平台对接，加快政府信用应用。

二是推动信用信息共享。当前，劳动力、金融和土地等各类要素市场的信息共享平台建设已初见成效，信用信息共享成为区域市场一体化建设的重要内容。近年来，三省一市在商务信用信息方面推动按需共享和广泛应用，加强跨区域执法案件信息报送，共享红黑名单，推动形成守信联合激励、失信联合惩戒的跨区域商务信用联合奖惩机制。

三是支持鼓励信用行业服务创新。充分发挥政府的统筹协调作用和第三方信用服务机构的专业优势，推动信用服务领域供给侧改革，加快培育一批专业化、特色化骨干信用服务机构，在重点专项治理、重点行业监管和“双公示”评价等工作中，充分发挥第三方信用服务机构的作用。

二、长三角市场体系一体化面临的突出问题及其成因

当前，长三角地区在推进市场体系一体化方面已经初步建立了工作机制，在多个市场领域的监管协作上也取得了一定的成效，积累了一定的经验。但从市场体系一体化发展的要求上看，目前仍然存在一些亟待破解和缓解的问题及矛盾，特别是要素市场一体化水平明显滞后于商品和服务市场一体化水平，已成为影响长三角市场体系一体化发展进程和水平的重要领域。

（一）长三角市场体系一体化面临的突出问题

1. 政府间协调推进机制仍不完善

目前，长三角区域合作办公室仅是三省一市自发成立的、以一致同意为原则的协调议事机构，缺少国家授权，对于涉及深层利益格局的事项，协调效率和权威性均不高，导致很多决策事项难以达成并影响政策措施的落地。在不同行政区之间，有形或无形的市场壁垒阻碍要素资源跨区域合理流动的问题也难以彻底消除。迫切需要在国家层面加强顶层设计，为长三角市场体系一体化发展提供组织和机制保

障。同时，现有协作机制总体上仍缺乏高层次的立法保障和相关法律体系的支撑，区域合作和市场协调发展很大程度上取决于各省市领导的一体化发展理念，缺少稳定性，容易引发决策、规划、协议在落实层面出现偏差。

2. 劳动力区域内自由流动仍然受到诸多制约

完善和统一的劳动力市场是区域经济发展的关键支撑因素之一。长三角区域劳动力市场分割，主要缘于以户籍制度和公共服务为重点的地区差异和相关制度安排。户籍管理制度使得外来就业人员和农民工在就业准入、社会保障、子女教育、医疗等方面难以享受与城市居民相同的政策保障，造成地区之间、城乡之间劳动力市场分割。区域内特大、超大城市的户籍制度仍对外来劳动力有较大限制，很大程度上阻碍了劳动力要素在重点区域范围内的自由流动和优化配置。

医疗、养老保险跨行政区转移接续上的不便，也阻碍了劳动力市场的一体化。目前长三角地区的医疗、养老保险也遵从属地化管理原则，由地级市或省一级统筹安排，参保人员在跨省、直辖市流动就业时，转移接续手续较为烦琐，统筹基金不能转移或只能部分转移，相关资格认证效率不高。养老金补贴的异地使用存在制度性障碍，各地养老服务水平和监督认定标准存在差异，异地养老的便利性有待提升。

长三角对国际人才、高端人才、紧缺人才缺乏系统的公共服务和吸引政策。尚未利用自身在高等教育和产业集群等方面的优势，在人才认定、人才招揽方面实施全球化战略；在国际人才签证、绿卡和医疗、教育、跨区域流动等方面，便利化程度明显不足，服务水平有待提升；在高端人才个人所得税等税收优惠方面，与国际大都市和国内开放水平较高的城市尚有一定差距，对人才吸引力不足。

3. 金融市场结构性矛盾依然突出

各地金融政策缺乏协同，还没有形成主动进行金融政策“同频共振”的理念。长三角金融行业协同缺乏有效的机制保障，在促进区域金融行业发展方面尚未形成统一的平台和机制，还没有形成围绕核心金融城市的金融功能布局和衔接体系。长三角各地区在金融差异化布局、协调化发展等方面尚处于初期探索阶段，还没有形成金融要素协同的连接机制。长三角地区在金融人才、金融机构、金融市场等重要的金融要素协同发展方面还需要进一步加大政策协调力度。

金融要素供求结构不均衡。上海金融要素集聚能力强、服务水平高，而其他三省制造业企业多、民营企业多、中小企业多、初创企业多，金融要素和金融服务的需求量大，贷款难等问题十分突出。从市场层面看，各地城商行跨行政区开展业务还受到诸多限制，阻碍了金融要素的流动；相对于以银行渠道为主的信贷融资，企业债、公司债等直接融资规模相对较小，对企业支持力度不够。此外，长三角地区地方债市场发育不成熟，二级市场不活跃，存在利率风险大、信用溢价衡量困难、流动性较差、成交集中度低等问题，这导致地方债一级市场发行成本区分度不高，经济实力较强的省市难以获得较低成本的融资。

4. 土地市场区域综合利用水平和配置效率不高

三省一市特别是上海、江苏、浙江发展空间瓶颈制约不断强化，普遍面临着建设用地指标紧张的问题。伴随着经济的发展，这些地区均出现人口和企业的快速集聚，居住、工业、商业、交通等用地需求和土地指标紧张之间的矛盾日益突出。以交通领域为例，干线航道、普通省道、升级普通公路过江通道等重大项目，用地指标的限制较为突出，用地预审流程长、尺度严，对长三角区域交通基础设施提升和一体化发展形成制约。

城乡间、区域间土地二元分割特征依然明显。城乡之间尚未形成统一的土地市场，农村集体建设用地市场发展缓慢，农村宅基地的所有权、资格权、使用权分置仍处于试点阶段，集体建设用地和宅基地商品化、资本化滞后，集体建设用地和国有土地尚未实现同等入市、同权同价，城乡土地市场长期割裂，不利于土地要素的优化配置，也不利于提高城市化发展质量。此外，从三省一市的土地资源分布看，上海等城市建设用地指标已接近规划中的上限，而在长三角区域内仍存在大量低效用地、闲置用地。三省一市建设用地指标和耕地占补平衡、城乡建设用地增减挂钩指标调剂在省市内已有探索，但尚未搭建省市间的调剂平台，区域内自行流转和平衡存在制度性约束。

5. 市场规则标准统一性和监管一致性仍需加强

三省一市在市场准入等规则、标准上尚存在地区性差异，不利于企业的跨区域经营。在这种情况下，部分地区仍然在一定程度上对外地企业产品和服务设置过严的准入条件，限制了企业跨地区经营发展；部分地区在落实公平竞争审查制度、消除市场壁垒、统一相关标准等方面的工作仍有待加强。例如，三省一市各自出台了近50项地方环境标准，具体指标限制各不相同，导致长三角地区生态环境保护出现区块分割现象，增加了企业跨区域发展的难度，一定程度上造成了不同地区企业间的不公平竞争。再如“首台套”产品设备在长三角跨地区销售中，“玻璃门”“弹簧门”现象依然较为突出。此外，由于中央对地方授权不足，一些含金量较高的改革举措涉及部门多，部门协调、上位法调整时间长，导致改革举措在不同地区不同步和碎片化，例如上海自贸区自由贸易账户（FT账户）推广复制较为缓慢。

在市场监管信息化建设和监管协作方面也有待提升。目前各类市场主体及运行的监管信息相对孤立，各地区对企业电子营业执照、电子档案交叉互认机制还未完全建立，跨区域市场监管信息定期交换机制尚不健全，各地依托互联网大数据形成的市场监管数据碎片化、分散化、区域化现象仍然普遍存在，区域市场监管智能化水平相对落后。区域执法合作机制尚不完善，缺乏具有指导性和可操作性的区域规范标准，执法合作还不够深入，尚停留在定期召开会议、组织交流学习、开展业务研讨等较浅层面，实务层面的交流协作尚有很大提升空间，特别是跨区域执法联动平台建设、执法标准线索交流、案件移送、异地办案等方面，急需统一标准和规范。

6. 长三角统一的信用体系有待进一步完善

信用信息共享与失信联合惩戒协作不够，深化区域联动执法水平亟待加强。从实践层面看，目前受制于信息互联互通的障碍，长三角地区开展重点领域跨区域失信联合惩戒工作机制尚未完善，各地严重失信者信息互换互认尚未有效对接，一处失信处处受限的目标难以实现。异地消费投诉受理合作机制尚不健全，异地消费纠纷的受理情况与实际处理效果仍然不理想，消费申诉的受理量还有待提高。特种设备、食品、药品等高风险领域的监管合作能力还需加强，网络交易、互联网广告等新业态新模式的跨区域监管执法合作机制尚处于初步探索阶段。

（二）造成问题的主要原因

导致问题或矛盾存在的主要原因，既有长三角以及各省市自身的个性原因，也有全国普遍面临的体制机制障碍的共性矛盾；既有整体性原因，也有结构性矛盾。主要包括以下几方面。

首先，其根本原因是行政区划在一定程度上限制和割裂了经济内在联系，行政壁垒影响和制约了生产要素合理流动和有效配置。一方面，地方政府大多从地方利益出发，进行市场体系的规划建设，地区之间发展的协调性、统一性不够，导致市场标准、监管规则不统一、执法标准不一致，影响到长三角整体市场规则和秩序的统一化。尽管地方政府的做法和考虑无可厚非，但缺乏整体性、顶层性制度设计仍会对统一市场建设和市场体系发展产生负面影响；另一方面，现行地方政府考核体系仍然以 GDP、财政收入、招商引资等指标为主，在晋升激励制度和利益补偿分享机制缺乏的双重作用下，“以邻为壑”、市场分割的问题难以得到根本性解决。

其次，政府和市场的关系尚未完全理顺，政府干预微观市场的动力和能力依然存在。当前长三角市场体系一体化仍处在政府主导阶段，政府对市场微观、竞争性领域的干预能力仍然较强，而且政府间协调机制不健全，造成政府主导与市场配置资源机制充分发挥之间产生诸多矛盾。招商引资领域相互比拼优惠政策、补贴政策、税收返还政策，必然对企业在区域内合理配置资源产生一定的扭曲作用。

再次，区域经济发展不平衡，导致市场体系一体化进程难以同步调、同标准。虽然长三角地区经济发展水平整体位居全国前列，但省市间、省内部发展不平衡的问题依然突出，突出表现在人才、资本、信息、技术、产业等方面各省市发展不平衡；上海、苏南、杭州湾地区商品和要素资源比较丰富，而苏北、浙南、皖北发展相对较慢，前者和后者在监管标准、社会保障、公共服务、金融扶持、税收返还等方面的政策存在较大差异，难以在一体化过程中实现同标准、同规则、同步调，进而对长三角市场体系实现更高质量一体化形成客观制约。

最后，长三角主要都市圈内部协调联动性不足。目前长三角地区主要都市圈内部合理的城市层级、分工体系尚未完全成型，存在较为严重的“一城独大”或“同质、同构竞争”的现象，城市间的协调联动发展动力不足。同时，上海作为长三角市场体系特别是要素市场一体化的龙头，处于最东端，而杭州、南京、合肥等综合辐射带动功能明显不足，导致苏北、浙南、皖北等区域市场发展缺乏明确的辐射带动核心支撑。

三、加快推动长三角要素市场一体化发展的思路和建议

长三角要素市场一体化发展面临的最突出的障碍是市场分割。推动一体化发展，就是要消除行政壁垒对要素自由流动的限制。当前，长三角应紧扣“一体化”和“高质量”两个关键，通过深化改革实现创新突破，聚焦促进生产要素的跨区域配置，加快形成统一开放、竞争有序的市场体系，助推长三角一体化发展，带动整个长江经济带和华东地区发展，为全国现代市场体系建设提供改革示范和经验借鉴。

（一）创新建立更加权威有效的一体化决策协调机制

建议参照长江经济带、京津冀协同发展等国家战略的实施，在国家层面成立长三角一体化发展领导机构和办事机构，与长三角区域合作办公室形成联动分工机制，负责指导和统筹协调长三角一体化发展战略的决策和实施，协调跨区域、跨部门的重大事项，督导检查相关工作部署落实执行情况。在总体规划、各类要素市场建设、标准和监管体系建设、信用体系建设等方面，授权三省一市探索更多的制度创新和政策突破，加快建立更加权威有效的协调机制，上下双向、协调推进包括市场体系等领域在内的一体化建设。

（二）加快推动劳动力市场一体化

劳动力市场的一体化，关键在于实现劳动力在空间上的自由流动。要分区域、分阶段、分人群逐步消除长三角城乡和区域间的落户限制，逐步实现人才和劳动力在全区自由流动。在经济发展水平和公共服务水平差距较小的环太湖地区，率先改革城乡户籍管理制度，允许城乡居民自由选择户籍性质和户籍所在地；简化并统一长三角特大、超大城市落户积分项目，实现城市间户籍准入年限、落户积分累积互认。有序推动基本公共服务均等化，加快推进三省一市社保省际联网，实现劳动力跨区流动时养老、失业、医疗等社会保障关系的跨省市携带和接续，便利劳动力在长三角自由流动。对高端人才、国际人才和紧缺人才，统一和完善认定标准，建立更加便利的居住证制度，实行技术移民和永久居留申请制度，推广“海外人才离岸创新创业”试点，为相关人才跨区域、跨行业、跨体制的流动、就业和创业提供更加便利的条件。

（三）着力推动长三角金融市场一体化高质量发展

金融是要素资源配置的核心，金融市场的统一是长三角一体化发展的必然要求。允许城市商业银行在长三角范围内统筹网点布局，鼓励其跨行政区开展金融服务，提高资金配置效率；以企业债和公司债为重点，加快长三角债券市场发展，支持长三角符合条件的企业发行企业债和公司债，提高债券发行便利性，探索公司信用类债券指数、绿色债券指数等产品，广泛吸引长三角及其他地区社会资金参与市场交易；在长三角地区探索建立地方债二级市场，允许区内财政收支可持续、债务率稳健和财政信用优良的地方政府按规定发行的地方政府债券在二级市场上交易转让；促进长三角期货现货市场联动发展，提高上海期货交易所对大宗商品的市场定价能力。

探索建立长三角一体化发展基金。在不打破现有的“分灶吃饭”财政体制的条件下，从三省一市的财政预算收入中，按固定数额或按某一比例，统筹一部分资金，集中用于长三角一体化进程中最迫切的事宜，或用于跨省重要基础设施建设的资本金，或用于重大基础性科技创新的补助，或用于跨省重要河流湖泊的生态保护，或用于重要公共服务水平的补差距等。中央财政原本用于三省一市的一些专项转移支付或资金支持，亦可不直接分解到三省一市或其他部委，或不直接分配到具体项目，而是拨付到这一基金，由三省一市统筹使用。长三角一体化发展基金的统筹使用，包括项目的确定和资金的数额，可由三省一市书记、省长（市长）联席会议决定，亦可由其授权的基金管理机构，依照由出资额确定的投票权按程序确定。

支持设立长三角发展银行。可考虑由财政部、三省一市财政厅（局）、全国社会保障基金理事会、中央汇金公司、国家开发银行和其他投资主体共同出资组建，通过发行债券、吸纳特定主体存款等方式筹集和融通资金。作为区域性开发金融机构，长三角开发银行业务应主要集中在长三角地区重大基础设施建设、一体化示范区建设、异地同城化建设、生态环境综合治理、公共服务平台建设等领域。待该银行设立并运营一段时期后，亦可公开上市，以方便募集社会资金用于长三角一体化高质量发展。

（四）抓紧培育长三角统一的土地市场

统一的土地市场是实现土地要素高效利用的基础。在总结三省一市改革经验的基础上，允许长三角地区进行创新和探索。加大农村土地改革力度，深入探索农村土地征收、集体经营性建设用地入市、宅基地管理制度等改革。建立统一的地票市场，促进土地资源优化配置。加大全区内土地异地占补平衡的力度，允许城乡建设用地增减挂钩节余指标在长三角范围内交易。在统筹编制长三角国土空间规划基础上，充分考虑长三角产业和人口布局调整趋势，建立土地指标和空间规划的动态优化机制，引导产业和资源要素合理布局，提高空间规划与土地指标配置的匹配度。

（五）加快形成长三角统一的法规标准和监管体系

统一的法规标准是统一市场的基本要件，是市场高效运行的重要保障。目前，长三角各地区仍存在一些有碍市场公平竞争的规则标准。要加快清理并废除妨碍长三角统一市场建设和市场公平竞争的各种法规、标准和规定，加快构建统一市场的制度基础。根据长三角一体化发展的需要，抓紧制定全区域相对统一的法规标准体系和监管规则。统一准入规则，实现企业证照、资质互认，消除对新设企业及外地企业进入本地市场的各种歧视和限制；统一产品和服务标准，消除企业跨区域经营、销售产品及参与政府采购的区域壁垒，实行标准互认机制，推动建立统一的金融投资、产权交易、技术研发、创新就业制度标准体系；统一执法标准和监管规则，增强监管执法的公开性和透明度，建立区域一体化执法联动机制，打造区域市场监管数据平台，实现信息共享，坚持公正执法，坚决破除区域保护和市场壁垒，促进市场公平竞争。

（六）合力构建高水平、一体化的诚信体系

高水平、一体化的诚信体系有助于降低交易成本，提升整体经济效率。要推动长三角三省一市信用立法，并实现规则统一、标准统一、

监管协同、措施联动。拓展各类信用信息收集渠道，归集交通出行、社会保障、共享经济、电子商务、税收等信用信息，完善覆盖全区商事主体及个人的长三角信用信息数据库，健全三省一市互认的红黑名单和退出标准。建立跨区域信用信息共享、分类监管和联合奖惩机制。建立跨区域、跨部门重要产品追溯信息互联、互通、互认，实现追溯标准和技术深度应用。对守信主体，在区域内统一实施容缺受理、简化程序、免押服务等奖励措施；对失信主体，特别是涉及生态环境、食品药品、产品质量、安全生产、知识产权等领域失信行为的，在区域内统一实行联合惩戒措施。加快培育市场化、专业化、跨区域的信用服务机构，鼓励与国际信用评级机构合作，引导区内信用信息合规化、深度化、市场化应用。

执笔人：王　青　刘培林　王立坤　刘红霞

专题报告二

长三角产业一体化发展研究

长三角地区长期以来都是我国经济发展最活跃、开放程度最高、创新能力最强的区域之一，是我国经济社会发展重要的动力之源、创新之源、人才之源，在我国建设社会主义现代化国家新征程的全局中具有举足轻重的地位。在新发展阶段，要使长三角地区成为全国经济发展强劲活跃的增长极，成为全国经济高质量发展的样板区，成为率先实现现代化的引领区和区域一体化发展的示范区，成为新时代改革开放的新高地，通过一体化协同的路子实现区域内产业高质量发展是重点和关键所在。

一、实现产业一体化发展具有重大战略意义

长三角地区的发展一直走在全国前列。正因如此，长三角地区有更好的基础和条件率先抓住并用好重要战略机遇期，但同时也要更早面对世界百年未有之大变局加速演进带来的一系列风险、挑战。考虑到整个地区的发展与世界先进水平仍有不小差距以及其内部也存在较大差异，长三角地区在一定意义上可以看作我国发展的一个“缩影”，

需要率先探索出一条通过产业一体化发展来解决发展不平衡不充分问题，实现高质量发展的有效路径。

（一）从发展效应看，这有利于进一步激发区域增长潜力、打造全国经济发展强劲活跃增长极

长三角地区是我国经济发展的“头雁”，这一地区的国土面积仅占全国的3.7%，但集聚全国乃至全球资源的能力已经较强，经济持续增长的潜力很大。在体量规模方面，三省一市2019年常住人口超过2.26亿，约占全国总人口的16.2%；地区生产总值合计23.7万亿元，约占全国的23.9%；社会消费品零售总额接近9.2万亿元，约占全国的22.5%。在创新能力方面，2019年全国R&D经费投入超过千亿元的省（市）有6个，长三角地区占了一半，三省一市R&D经费投入合计达到6727.9亿元，占全国比重达到30.4%；沪苏浙皖R&D经费投入强度分别达到4.00%、2.79%、2.68%和2.03%，其中沪苏浙三地都高于全国平均水平；世界500强企业在此设立的研发中心超过全国总数的1/3。在新兴产业方面，高端装备制造、集成电路、大飞机、新能源汽车、工业机器人、新能源、数字经济等很多领域都走在全国前列，已经成长出一批具有全球影响力的大企业。在内外联通方面，三省一市2019年货物进出口总额达到11.3万亿元，占全国的比重超过1/3；高铁运营里程突破5000公里，机场、港口发展水平在全国乃至全球都处于领先水平。

在目前良好的产业发展和创新能力基础上，如果能够进一步破除体制机制障碍，长三角地区就可以通过产业一体化发展形成在重大科技创新和产业发展方面的合力，实现区域内产业分工布局的优化，提高关键要素资源配置效率以及产业能级，充分释放依然巨大的发展潜

力，率先形成以创新为主要动力和支撑的现代化经济体系。再考虑到长三角地区对全国的引领、示范和带动作用，实现上述目标对推动全国经济发展也具有重要意义。

（二）从示范效应看，这有利于夯实区域发展基础并为解决发展不平衡不充分问题创造条件

长三角地区的发展既存在不充分问题，又存在着明显的不平衡问题。2019 年，上海、江苏、浙江三地的人均 GDP 分别达到 15. 7 万元、12. 4 万元、10. 8 万元，在全国位居第 2 位、第 4 位和第 5 位；安徽则只有 5. 8 万元，在全国位居第 13 位，明显低于全国平均水平。2019 年，上海、江苏、浙江三地的居民人均可支配收入分别为 6. 9 万元、4. 1 万元、5 万元，而安徽则只有 2. 6 万元。与此同时，在每个省（市）内部，不同市（区）之间也存在着明显的发展差距问题，比如苏南地区与苏北地区的差距、浙北浙东地区与浙西南地区的差距等。导致这种差距的，有历史、人文、地理、交通等方面的原因，但主要还是产业发展方面的原因，尤其是落后地区与发达地区之间产业的有机联系不够。要解决这些问题，在我国目前的阶段和发展水平上，必须在动态发展的过程中做好产业一体化发展这篇大文章，而不能只是对静态格局和利益进行调整。

实现区域产业一体化发展不只是长三角地区面临的难题，也是全国各地普遍面临的难题。如果长三角地区能够通过有效加强区域内各地的产业联系、协同甚至是较高程度的一体化发展来解决发展不平衡不充分问题，就会为全国层面贯彻落实新发展理念、实现高质量发展提供重要的示范和经验借鉴。这对实现我国中长期经济社会发展目标具有全局性、战略性意义。

（三）从引领效应看，这有利于提升长三角地区产业的国际竞争力并塑造我国参与全球竞争的新优势

经过长期积累，长三角地区在全球经济地理版图中已经占据了重要的一席之地。除了在石化、钢铁、汽车、船舶、机械、纺织等很多重要传统产业上已形成巨大的体量规模并且表现出较强的国际竞争力，长三角地区近年来依托超大规模国内市场、丰富的本地研发资源等显著优势，通过吸引整合全球高端资源，在工业机器人、新能源汽车和智能网联汽车、集成电路、生物医药、高端装备、新零售、金融等诸多重要新兴产业领域也都形成一定规模的产业集群，有些在全球都处于领先地位，还在人工智能、工业互联网平台、智慧城市建设等综合性产业领域占据了比较前沿的位置。与此同时，以中国国际进口博览会、世界互联网大会等为代表的一批世界级会展的持续举办，一个便捷通达全球的世界级交通网络的建立，以及宜居生活生态环境的建设，都为长三角地区提高全球优质资源吸引力、提升产业国际竞争力奠定了坚实基础。

在当前已经具备的良好基础上，如果能够进一步有效整合区域内相关资源，集区域之力聚焦一些关键产业领域，再加上营商环境的持续改善和开放型经济新体制的逐步建立，长三角地区在全球资源和要素配置中的枢纽地位会不断强化，也会成长出一批世界级产业集群，形成我国深度参与全球竞争的新优势。

二、产业一体化发展已进入快车道

自唐代中后期以来，长三角地区就凭借优越的自然条件逐渐发展成为我国经济重镇，特别是由于运河的连通和文化的相通，区域内部的经济联系一直十分紧密。新中国成立后，上海和江浙地区之间在计

划经济的安排下，形成一种江苏和浙江以发展农业为主、上海以发展工业为主的区域经济关系。[①] 改革开放后，为强化区域合作、打破条块分割，国务院决定成立“上海经济区”，推动了上海向江浙地区的技术和产业转移，也缩小了区域内部的差距。1992 年，建立了长三角 15 个城市经济协作办主任联席会议制度。进入 21 世纪以来，安徽开始逐渐进入长三角的“朋友圈”，为长三角地区的发展增添了后劲。党的十八大以来，长江三角洲区域一体化发展上升为国家战略，《长江三角洲城市群发展规划》《长三角地区一体化发展三年行动计划（2018—2020 年）》，特别是《长江三角洲区域一体化发展规划纲要》的实施，有力地推动了包括产业一体化在内的区域经济一体化发展。

（一）区域战略定位更加高远，为产业一体化发展提供了政治保障

产业发展问题是地方政府的重大关切之一。产业发展的水平和质量，不仅关系到地方官员的发展，更关系到一个地方经济社会的长期发展走向。而产业一体化发展不可避免地会带来产业布局和分工的变化，也不可避免地会触及各地的重大利益。在这种情况下，各地普遍都从自身利益角度看待产业一体化发展问题：大一点儿的城市、产业基础良好的城市更多考虑的是如何加强与周边城市的联系，实现“虹吸效应”；小一点儿的城市、产业基础薄弱的城市更多考虑的是在承接产业转移的同时保持适当距离。这种现象不仅在省（市）级政府层面上存在，在市（区）、县（区）政府层面上也普遍存在。正因如此，对各方普遍有利的产业一体化各地政府愿意推动，而对于那些具有显

---

① 陈建军：《长三角区域经济一体化的历史进程与动力结构》，《学术月刊》2008 年第 8 期。

著整体效益但各地所得差异较大的产业一体化则很难形成共识，也很难实际推动。所以我们可以观察到，长三角地区历史上的产业一体化发展进展得断断续续，也没有取得重大突破。

在关系地方重大利益调整的问题上，政治保障必须先行。2018 年 11 月 5 日，习近平总书记在首届中国国际进口博览会上做主旨演讲时，明确支持将长江三角洲区域一体化发展上升为国家战略，这为产业一体化发展提供了关键政治保障。2019 年 5 月，中央政治局审议了《长江三角洲区域一体化发展规划纲要》（以下简称《纲要》），《纲要》随后正式印发。在这种情况下，三省一市和相关国家部委切实提高了政治站位，从“一盘棋”的高度认识并推动产业一体化发展。由此，推动长三角地区产业一体化发展已不再是一个地方或某个部门的任务，而是关系我国现代化发展全局的重大任务。

（二）区域协调机制更加完善，为产业一体化发展提供了制度保障

在政治保障的基础上，要实现产业一体化发展还需要一系列体制机制保障，其中多种类型的协调机制是重点。近几年来，长三角地区已经自发地形成一些协调机制，包括长三角地区主要领导座谈会、长三角地区合作与发展联席会议等省际层面的重要机制等。最近，不同层面、多种类型的协调机制相继建立和完善，进一步形成推动产业一体化发展的制度保障。一方面，在中央层面成立了长三角一体化发展领导小组。长三角一体化发展领导小组组长由中共中央政治局常委、国务院副总理韩正担任，办公室设在国家发展改革委地区司，三省一市和有关部门参加。领导小组的成立，显著提高了协调的位阶、广度和力度。另一方面，在三省一市层面上完善和新建了一系列协调机制。

2018 年 1 月，在三省一市领导的指导推动下，三省一市共同组建了长三角区域合作办公室，三省一市抽调的工作人员协同工作、合署办公。自成立以来，长三角区域合作办公室先后印发了《长三角地区一体化发展三年行动计划（2018—2020 年）》等文件，细化明确了责任分工和时间节点，并逐项推进落实。与此同时，相关政府在市（区）之间和毗邻区地带也建立了一些协调机制，以在更微观的层面推动相关工作。

总的来看，按照中央相关决策部署，三省一市“统分结合、三级运作”的区域合作常态长效机制正在不断完善。长三角一体化发展领导小组更多注重顶层设计、战略决策和重大事项的协调，长三角地区主要领导座谈会更多注重落实好中央的决策精神，长三角地区合作与发展联席会议更多注重磋商沟通和具体协调，联席会议办公室和重点专题合作组更多注重强化执行力和专业化服务功能以做好落实推进。

（三）区域政策协同更为有力，为产业一体化发展提供了政策保障

政策协同是保障土地、资金、劳动力、数据等要素资源跨区域自由流动的前提，而要素资源自由流动又是产业一体化发展的前提。政策不协同，产业一体化发展就会遇到各种现实的、具体的障碍，也就难以真正推进。即使这些障碍最终能够解决，也是以增加相关成本为代价的，这会影响相关各方推进产业一体化发展的积极性和实际利益。政策协同包含很多方面，比如准入规则、公司登记、监管规则、监管执法、商标品牌保护等方面的协同。

市场体系一体化建设是其中的一个关键点。长三角地区市场体系一体化建设最早从 2007 年在沪苏浙三地开始起步探索，随后陆续在公

司登记、标准化、计量、公平交易执法、商标品牌保护、食品安全监管、缺陷产品召回、合同监管、消费者权益保护等方面达成了一系列的协作机制和联动部署，取得了一些成效。比如，根据原三地工商部门共同制定的《外商投资企业登记注册合作交流六项措施》，已在三地某一省市设立外商投资企业的外国投资者，如果要在三地范围内的其他省市再投资，只需凭当地工商部门出具的主体资格证明，就可直接进行新的注册登记申请，无须再办理公证、认证等手续。再如，苏浙沪三地竞争执法协作机制自 2008 年起延续至今，2017 年还签署了《苏浙沪地区竞争执法协作备忘录》，在建立异地受理机制、执法协作支援、办案经验交流等方面已经形成较为完备的机制。2019 年 1 月，三省一市在上海签署了《长三角地区市场体系一体化建设合作备忘录》，这是市场体系一体化建设的标志性事件。据此，三省一市将大力实施“营商环境联建、重点领域联管、监管执法联动，市场信息互通、标准体系互认、市场发展互融，逐步实现统一市场规则、统一信用治理、统一市场监管”的“三联三互三统一”工程，以激发市场主体活力，有效扩大内需，增强整个区域的发展动力。

（四）区域合作载体更加丰富，为产业一体化发展提供了平台保障

产业一体化发展要实际落地、要做深做实，必须要有平台载体作为依托。这种平台载体依托可以有多种方式，既包括政府间或政府与企业合作搭建的面向区域内产业转移和协同发展的园区合作平台，也包括面向“走出去”的各类区域合作平台，还包括对大企业进行跨区域布局整合的支持，以及其他各种合作方式。

最近一个时期，多种类型的平台载体建设得到了快速发展。一是

搭建起跨区域园区合作平台。三省一市于 2018 年 9 月共同推动成立了长三角开发区协同发展联盟（首批成员覆盖三省一市 45 个开发区、重点企业和开发区协会），目标是建立全面协调可持续的长三角产业创新协同发展和企业服务合作共赢体系。G60 科创走廊①建设进展很快，积极推进“一网通办”等改革举措，推动了 9 个城市产业园区的深度合作。苏皖（溧阳、郎溪、广德）合作示范区发展规划获国家发展改革委复函，沪苏大丰产业联动集聚区、苏滁现代产业园、中新（嘉善）现代产业合作园、宁波杭州湾新区浙沪合作示范区等共建园区建设有序推进，等等。这些园区合作聚焦重点毗邻区、重点园区、重点廊圈带、重点飞地等载体建设，促进了产业资源的跨区域流动。

二是搭建起“走出去”合作平台。三省一市于 2018 年 12 月共同推动成立了长三角一体化对外投资合作发展联盟，目标是聚焦信息共享、项目共享、服务共享，助力长三角地区企业“走出去”。比如，上海市商委成立了“走出去”综合服务平台，为上海以及长三角其他地区的企业提供重点国别、重点领域投资合作指南、法律法规、产业政策和安全形势等动态信息，并提供会展及海外推广、商事法律、海外网络建设、贸易投资便利化、金融支持等一站式高效服务，开展跨国经营人才培训并举办法律、税务、并购管理等专题培训班。在长三角地区企业发展水平较高的情况下，这些平台载体有助于企业更好地开展全球布局和参与国际竞争。

三是支持大企业在区域内优化布局。通过破除一些体制机制障碍和地方保护主义倾向，一批大企业开始加快区域布局，进一步优化产业链、创新链的资源配置。在新能源汽车领域，上汽集团浦口基地

---

① 2016 年，上海松江区提出沿 G60 高速公路构建产城融合的科创走廊，经过几年发展，G60 科创走廊沿线已成为我国经济极最具活力、城镇化水平较高的区域。

EP22 纯电动乘用车生产线已经建成投产，蔚来汽车将整车制造、创新中心、电池电机电控等分别布局在合肥、上海、南京等地。在集成电路领域，华虹无锡（一期）项目已经开工建设，中芯国际绍兴项目基建项目已经开始，阿里集团平头哥在上海设立了集成电路研发公司等。在航空领域，中国商飞、上海赛飞将客户服务中心、航空线缆等 C919 大型客机项目落地浙江。在新零售领域，苏宁集团在长三角地区开设了 2200 余家智慧门店，在芜湖、绍兴等地建设了现代化物流基地。

与此同时，其他各种方式的平台载体搭建也取得了明显进展。比如，三省一市共同搭建了长三角智能制造、机器人、时尚创意、5G 创新发展等一批战略联盟，促进了科技、产业、资本等的有效对接。再如，相关各方共同设立了长三角协同优势产业基金（总规模 1000 亿元，首轮封闭规模超过 70 亿元）、G60 科创走廊人工智能产业基金等，以“硬科技”为主线，着力培育人工智能、物联网、生物技术等战略性新兴产业，促进产融对接。又如，围绕高端数控机床及新一代核电等战略领域，共同承担国家重大专项，联合推进关键设备国产化、自主化。还如，共同举办世界人工智能大会、世界智能制造大会、世界互联网大会、世界制造业大会、长三角首届品牌博览会、长三角工业互联网峰会等，提升了区域国际影响力。

此外，长三角地区还以互联互通为重点加强了交通基础设施建设、协同推进了信息基础设施建设，以强化创新驱动为指向推进了协同创新网络建设，以坚持开放融合为原则推进了大通关建设，并且共同推进了长三角一体化发展示范区的规划建设。这些工作的开展都与产业一体化发展有直接或间接的联系，也为产业一体化发展扫除了障碍、营造了环境、增添了动力。

三、实现产业一体化发展迫切需要解决一些突出问题

与党中央、国务院对长江三角洲区域一体化发展的定位和要求相比，这一地区目前的产业一体化发展水平还存在明显差距。要通过一体化的路子实现产业高质量发展，急迫需要解决当前存在的一些突出问题。

（一）区域内各地产业规划缺乏有效对接

产业发展规划具有预期和投资引导作用，也是各地制定和实施产业政策的重要依据，对一个地区的生产力布局有着重要影响。改革开放以来，由于三省一市经济社会发展的基础和条件有相似性，面临的国内外发展环境和机遇也有相似性，再加上在后发追赶时期产业选择的确定性比较强，各个城市产业发展重点比较接近是正常的。

但问题在于，即使发展到今天，各地依然都只是立足于本地经济和产业发展的需要，而忽视了自身在整个区域内的功能定位，没有从更高的层次和站位、更大的空间和范围做好本地产业发展规划。在这种情况下，各地的产业发展规划基本上都是“以我为主”“各自为政”的，产业发展规划大而全，每个城市中的重点发展产业、优先发展产业、培育发展产业也就不可避免地存在较为严重的趋同现象。在更为微观的层面上也是如此，开发区开展合作共建也缺少有效衔接，目前仍处于自发状态，合作共建的信息不畅、信息交流不对称，影响了园区合作共建的效果。由于相互之间缺少有效协调衔接，从局部看可能是合理的产业规划，从全局看就不合理。比如，长三角区域 41 个城市中有 36 个在“十三五”规划中将金融业作为优先发展的产业，而实

际上很多城市基本不具备发展现代金融业的基础和条件。这种现象根植于一些长期存在的体制机制问题，也带来了一系列附带的产业发展问题。

（二）区域内各地产业同构现象仍然较为突出

在之前的体制下，产业重复建设问题是产业规划缺乏衔接的自然结果。区域间招商引资竞争激烈，各地引进项目与区域或城市的功能定位、比较优势之间常有偏差；一些地区仅从自身利益出发，以邻为壑的现象时有发生，也不可避免地带来重复建设和同质化竞争问题。以长三角地区的产业结构为参照系，这个区域间实际上具有较高的产业结构灰色关联度。以2016年的数据为例，三省一市主要工业产品的相似度系数较高，江苏与浙江为0.8494，安徽与江苏、安徽与浙江分别为0.8571和0.9011。对我国而言，“大而全”更多的是好事，代表着产业体系的完整性；“小而全”则更多的是问题，意味着区域间良性分工合作格局并未真正形成，产业协作仍以中低水平的加工链合作为主，产业梯度特征不明显，产业发展合力尚未真正形成，资源利用效率仍有较大的提升空间。

对这个问题，要从两个方面来认识。一方面是合理和可接受的因素，主要包括：第一，这是过往发展模式的自然延续。如前所述，在发展起步时期很多城市之间并没有资源禀赋和条件方面的显著差异。第二，在之前基础设施的联通性、便捷性不高时，不少产业及其配套的布局受产业合理半径的制约，不可避免需要重复建设。第三，随着市场力量的发挥，一些领域存在的重复建设和同质化竞争问题正得到缓解，特别是从产业细分类别来看更是如此。比如江浙两省都有比较强的纺织业，从产业大类上看似乎是重复建设，但其实江苏以毛、麻纺为主而浙江以丝绢为主，从细分类别看已经形成各自的优势和分工。

另一方面则是不合理的因素，主要包括：第一，这种现象实际上反映了政府对企业的行政干预和不合理干预还比较多，市场在资源配置中的决定性作用发挥得还不够充分。这个问题，在产业一体化发展的整体长远利益与地方短期利益不一致时表现得尤为突出。第二，跨区域、深层次的产业联动和利益共享机制尚不完善。“飞地经济”、共建园区等涉及不同行政区的合作，对于其经济指标统计、农用地占补平衡以及税收分成等利益关系，还缺乏一套各方认可、行之有效的制度性安排。第三，由于行政壁垒的阻隔、省际规划的不一等原因，土地、人才、数据等要素资源的跨区域自由流动还存在一定障碍，再加上国资国企改革仍然需要深化等诸多原因，市场自发的兼并重组过程以及合理分工格局的形成面临着各种显性和隐性制约。第四，这个问题在越低层级的政府层面上表现得越为突出，合作存在“上热下冷”的情况，这一点是尤其需要引起注意的。第五，这个问题在传统产业层面上得到了一定程度的缓解，但在新兴产业领域则又表现得比较突出。

（三）区域产业综合竞争力和国际影响力依然不够高

相比世界其他五大城市群，长三角地区的产业已经有了一些优势和特色，但整体发展水平还不够高，尤其是对重要行业关键核心技术、装备、环节的掌控力还不够。主要体现为：在芯片等通用技术方面与世界领先水平的差距依然很大；航空发动机、燃料电池、新材料等行业关键技术基本依赖进口；金融市场国际影响力不强，原油等大宗商品定价权较弱；数字经济影响更多体现在消费生活领域，和工业领域结合还不够紧密，云计算等的全球市场占有率还很低；重要行业中的国际一流品牌还不多；等等。

当然，首先要看到发展模式的转换确实需要时间，其次要看到实现最顶端1%的突破是非常难的，这些领域都是领先国家和企业的“必争之地”，甚至是“安身立命之本”，对此我们必须要有历史的耐心。但与此同时，还有一些问题需要予以解决，主要包括：第一，对关键技术领域的长期性、战略性持续投入不够，量变仍不足以支撑质变的产生，特别是三省一市各自优势的合力没有充分发挥，尚未形成长期、稳定的联合攻关组织形式。第二，企业发展成长环境仍然有待优化。比如金融对实体经济的有效支持还不够，重大科技资源整合开放度还不够，政府对新经济业态的支持和包容度还要提高等。第三，区域统一市场体系建设还需发力。比如，由于地方保护主义问题，部分地区用政策引导产业优先向省内转移；二手车市场车辆信息还不能在省市间实时互联互通，影响了长三角二手车流通一体化协同推进；“首台套”产品设备在跨地区销售中面临“玻璃门”“弹簧门”的制约；没有形成一体化的企业登记、审批、管理制度，不利于企业跨区域发展；等等。应该看到，在解决我国面临的“卡脖子”等紧迫问题上，长三角地区有国内几乎最好的基础和条件，在培育发展世界级产业集群方面也有国内几乎最好的基础和条件，但截至目前这些优势尚未得到充分发挥。

四、实现产业一体化发展的政策思路及建议①

长三角地区产业一体化发展是一篇大文章。考虑产业一体化发展的路径和举措要坚持两个原则：一是紧扣高质量发展导向。市场导向的产业发展与产业一体化发展之间并不总是同向的，长三角地区要实现的是以高质量为导向的产业一体化发展，而不是为了一体化而一体化。二是紧扣各扬所长基调。长三角地区的产业一体化发展是建立在各地比较优势能够充分发挥的基础上的，是在兼顾各地发展利益的基础上实现区域整体利益的最大化。

总的来看，长三角地区产业一体化发展的目标是充分发挥区域整体优势，建设若干世界级产业集群。为此，要发挥市场和政府“两只手”的作用，既要以有序市场竞争实现企业间的优胜劣汰和要素资源的集约高效利用，又要以有效合作实现地区间的错位融合发展和整体提升，构建基于比较优势、实现合理分工、促进良性竞合的产业生态系统，促进具有全球竞争力的世界级产业集群的培育和形成。

（一）统一编制长三角产业发展专项规划

产业发展规划是投资和建设的先导，直接影响着一个地区的产业选择和布局。目前长三角产业同质化竞争依然存在，产业分工布局不尽合理，一个很重要的原因是缺少覆盖全域的、具有约束力的产业发展专项规划。为此，要服务国家发展战略、面向未来全球竞争、立足全局全域角度，按照发挥上海的龙头作用、苏浙皖各扬所长的要求，

---

① 考虑到整项研究报告的篇章结构安排，此处未涉及创新成果转化、人才培养、产业投资基金等与产业一体化高质量发展也有紧密关联的内容。这方面的政策建议详见其他章节。

统筹考虑区域内各地的资源禀赋、发展基础、区位特征、环境容量、带动效应等条件，制定产业发展专项规划。

（二）加快形成体现比较优势、合理分工、协同发展特征的产业空间格局

合理产业空间格局的形成，既是“存量”产业分工优化的结果，同时也有利于引导“增量”产业朝着集聚化、专业化的方向布局。要通过强化产业规划的指导作用和国土规划、土地资源、环境容量的引导作用，尽快在长三角全域形成合理的产业空间格局。上海要凸显高端服务业特色，着重发展金融、科创以及大飞机、生物医药等我国亟须突破提升的关键产业。“上海－南京－合肥”沿线可凸显高端制造特色，着重发展集成电路、新能源汽车、航空航天、机器人、新材料、高端工程机械、船舶以及智能语音、脑科学等产业；“合肥－杭州”沿线可凸显绿色生态特色，着重发展节能环保、新能源、养老服务、旅游、文化、现代农业等产业；“杭州－上海”沿线可凸显数字经济特色，着重发展平台经济、智能制造、人工智能、新零售、智能网联汽车、文化创意等产业。其他地区也要基于自身资源禀赋和产业基础，根据国内外市场需求的变化，发展各具特色的产业。

（三）共同搭建多主体、多类别的平台载体

产业跨区域的优化布局和融合发展，需要各类平台载体的支撑。大型企业集团的内部整合以及上下游关联带动，是形成产业分工布局的关键动力之一。要鼓励支持各类企业特别是大型企业集团以市场化的方式在长三角优化布局，进一步整合提升区域内供应链、产业链、价值链水平。共同推进建设一批跨区域的网络化、平台化、打通产业

链全链条的供应链平台，促进产业链上下游企业专业化分工和协同。政府更好发挥作用，在省市交界处共建各具特色的产业园，消除行政壁垒对经济发展的阻碍。要在平台协商的前提下，建立各类跨区域产业合作园区，支持“飞地经济”模式的发展，在保证国家统计制度、财税制度统一的前提下，允许和支持有关地区开展生产总值分计、财税分享等制度探索。积极推进长三角技术转移体系建设，实现技术市场资源共享互融互通。同时，面向国际化发展需要，共同搭建全域招商引资平台、“走出去”综合服务平台等，协同发挥综合性优势，不断提高长三角企业的全球竞争力和影响力。

（四）协同推动新产业、新业态、新模式发展

战略性新兴产业的综合竞争力是决定长三角以及我国在未来全球竞争中所处位势的关键。长三角发展战略性新兴产业的基础要素比较完备，要协同供给侧和需求侧政策，力争在一些重要领域率先实现突破。要以5G规模化应用、量子保密通信干线网建设为契机，共同制定数字治理的统一标准和规范，打造长三角数字经济、平台经济生态系统。研究合作共建e-WTP（电子世界贸易平台），推动电子商务等新业态持续健康发展。集合各地现有优势，加快建设一批面向长三角应用推广的工业互联网平台，构筑工业互联网融合发展生态，建立长三角工业互联网服务资源池目录，打造智能制造和智能服务的领先集群。加强全产业链协同，充分发挥产业体系完备的独特优势，力争在国产新品市场化应用以及“卡脖子”问题上取得突破。支持三省一市共同打造长三角智慧高速公路示范项目，加强在共享出行等领域的政策协调和衔接，打造下一代汽车、智能共享出行等领先集群。建设长三角政府采购“区域一张网”，实现长三角政府采购监管和市场资源

的协同共享，形成规则体系共建、创新模式共推、市场监管共治、市场信息互通的区域采购模式，以规模化政府采购助推区域内新兴产业发展。

执笔人：宋紫峰

专题报告三

建设长三角科技创新共同体

长三角地区是我国的科教重地和技术密集产品生产的核心区域，是我国构建自主技术体系、向全球价值链中上游攀升的核心区域，应在技术创新、新产业导入和新的商业模式探索上走在前面，代表中国参与全球竞争。要实现上述目标，必须大力促进创新资源开放共建共享，建设长三角科技创新共同体。其中关键是要消除行政壁垒、体制障碍、政策差异，促进科技人才自由流动和创新资源优化配置；推动长三角在科技创新政策方面先行先试，为实现共同创新发展量身打造政策体系；推动长三角联合承担国际重大科技项目，打造区域创新系统。

一、进一步推动创新资源在长三角范围内开放共建共享

创新资源开放共建共享能够大幅提升科技资源的利用效率和长三角的整体创新能力，也是相对容易推进的领域。建设长三角科技创新共同体，要率先破除影响创新要素自由流动的瓶颈和制约，加强存量创新资源的开放共享，合作共建一批新的重大科技平台和产业技术创新平台。

（一）长三角创新资源开放共建共享的现状

创新资源既包括仪器设备等硬件资源，也包括新型研发机构等创新平台，还包括创新服务等软件资源。长三角三省一市在仪器设备共享、创新服务互通、新型研发机构共建等方面已经取得了一定成效，创新资源开放共建共享的基础较好。

存量创新资源的开放共享工作起步相对较早，已经搭好平台，开始发挥作用。2006 年，三省一市签订了《长江三角洲科技资源共享服务平台共建协议书》，并基于此协议书，由四地科技主管部门联合设立了长三角科技资源共享服务平台建设小组。此后，在长三角科技资源共享服务平台建设小组协调下，“长三角大型科学仪器协作共用网”“长三角工程文献共享平台”等服务平台建设不断推进，四地按照统一的数据标准和接口要求，整合存量创新资源，并向社会提供服务。截至 2019 年 2 月，长三角科技资源共享服务平台已经汇聚了 2100 多家 4. 5 万台套的科学仪器设备，价值超过 500 多亿元人民币。

长三角三省一市合作共建了一批科技基础设施和研发平台，促进了长三角创新合作与产业链协同。如浙江、上海、江苏三地合作组建了国家长三角纺织产业创新支撑平台、国家集成电路产业创新支撑平台。三省一市的高校和科研院所合作共建了南京先进激光技术研究院、浙江大学苏州工研院、南京大学马鞍山高新技术研究院、东大－横店集团高技术纤维及应用研究中心等新型研发机构。上海和江苏共建的“高效低碳燃气轮机试验装置”项目于 2017 年正式获批。江苏省于 2013 年启动一站式检测公共服务平台“金册网”，截至 2019 年 2 月，已整合包括三省一市等地检测机构在内的各类检测机构近 1800 家，集成检测服务项目 34. 7 万项。

长三角一体化技术转移服务体系已初现端倪。2018 年初，三省一市人民政府联合签署了《长三角地区关于共同推进技术转移体系建设合作协议》。2018 年 4 月，上海国际技术交易大市场、江苏省技术产权交易市场、浙江科技大市场与安徽科技研究开发中心共同签署《长三角技术市场资源共享、互融互通合作协议》，动态发布四方技术合作供求信息、实现信息共享，探索科技服务体系互联互通、实现服务共享，加强各方平台科技合作交流对接、实现活动及人才共享，构建长三角技术市场四方联席会议机制，实现跨区域技术转移合作常态化，共同打造集信息共享、技术交易服务、技术金融创新、技术转移、技术转移经纪人培育、知识产权服务、技术转移大数据于一体的长三角区域技术转移及科技服务网络。

以跨区域通兑“科技创新券”促进科技资源一体化开放共享，是长三角一体化建设进程中较为典型的可操作性较强的探索。科技创新券由相关政府部门或委托第三方发放，申领到科技创新券的机构可以凭此向创新服务机构购买服务，接受科技创新券的创新服务机构可以向相关政府部门或委托第三方申请兑付，其实质是政府采购服务支持创新的一种政策工具。一般而言，科技创新券仅限发行部门所在行政区域内使用。2016 年，上海与江苏、浙江部分科技创新服务需求旺盛的地区开展了科技创新券互联互通的探索和尝试。2018 年 12 月 1 日，长三角首张跨区域科技创新券（昆山－上海科技创新券）发放，在通兑方面迈出了重要一步。截至 2019 年 2 月，江苏省的苏州市、无锡市、宿迁市，浙江省的湖州市长兴县、嘉兴市、海宁市与上海市开展了科技创新券通兑尝试。

（二）长三角创新资源开放共建共享中存在的问题

长三角三省一市积极探索创新资源开放共享，在一定范围内开展了创新资源合作共建，更深入的合作也已提上日程，但创新资源开放共享的实际效果有待提高，科技基础设施、研发平台合作共建需要更高层次的统筹和规划。

三省一市先后联合编制了系列科技发展规划、科技合作行动计划，但项目层次的合作多，建设层次的合作少。四地分头建设科技基础设施、研发平台，创新资源布局有一定的重合度，存在一定程度的重复性建设、同质化竞争现象，区域创新资源密集但协同度不高，尚未形成差别化、错位化、梯次衔接的协同发展局面，缺乏源头上的顶层设计。

存量创新资源的开放共享工作虽然起步较早，大量大型仪器设备已经面向长三角开放，但由于激励不足、服务能力欠缺等原因，实际效果并不理想。目前，创新资源的开放共享在管理上偏重于硬件数量而忽视实际服务数量，偏重于提要求而忽视设计激励机制，偏重于发布信息坐等供需双方自由接洽而忽视提高服务水平。创新资源的拥有机构存在“没动力提供服务、没精力提供服务、不擅长提供服务”等问题，影响了创新资源开放共享的效率和效果。

技术成果的转化应用一直是我国创新体系中的薄弱环节，是导致“科技、经济两张皮”的重要原因。长三角技术转移服务体系建设已经取得了一定进展，但主要成效体现为信息整合，四地共享技术成果信息、共同发布技术需求信息，而创新活动所需的资金、人才、市场等资源的整合工作相对滞后，能够跨区域提供服务的专业化、综合性技术转移服务机构不多。

跨区域通兑科技创新券的发行范围和规模小，发挥的作用有限。目前，三省一市发行的科技创新券主要用于本区域内，能够用于区域外的科技创新券仅限于签署了协议的先行先试地区，这些地区仅占全域的一小部分，发行规模也不大。2018 年，三省一市共同签署了《长三角科技合作三年行动计划（2018—2020 年）》和《2018 年度长三角区域创新体系建设工作计划》，提出促进科技创新券在长三角地区通用通兑，但没有具体的保障措施和实施办法。由于发行科技创新券要使用财政资金，让本地财政支持外地企业，省内协调起来都不容易，省际协调相当困难。

（三）促进长三角创新资源开放共建共享的关键举措

建议将长三角科技创新一体化发展规划列入长三角区域一体化发展规划的系列专项规划，将创新资源统筹规划与合作共建列为长三角科技创新一体化发展规划的重要内容，重点任务和先行任务由长三角一体化办公室协调落实。

优化激励机制，提高存量创新资源开放共享的实际效果。区域内国家投资或国有单位的大型科研仪器、公共检验检测平台等重大科技基础设施要向全社会开放；鼓励专业服务机构参与创新资源开放共享，提高创新资源开放共享的专业化水平；创新资源对外服务可按照“成本补偿”原则适当收费，服务费由创新资源拥有机构、管理机构、实验室、专业服务机构按协议分享，调动各方积极性。调整单纯以创新资源开放数量进行补贴的做法，改为根据服务数量和服务质量进行补贴，提高财政资金使用效率。鼓励民营机构自建的创新资源向全社会开放，按照市场竞争原则收费。

加快推进长三角技术转移体系建设，促进科技成果转化应用。发挥三省一市的国家科技成果转移转化示范区的引领作用和优势，推动技术、资本、人才、服务和产业市场联动融合，共同搭建创新合作交流和技术交流对接活动平台。推动上海技术交易所、浙江科技大市场、江苏省技术产权交易市场、安徽科技大市场等技术转移转化机构深度联盟，深化信息共享、资源共通，共建一体化技术交易市场，合力推进区域内外的创新成果在长三角落地。支持政府、高校、院所、企业共建各类研发机构，探索编制、薪酬、职称等管理制度创新，激发机构的创新活力。

发行三省一市通兑通用的科技创新券，逐步扩大发行规模。建议由长三角一体化办公室统筹部分财政资金，作为科技创新券的发行主体，并将通兑通用范围由目前协议区域扩大到整个长三角地区。将科技创新券作为鼓励中小企业发展的重要政策措施，鼓励中小企业用科技创新券支付仪器设备的使用费和创新服务机构的服务费。

促进创新人才在长三角地区流动。改革束缚人才流动的户籍制度、身份管理制度，建立科技人员在长三角户籍自由迁徙制度，实现职称、人才称号等科技人才评价结果互认。加大住房保障、医疗保健、子女入学等基础设施建设方面的投入，不断减少生活、工作环境的地区差异。在高端人才引进上先行先试，允许长三角地区探索高端人才双重国籍制度和技术移民制度。允许长三角地区以地方财政补贴方式，比照中国香港降低高端人才个人所得税税率。改进人才评价机制，增加用人单位话语权，部分高端人才由用人单位来认定。

二、支持长三角地区科技创新政策先行先试

优化创新环境、完善激励机制是建设长三角科技创新共同体的基础性条件。开展科技创新活动需要技术、人才、资金等要素投入，科技创新政策也要围绕这些要素来设计，包括科技经费投入与管理、知识产权保护、创新人才政策、政府采购、科技成果转移转化、研发投

入加计扣除、高新技术企业税收减免、军民融合创新、产学研合作等。建设长三角科技创新共同体，要加大科技创新政策先行先试及经验推广力度，要促进各地科技创新政策之间相互协调，塑造一体化的科技创新政策体系。

（一）长三角科技创新政策先行先试探索及现状

长三角地区创新活跃，试点试验区众多，承担了许多国家重点科技创新政策试点试验任务，探索科技创新政策的步伐全国领先。长三角三省一市拥有上海自贸区、浙江自贸区，上海张江国家自主创新示范区、杭州国家自主创新示范区、宁波温州国家自主创新示范区、苏南国家自主创新示范区、合芜蚌国家自主创新示范区等多个国家自主创新示范区，上海紫竹高新区、浙江绍兴高新区、江苏昆山高新区、安徽淮南高新区等一大批国家级高新区，上海杨浦区、浙江宁波市和嘉兴市、江苏南京市、安徽合肥市是国家科技部确定的国家创新型城市试点城市（区），浙江杭州市、江苏南京市、安徽合肥市是国家发展改革委确定的创建国家创新型城市试点。上述试点示范区探索的成功经验，正源源不断地复制到全国各地。

建设长三角创新体系，推动长三角科技合作是长三角一体化建设过程中较早涉足的领域。早在2003年，上海市、浙江省、江苏省人民政府就签署了《关于沪苏浙共同推进长三角创新体系建设协议书》，率先在全国探索建立区域创新体系建设联席会议制度。2004年，安徽省作为重要合作伙伴开始参与长三角区域创新体系建设。2008年，长三角地区合作与发展联席会议制度建立，同时安徽省正式加入长三角区域合作。长三角地区合作与发展联席会议设立了交通、能源、金融、产业等12个重点合作专题，科技是其中之一。至今，三省一市轮流主持区域创新体系建设联席会议，成立了由四地科技行政主管部门共同组成的长三角区域创新体系建设联席会议办公室，采用常态化方式编制《长三角科技合作三年行动计划（2008—2010年）》。目前，长三角科技协同发展主要体现在具体项目和事务的合作上，相对而言，政策协调工作做得较少，基本上各行其是，差异性较大。

以上海市为例，近年来印发了《关于加快建设具有全球影响力的科技创新中心的意见》及金融、财政、人才、知识产权、土地、建设外资研发中心、发展智能制造等配套政策，印发了《关于进一步深化科技体制机制改革增强科技创新中心策源能力的意见》及促进新型研发机构发展、扩大科研单位自主权、完善科技计划项目管理等方面的配套政策，印发了《上海市创新产品政府首购和订购实施办法》《上海市天使投资风险补偿管理暂行办法》《关于完善股权激励和技术入股有关所得税政策的通知》《上海市大型科学仪器设施共享服务评估与奖励办法》《上海市科技创新券管理办法（试行）》等政策文件。上述政策文件绝大多数明确政策实施主体为本市各级部门，受益对象为本地各类机构，极少数跨区域政策，如“科技创新券”发行、使用和兑换政策，还处于探索阶段。

浙江省、江苏省、安徽省的情况是类似的，如江苏省《关于加快推进产业科技创新中心和创新型省份建设的若干政策措施》《关于深化科技体制机制改革推动高质量发展若干政策》主要面向省内实施；浙江省《关于全面加快科技创新推动高质量发展的若干意见》中，与长三角一体化发展有关的内容主要涉及创新资源开放和共建共享，政策层面只原则性提到科技创新券的通兑通用和知识产权合作，其余均面向省内；安徽省《关于推动创新创业高质量发展打造“双创”升级版的实施意见》提到了长三角区域协同创新网络建设，但未涉及具体政策。

（二）长三角科技创新政策探索及一体化存在的问题

科技创新政策探索需要获得相关部委授权，协调难度较大，试点试验经验需要由相关部委组织推广应用，不能迅速复制到长三角其他地区。一方面，与全国其他地区一样，由于中央对地方授权不足，一些含金量较高的改革举措涉及部门多，有的需要调整法律法规，部门协调、上位法调整周期较长，即便在改革力度相对较大的自贸试验区内也受限颇多，其他试点试验区内难度更大。另一方面，三省一市的众多试点试验区通过创新形成政策优势，这些政策措施只能在区内使用，上升为国家政策之后才能推广应用，之前不能复制到区外，更不能随意复制到其他省市。如上海市率先在设立知识产权法院、调整外籍创新人才居留证申请制度、探索财政支持形成的科研成果转化应用收益分配程序等方面进行了创新，在上海自由贸易区内试点了自由贸易账户、投资负面清单、商事登记与证照分离、国际贸易“单一窗口”等改革措施，从而对创新企业和创新人才形成更强的吸引力，目前只有部分政策复制推广到了其他地区。

在执行国家政策时，各地的落实力度不一致是造成政策环境差异的重要原因。国家层面的政策都一样，但由于各地财力不同，对创新的认识不同，政策实施力度有较大差异。如长三角三省一市按照中央政府的部署，执行研发加计扣除政策、高新技术企业和技术先进型服务企业税收减免政策、技术转让项目税收减免政策、科技成果转化收益分配政策等创新政策时，研发加计扣除范围宽窄与时效高低、高新技术企业和技术先进型服务企业培育力度大小、科技成果转化收益分配比例高低与程序繁简等尺度不同，激励力度就会有明显差异，从而对企业、科研人员产生不同的吸引力。

除了落实中央政策，长三角三省一市还有各具特色的地方科技创新政策。客观上各地资源禀赋不同，可用于科技创新的财力不均，主观上行政分割下的地方保护和局部利益冲突仍然存在，受限于行政壁垒和既有利益格局，科技创新政策“竞争”大于“合作”。创新人才、技术成果等创新要素受到行政干扰，不能顺畅流动，在一定程度上制约了区域整体创新效率的提高和创新能力的提升。以人才政策为例，三省一市人才政策的实施力度有较大差异，安家费、工作启动经费、住房、子女教育、医疗等优惠措施相互攀比，竞相争夺高端科技人才。对高新技术企业、新型研发机构等其他创新资源，争夺同样非常激烈。

（三）完善长三角科技创新政策体系的政策举措

可考虑由长三角一体化办公室牵头，加强与中央各部门沟通协调，承接更多的改革试点任务，提高科技创新政策探索力度。

一是支持长三角地区率先开展项目经费使用“包干制”改革试点，同时建立健全容错机制，鼓励科研人员开展突破性、开创性的研发活动。

二是鼓励长三角地区在《专利法》《促进科技成果转化法》框架下，对财政资金资助产生的科研成果产权认定、成果转化和收益分配政策进行改革。对使用财政资金取得的科研成果，探索实行研究单位和研究人员产权共有制，有条件的可明确主要科研人员的产权比例。明确科研成果转化收益分配政策的享受范围和执行程序，落实好科研成果市场转让、入股分红等方面的税收优惠政策，激励科研人员干事创业。

三是多措并举引进国内外创新人才，将长三角打造成全球优秀创新人才的汇聚地。在长三角地区探索建立技术移民制度和高端人才双重国籍制度，实现外籍创新人才创办科技型企业享受国民待遇。推进职业资格长三角互认，推动职业资格国际互认。允许三省一市政府以地方财政返还方式，降低高端创新人才、紧缺创新人才的个人所得税税率，提升长三角地区吸引人才的国际竞争力。

四是强化区域知识产权协同保护机制，提高知识产权保护力度，促进知识产权转化应用。充分发挥上海知识产权法院的作用，将上海知识产权法院管辖的案件范围扩大到三省一市，提高知识产权司法判决的专业性与一致性。加强三省一市知识产权行政执法协作，实现长三角知识产权的一体化行政保护，提高知识产权保护的透明度。支持长三角地区开展知识产权证券化试点，完善知识产权信用担保机制。

五是协调三省一市科技创新政策。通过协调，实现科技创新政策基本统一，避免因政策力度相差过大而“争抢”科技创新资源。三省一市的试点试验区探索成功的经验做法，在向全国复制推广前，尽快复制推广到长三角全域，进行更大范围的试点试验。

三、支持长三角联合进行重大科技攻关，打造区域创新系统

长三角是科教重地和技术密集型产品核心生产区域，全国30%的新能源汽车、30%的生物医药、45%的集成电路、50%的光伏产品、2/3的船舶和1/3的软件在长三角地区生产。通过联合承担国家重大科技项目，在区域内统筹布局重大科技平台，不仅有利于国家攻克重大科技难关，尽快解决“卡脖子”问题以及新技术的研究开发，而且也有利于形成适度分工、优势互补的区域创新体系。

（一）长三角地区联合承担国家重大科技攻关项目的进展

按照强化共性关键技术联合攻关、促进区域创新联动的工作思路，自2004年起，长三角地区围绕产业发展中若干关键、共性科技难

题开展联合攻关，取得了一批重要科技成果，有力地促进了新兴产业的发展。聚焦集成电路、新能源等重点技术领域，长三角加强协同创新，联合编制《长三角地区集成电路领域科技创新一体化发展规划》，积极发挥各方优势力量，承接光刻机、光刻胶、芯片封装等新的02专项重大任务，推动长三角地区上下游企业的产业链协同创新。长三角地区还联合举办2018年长三角氢能燃料电池汽车科普巡游活动，联合制定《长江三角洲氢走廊建设发展规划》，旨在加强长三角城市的区域联动效应，推动氢能与燃料电池热点城市的发展。

为聚焦共同关注的环境保护、公共安全社会事业等民生领域，三省一市积极争取联合承担国家重点研发任务，“长三角PM2.5和臭氧协同防控策略与技术集成示范”项目获得正式立项。

三省一市都积极行动，江苏省以重大科技成果转化、产学研联合创新资金等省级科技计划为引导，瞄准生物医药、电子信息、节能环保、先进制造等重点产业领域的共性关键技术，先后共组织了170多项长三角科技联合攻关和成果转化项目，省拨资金超过14亿元，带动社会总投资200多亿元。

（二）促进长三角联合攻关、打造区域创新系统的关键举措

一是共同承接重大科技项目。以实施国际国内重大项目或工程为载体和纽带，一方面共同争取承接实施面向2030重大战略项目和国家科技重大专项，共同实施一批国际大科学计划和国际大科学工程。长三角作为整体联合申请国家重大科技项目，攻克关键技术或关键装备，如芯片、光刻机、大型设计软件、基础软件等。另一方面，在智能语音、平板显示、智能家电、集成电路等领域建设一批国家级产业和技术创新联盟，加快布局量子信息、靶向药物、类脑芯片、第三代半导体等未来产业联合攻关。

二是统筹考虑重大科技平台布局。结合区域产业发展需求，统筹规划三省一市大型科研院所的科研任务，引导大型科研院所之间适度分工，加强合作。围绕上海建设具有全球影响力的科技创新中心、围绕江苏建设具有全球影响力的产业科技创新中心、围绕浙江建设“互联网+”世界科技创新高地、围绕安徽建设具有重要影响力的综合国家科学中心和产业创新中心的目标，加强资源整合，合力推进共建共享跨区域重大科技基础设施集群和创建国家实验室，为长三角科技创新提供强大源头支撑。加强创新协作，协同布局若干高水平的新型研发机构，形成具有影响力的专业性协同创新网络节点。

三是整合区域科技资金。整合三省一市产业创新资金配合国家重点研发、国家科技成果转化引导基金等计划，设立“长三角重点研发专项”和“长三角科技成果转化创业投资子基金”，国地联合、省市联动、城市协同，建立长效合作机制，支持长三角重点产业的关键技术攻关和重大科技成果转移转化。聚焦共同关注的大气环境、食品安全等民生问题，加强关键共性技术联合攻关，联合实施科技应用示范和科技惠民工程，加快适用技术的推广和应用。

四是打造区域创新系统和产业空间体系。复制推广G60科创走廊的成功做法，进一步扩容G60科创环廊，构建以上海为核心，南京、杭州、合肥为极点，沿沪杭（G60）、沪宁（G4）、宁杭（G25）为一圈的技术创新与产业创新环廊。根据产业链配置创新资源，以创新链带动产业链，紧密结合各地产业优势与特色，统筹开展创新链、产业链功能布局规划，形成特色明显、梯度有序、上下游协作、错位发展的产业链空间体系，打造若干具有国际竞争力的世界级产业集群。

执笔人：王金照　沈恒超

专题报告四

长三角高质量创新发展研究
——以苏州相城区为例

长三角一体化发展是党中央综合研判国内外形势、高瞻远瞩做出的重大部署。党的十九大报告指出，创新是引领发展的第一动力，是建设现代化经济体系的战略支撑。推动长三角一体化高质量发展，必须贯彻落实新发展理念，紧紧依靠创新巩固发展优势、培育发展动能和提升发展水平，着力将长三角打造成全国经济高质量发展的样板区、率先基本实现现代化的引领区。实现一个地区发展的高层次转型是一项系统工程，尤其是在长三角如此大尺度的空间，推进一体化创新发展，将面临更多挑战，因此在长三角选取基础和条件较好的地区探索建立长三角高质量创新发展示范区（以下简称示范区），充分发挥其“试验田”功能，显得十分必要和紧迫。

一、长三角高质量创新发展的战略意义

在国际经济环境日益复杂，国内改革进入深水区、经济增长动力亟须转换的关键时期，高质量创新发展肩负着推动长三角地区由传统

发展方式向创新发展转变，提升以科技和人才为标志的综合国际竞争力的重大历史使命。

（一）长三角高质量创新发展是落实中央决策部署的必然要求

长三角区域一体化发展已上升为国家战略，同“一带一路”建设、京津冀协同发展、长江经济带发展及粤港澳大湾区建设配合，形成新时代中国经济发展的完整空间布局。中央政治局会议审议通过的《长江三角洲区域一体化发展规划纲要》，具体赋予长三角落实新发展理念，构建现代化经济体系，推进更高起点深化改革和更高层次对外开放的全新战略定位和任务。长三角地区各级政府充分认识到高质量创新发展是现代经济社会发展的高级形态，是真正把中央决策部署落到实处、完成自身重大历史使命的必然选择。

（二）长三角高质量创新发展是融入全球竞争的战略依托

全球新一轮科技革命和产业变革正在加速推进，美国“再工业化”、德国工业4.0、欧洲工业复兴战略方兴未艾，世界主要国家都在强化创新战略部署，全球创新竞争进一步加剧。我国科技创新正处于提质增效跃升期，自主创新能力快速提升，由美国康奈尔大学、欧洲工商管理学院和世界知识产权组织联合发布的《2018年全球创新指数》排名显示，中国创新综合指数排在世界第17名，但与瑞士、瑞典、英国、美国、德国等相比还有较大差距（见表1）。面对新的世界科技创新发展态势，以及发达国家和新兴经济体“双向挤压”的严峻挑战，中国必须坚持全球视野，加紧创新驱动发展战略整体部署，推动以科技创新为核心的全面创新，化挑战为机遇，抢占新一轮科技竞争制高点，赢取创新发展更大空间。长三角是新形势下我国打造世界级科技创新中心最为理想的地区，推动长三角高质量创新发展是我国融入全球竞争体系的应然之举，是夺取全球新一轮创新竞争主动权的战略依托。

表 1　2018 年全球创新综合指数 20 强

排名	经济体	分值（0～100）	排名	经济体	分值（0～100）
1	瑞士	68.40	11	以色列	56.79
2	荷兰	63.32	12	韩国	56.63
3	瑞典	63.08	13	日本	54.95
4	英国	60.13	14	中国香港	54.62
5	新加坡	59.83	15	卢森堡	54.53
6	美国	59.81	16	法国	54.36
7	芬兰	59.63	17	中国	53.06
8	丹麦	58.39	18	加拿大	52.98
9	德国	58.03	19	挪威	52.63
10	爱尔兰	57.19	20	澳大利亚	51.98

资料来源：Cornell University & INSEAD & WIPO，Global Innovation Index 2018。

（三）长三角高质量创新发展是推动经济提质增效的有力举措

“十二五”以来，我国经济处于结构性减速阶段，一个突出的事实是经济增速下滑（见图 1），1978～2018 年我国经济平均增速为 9.5%，而 2012 年以来的平均增速降为 7.1%，旧的发展动能已显疲态。同时，人口红利正在逐渐消失，如何从“人口红利”转向“改革红利”，需要创新发展为经济注入新活力、新动能。根据相关数据，长三角地区以不到全国 4% 的土地面积，创造全国近 1/4 的生产总值，[①] 成为我国社会经济发展程度最高、最成熟的区域。2018 年我国

① 2018 年长三角三省一市 GDP 合计为 211479 亿元，占当年全国 GDP 的 23.6%。

GDP 超过万亿元的城市一共有 17 座，其中，长三角地区 6 座，约占全国的 1/3。在长三角推动高质量创新发展，培育经济新动能、促进新旧动能转换，能够最大限度地抵消全国经济增速下滑带来的压力，有力地推动我国宏观经济提质增效。

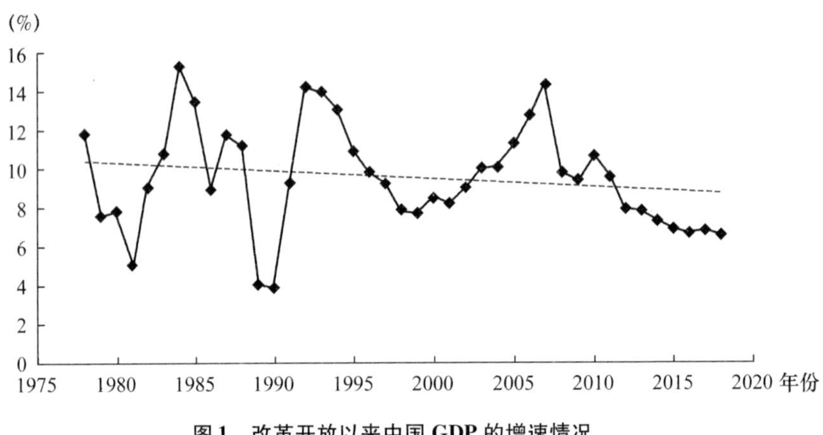

图 1　改革开放以来中国 GDP 的增速情况

资料来源：根据国家统计局数据绘制。

（四）长三角高质量创新发展有利于推动区域协同

从全球层面看，区域协调发展成为当今时代提升国际竞争力、拓展发展空间的迫切需要。从国内看，国家主体功能区战略深入实施、区域竞争逐步走向区域合作。长三角作为我国综合经济实力最强的区域，践行高质量创新发展理念，对充分发挥地区比较优势、加强区域互动协调意义重大。从长三角地区内部看，三省一市产业基本实现了细分领域的错位发展格局。同时，长三角地区科研协同创新效应显著，技术溢出多点爆发，协同创新指数总体得分从 2010 年的 100.00 分（基期）增长到了 2017 年的 178.91 分（见图 2），年均增长 8.67%，表明长三角地区协同创新水平稳步提升，发展势头良好。

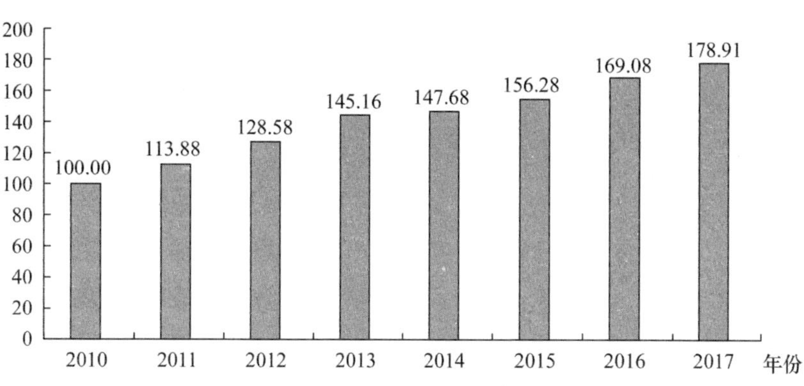

图 2　长三角区域协同创新指数

资料来源：上海市科学学研究所《2019 长三角一体化区域协同创新指数》。

二、长三角高质量创新发展的基础与条件

长三角地区人才汇集，创新活跃，具备高质量创新发展的良好条件。过去一段时间，在习近平新时代中国特色社会主义思想的指引下，通过三省一市的共同努力，长三角地区从基础设施到发展体制机制逐步完善，有效解决了一些制约区域创新发展的瓶颈问题。但仍面临一些短板问题，需要在长三角基础条件相对较好的地区，如苏州相城区，建立高质量创新发展示范区，先行先试，为全面推进长三角高质量创新发展积累经验和提供借鉴。

（一）长三角高质量创新发展的基础扎实

1. 一体化协同创新发展制度体系不断完善

长三角地区不断健全一体化发展体制机制，为协同创新发展提供了较好的制度保障。一是区域协同机制不断完善。长三角地区长期以来经济社会联系紧密，协同体制机制也随着一体化进程的推进逐步成熟，横向与纵向协同同步推进。以苏州相城区为例，该区成立了相城

区长三角一体化对接工作领导小组，通过制度设计确保全面融入地区发展，为高质量创新发展奠定坚实的组织基础。二是区域市场协同机制不断健全。长三角一体化发展，把消除行政壁垒对要素自由流动的限制作为顶层设计的重点。在苏州相城区，率先进行了相关方面的积极探索，与其他地区在人才、资金等流通共享方面签订协议，确保创新资源要素充分流动。三是创新制度体系不断完善。长三角地区处于改革和发展的前沿，历来重视创新制度的建立和完善，在各地出台创新政策工作中，不乏亮点。如苏州相城区陆续出台扶持创新的政策，直接给予区内科技企业大力支持，获得较大反响。同时，相城区政府逐年提高区级财政科研投入比例，严格落实针对高科技、高研发投入企业的税收优惠制度，最终实现了全区科技创新能力的持续提升（见表2）。

表2　2015～2018年相城区创新支持政策落实情况

相城区社会研发和区级财政科技投入情况				
年份	全区社会研发投入		区级财政科技投入	
	投入规模（万元）	占GDP比重（%）	投入规模（万元）	财政支出比（%）
2015	12.79	2.11	29751	5.3
2016	14.6	2.3	22148	3.93
2017	16.76	2.35	39831	5.87
2018	—	—	60537	8.17

相城区科创财税优惠政策落实情况				
年份	高新技术企业减免所得税额		享受加计扣除折合减免企业所得税额	
	企业数（家）	金额（万元）	企业数（家）	金额（万元）
2015	131	21956.34	137	10116.82
2016	124	21846.32	160	11781.15
2017	148	29389.29	222	16226.87
2018	162	31300.67	415	28564.74

资料来源：相城区统计年鉴、相城区政府工作报告。

2. 创新要素集聚优势明显

长三角地区全国高校、科研院所云集，涌现出一批在全国甚至世界知名的高技术创新企业，创新创业氛围浓厚，形成创新资源要素不断聚集的良性循环。一是高端人才有厚度。长三角坚持把人才资源作为第一资源，完善人才培养和引进体系，优化人才发展环境，有效吸引了全国和全球人才聚集。以苏州相城区为例，该区率先在江苏实施国家“双创计划”“姑苏领军人才计划”“阳澄湖人才计划”等，促进了各类高层次人才向创新一线加速集聚。二是金融服务有热度。长三角金融实力雄厚，创新金融服务体制，开放多种类金融产品，逐步形成多层次的支撑创新创业的现代金融市场。如苏州相城区探索政府、创投、银行、担保、保险、证券、租赁“七合一”的模式，建立区级科技金融风险补偿资金池，协同推进科技与金融深度融合（见表3）。

表3　　2015～2018年相城区获得科技金融项目情况汇总表

项目名称	年份	获批企业数（家）	金额（万元）
科技贷款贴息	2015	31	239. 59
	2016	42	265. 11
	2017	43	329. 8
	2018	57	540. 38
科技保险费补贴	2015	3	44. 99
	2016	5	51. 98
	2017	8	48. 9
	2018	6	42. 52
科贷通	2015	46	39935
	2016	29	39710
	2017	29	17190
	2018	71	487780

资料来源：相城区统计年鉴、相城区政府工作报告。

3. 产业实力浑厚

长三角地区在全国率先推进产业转型升级，产业的高端化、服务化、集聚化、融合化、低碳化发展势头良好，为推进高质量创新发展提供强大的内生动力。一是优势产业向高端化发展趋势明显。长三角传统的制造业、高新技术产业和现代服务业等优势明显，近年来与大数据、云计算、人工智能等新一代信息技术深度融合，产业高端化取得较好成效。数据显示，截至2018年，苏州相城区规模以上工业企业智能化改造率达90%。二是战略性新兴产业快速发展。当前，长三角地区在以信息技术、生物、高端装备制造和新能源汽车等为代表的战略性新兴产业快速发展，形成规模和优势，成为区域发展新引擎。如苏州相城区在数字医疗、区块链、智能驾驶等领域成长了一批重点企业，目前已达439家。三是产业发展空间载体较完备。长三角是我国产业集聚最密集的区域之一，经济技术开发区、产业园区和工业园区等各类园区近500个。以苏州相城区为例，该区科技园、创业园、产业园等错位发展，形成"三位一体"产业发展空间载体格局。

4. 基础设施体系不断完善

长三角地区基础设施先进，近年来随着一体化进程的不断加快，基础设施互联互通不断强化，信息化、智能化、现代化水平不断提升，形成较为先进的现代基础设施网络，为改善区域民生、增强区域综合承载能力、推进区域创新创业活动奠定了坚实的基础保障。一是综合交通网络建设取得较好成效。长三角地区把交通基础设施作为基础性、先导性工程来抓，路网交错有致，互联互通处于较高水平。苏州相城区也高度重视交通枢纽建设，立足国家级高铁枢纽和长三角核心区域城际铁路网枢纽定位，编制苏州北站一体化综合规划，打造通苏嘉甬与京沪高铁、如苏湖与苏锡常城际铁路，实现自身交通发展的突破。二是城市基础设施建设水平较高。长三角地区城市基础设施建设理念先进，设计科学，科技含量高，在全国处于领先地位。从苏州相城区来看，相城区放弃拉大城市框架城建模式，转向发掘存量用地，提升城市通达性，缩短通勤时间，提高宜居水平。三是信息基础设施现代化水平较高。长三角大力发展新一代信息基础设施，构建集“连接、枢纽、计算、感知”为一体的新一代信息基础设施总体架构，推动率先实现信息基础设施更新升级。苏州相城区也紧紧抓住新一代信息技术革命的契机，建成并投入使用紫光云引擎，其被评为国家级工业互联网平台。

5. 公共服务能力不断提升

长三角是我国社会事业综合发展水平较高的地区。当前，公共服务均等化不断推进，为区域创新发展提供了较好民生服务和环境。一是民生保障不断加强。长三角地区创新民生服务方式，加大教育、医疗投入，确保“幼有所教、老有所养、病有所医”落到实处。例如苏州相城区结合自身的实际情况，在教育、卫生等领域建立严格的“台账制度”，走出一条社会事业全面协调发展的新路子。二是加强和创新社会治理并取得成效。长三角地区重视社会治理，深入推进专项治理、系统治理、综合治理、依法治理、源头治理，探索形成一些可复制推广且有成效的社会治理先进经验，如上海的“人民调解专业化”、浙江的美丽乡村治理“枫桥经验”、安徽的“法制思维改善民生”等。社会治理能力和治理体系的不断提升和完善，确保创新发展有良好的社会秩序。

6. 生态环境不断改善

在长三角一体化的进程中，大力推动区域生态环保联防联治，尤其是长三角生态绿色一体化示范区的建立，为区域生态环境的保护和改善、践行“两山”理论，切实把生态优势转化为创新发展优势，探索了有益的经验。一是生态突出问题治理取得新进展。从2013年开始，长三角相继建立了区域大气污染和水污染防治协作机制，三省一市紧密携手，共同迎接跨区域治理大气、水污染的挑战，生态环境不断改善。以苏州相城区为例，该区每年制定下发生态文明建设、大气污染防治、太湖流域水污染防治、阳澄湖生态优化、突出环境问题整治等目标任务书，排定年度重点工程项目，细化责任部署，强化考核奖惩，实现标本兼治。二是生态保护和修复工作进展顺利。长三角大力开展生态保护和修复工作，实施了长江防护林体系建设、长江流域地质灾害预防和治理、长江流域重点生态功能区保护和修复等工程，整个区域的生态环境大大改善。各地对生态环保重视程度不断提升，大部分城市逐年提升生态环保投入资金。苏州相城区从2014年开始，环保投入GDP占比连续5年超过3.5%，处于长三角较高水平。

（二）长三角高质量创新发展面临的挑战与不足

1. 高端创新人才支撑不足

长三角地区高度重视人才发展，积极储备相关专业人才，但与高质量创新发展的要求相比，仍有较大差距。对于苏州相城区这样发展起步较晚的地区来说，这种情况更加明显。一是人才结构性矛盾依然突出，科学前沿领域高水平人才、高端研发人才和高技能人才存在较大的供给缺口。二是科研机构选人用人自主权不够，“以人为本”的科技人才评价激励机制亟待完善。三是科技人才投入整体不足，且在行业、领域、区域间的配置不均衡。四是科技人才流动渠道不够畅通，在产学研之间的流动存在制度性障碍。

2. 创新平台作用有待进一步增强

长三角各市建立了不少创新平台，例如产业创新城市联盟、智能规划协同创新中心、长三角工业互联网平台集群等。苏州相城区成立了多个创新平台，但在促进高质量创新发展方面发挥的作用还不够大。一方面，产业支撑能力不足，一些面向智能领域的平台发展所需的相关产业基础还比较薄弱，难以满足应用需求。另一方面，平台发展的转化率还比较低，还停留在理论和技术层面。同时，一些开放平台与北美地区的学校、科研机构以及企业的合作程度比较高，但在中美贸易摩擦的大背景下受到的影响也较大。

3. 创新统筹有待进一步加强

长三角地区的沪苏浙皖三省一市都在积极寻求创新发展的着力点。从目前的发展情况和各地规划发展目标来看，仍然存在较为严重的同质化问题，无序开发与恶性竞争仍然存在，区域发展不平衡不充分问题比较突出。科技创新发展协同还存在顶层设计不足、分工不够明确、要素资源共享程度不够高等困难。从苏州相城区来看，目前成立的一体化协调机制，上级授权少、协调层次不够高，对于涉及深层利益格局的事项，协调效率较低，不利于形成高质量创新发展的合力。

4. 空间规划统筹和土地利用效率有待进一步提升

一体化空间规划是引领长三角真正实现更高质量一体化发展的“牛鼻子”。尽管长三角地区在交通、产业、人口、服务等空间要素配置上谋划协同融合，但离高质量创新发展的要求还有差距。一方面，空间规划不统一，资源碎片化还不同程度存在。另一方面，土地资源短缺，利用效率有待提高。长三角地区土地资源分布不均衡，如上海建设用地指标已在“十二五”接近规划控制 3200 平方公里的天花板，无锡的建设用地规模在 2015 年就接近 2020 年的总量目标。同时，长三角地区还存在大量低效用地、闲置土地，地均生产总值、人均生产总值等反映效率和效益的指标不高。

三、长三角高质量创新发展的定位与使命

高质量创新发展是长三角一体化发展的基本方向和题中之义，在推进长三角一体化进程中，要始终坚持把创新作为发展的第一动力。

（一）长三角高质量创新发展的基本要求与方向

高质量创新发展的本质在于以制度创新推动体制机制变革，以体制机制变革激发要素流动与配置活力，从而促进创新政策体系日益完善、最大程度地释放创新活力，引领经济发展走向更高形态。长三角高质量创新发展要探索形成创新动能持续增强、新兴产业蓬勃发展、高端人才集聚加速、居业学游深度融合的发展局面，集中呈现出“开放、联动、绿色、融合、共享”等核心特征，着力实现机制改革与市场作用、创新驱动与财富驱动、制造业与生产性服务业、优质生活与先进技术、同城化与全球化等“六个融合”发展。

高质量创新发展是长三角一体化持续向前推进的动力源泉，要求长三角地区率先实现创新驱动发展，对我国创新驱动转型发展和建设现代化经济体系发挥引领示范作用。既要在行政审批、市场准入、协同创新等方面形成示范，最大程度地降低创新发展的制度性交易成本，又要构建开放型创新体系，整合全球资源，加强全球交流合作，打造全球科技创新平台，形成强劲的创新发展新动能，引领长三角乃至全国创新驱动发展新趋势，形成全国和世界创新驱动发展的典范。

（二）长三角高质量创新发展示范区的要求与使命

建立示范区是推进长三角一体化的重要举措，肩负重要使命。示范区要通过不断完善创新体系，消除影响创新要素集聚和创新活力释放的体制机制约束和政策障碍，率先构建长三角地区具有一定影响力的创新发展平台，率先推动并实现创新驱动转型发展，形成良好的创新驱动发展新动能，并在制度建设、平台建设、产业发展、动能培育等方面逐渐形成可复制推广的创新发展经验，在长三角迈向高质量创新发展进程中发挥示范引领作用。

一是加强制度建设。以制度创新推动“产业 + 科技 + 金融 + 人才”创新生态体系建设。规划引领得到显著强化，以科学规划引领高质量创新发展；政府服务持续深化，探索建设先行先试的特殊功能区；创新合作机制不断完善，探索跨区域、跨国协同创新新机制；扶持政策明显优化，政策激励效果突出。

二是加强平台建设。以平台创新推动模式创新，以平台整合叠加各类资源。打造全球科技金融新载体，发挥金融杠杆作用；建立创新公共服务平台；建立健全示范区政策通平台。

三是发挥区域功能。以区位优势强化枢纽特征，以枢纽建设巩固承载功能，以承载能力彰显服务支撑。枢纽特征持续强化，交通枢纽、服务枢纽、信息枢纽等特征加速凸显；承载功能显著增强，承载推动我国区域发展战略合力形成的动能蓄积；支撑服务持续优化，以科技服务创新和科技金融服务支撑长三角地区高质量一体化。

四是打造产业高地。着力推进以科技服务为主导产业，建设科技服务融合创新发展示范区，推动现代产业体系建设；以数字经济为战略引擎，建设数字驱动发展示范区，推动现代化经济体系形成；培育创新发展新动能，打造高质量创新发展的长三角“样板间”，推动长三角地区高质量创新发展和一体化加速发展。率先推动服务业综合改革；推进“以研发产业为主，配套部分高端制造业”的产业发展思路，推进传统产业园向国际研发社区转型；深度挖掘服务业新增长点，推进生产性服务业向价值链高端延伸，推动现代服务业与先进制造业互动并进；培育财富驱动新动能，紧抓财富驱动发展新动能爆发点，培育全球财富与资本管理相关产业。

四、推动长三角高质量创新发展的政策建议

推动长三角高质量创新发展，要把握经济规律、创新规律，坚持重点突破与整体推进，建立示范区，发挥引领带动作用，着力营造加快新旧动能转换的创新生态，推动有利于创新资源高效配置的体制机制改革，完善支撑高质量创新发展的基础设施，构建以企业为主体的产学研协同创新政策体系，强化创新创业人才的公共服务。

（一）建立示范区，统筹推进长三角整体与示范区高质量创新发展

建议国家在长三角选择创新基础条件较好的地区正式建立示范区。经课题组前期调研，综合考虑各方面要素，建议选择在苏州相城区建立示范区。调研发现苏州相城区地处沪苏浙三地联动发展的核心地带，是长三角一体化国家战略和上海大都市圈、扬子江城市群、苏锡常都市圈等区域战略的叠加要地，是长三角区域重要综合交通枢纽，高端产业发展势头强劲，创新创业活跃，营商环境良好，具备较好的高质量创新发展基础。示范区建设要确立全域规划理念，对接国际，高点定位。示范区创新发展规划要与长三角整体创新发展规划共

同编制，形成无缝对接，优化空间功能布局与发展定位，创造功能互补、优势共享、错位发展的协同创新发展格局。强化总体规划与专项规划的衔接，实现多规合一、全域覆盖。

（二）营造加快新旧动能转换的创新生态

1. 增强科创走廊的发展能级

瞄准国家重大科技战略需求，对接上海全球科创中心建设，打造“上海 - 南京 - 合肥 - 杭州”G60 科创走廊升级版。充分发挥上海科创中心作用与科创走廊的黏合剂作用，加强科技创新前沿布局，加大各城市之间在重点科技领域的资源共享、平台共建、协同攻关，着力突破“卡脖子”的关键核心技术。在示范区内，积极创建 G60 科创走廊知识产权保护中心，建立长三角高校联盟、行业联盟和智库联盟机构，共建共享面向长三角的 G60 工业互联网服务平台，丰富工业互联网应用场景，组建 G60 科创走廊联合国际采购团队，将示范区打造成长三角高质量创新发展的科技成果转化区，把创新成果变成实实在在的产业活动，增强长三角地区产业高质量发展的优势和后劲。

2. 搭建孵化创新的多元化平台

依托长三角地区雄厚的科研和产业基础，打造国家级先进材料技术创新中心、智能产业创新中心、文化创意中心。借鉴波士顿、新加坡等国际创新城市产业、居住、社交、娱乐功能混合的 Mix 社区经验，在示范区建设新材料、光电信息、生物制药、人工智能、大数据等特色国际研发社区，为初创型创新主体提供低租金、免税收、低息贷款、创新指导等孵化环境，建设现代创新资源与主体集聚的平台载体。引进国际顶尖医学机构，建立面向长三角、辐射全国的医疗健康机构，打造集生物医药研发、医疗技术创新、医学人才培养、医疗健康服务等功能于一体的长三角地区医疗健康中心，增加高端医疗、健康保健、运动休闲等大健康服务的有效供给。结合长三角地区非物质文化遗产资源丰富的优势，依托历史名人、人文村庄、传统工艺，建设文化创意孵化基地，打造具有国际影响力的文化创意中心，大力发展数字文化、影视娱乐、文化旅游、艺术设计等文化创意产业，突出文化的科技属性与创意属性。支持示范区打造开放道路智能驾驶路测示范区，建设国家级智能驾驶产业园区，发展智能驾驶产业。

3. 打造积极利用国际优势创新资源的载体

积极吸引发达国家集孵化与转化于一体的创新平台，放宽用于创新对接的跨境资本流动管制。比如，在苏州相城区建立示范区要充分利用苏州日资企业多、与日本经济文化交流活跃的优势，拓展长三角地区与日本科研院所、商会财团、企业等机构的合作，建设中日智能制造协同创新区，打造中日新经济技术交流和产业转移平台。拓展现有中新合作、中德合作、两岸合作的深度和广度，发挥国际产业园区的带动作用，助力长三角地区打造世界级先进制造业集群，推动产业高端化、国际化发展。

（三）推动有利于创新资源高效配置的体制机制改革

1. 建立协同创新的组织治理体系

在长三角一体化办公室下设示范区管理办公室，支持示范区的开发建设、运营管理、招商引资、制度创新与综合协调等事宜。建立各种产业与创新联盟，发挥工业互联网产业联盟、智能制造联盟、智能驾驶联盟、人工智能协会等社会组织的作用，深入开展行业交流，合力打造多层次、多领域、市场化、社会化的创新主体，释放多元创新的社会活力。设立统一的示范区投资管理运营公司，采取委托管理、独立运营、市场运作的模式，围绕示范区的目标定位与重大项目任务，对示范区进行统一开发、管理与运营。充分发挥市场配置资源的决定性作用，减少政府对示范区公共资源的直接干涉，针对城建、环卫、水务、生态、物业、停车等公用事业组建市场化运作的公司，引入竞争机制，提高运行效率。在示范区建设一体化发展研究院，吸引国内外专家发挥作用。

2. 进一步深化“放管服”改革

推动简政放权向纵深发展，实施G60科创走廊产业集群“零距离”综合审批制度改革。推进信用监管、重点监管等新型监管机制。健全制度化监管规则，规范行政执法，对所有市场主体一视同仁，促进公平竞争和优胜劣汰。推行“互联网+监管”，健全与新兴产业相适应的包容审慎监管方式，推进社会信用体系建设和承诺制。取消村级经济发展指标考核，对村级集体经济进行集中经营管理，推动村（社区）回归社会治理本职，为创新创业提供和谐稳定的环境。在示范区内，借鉴社区全科社工经验，推广“一窗办理、全科服务”模式，增加“不见面审批”的范围与事项，提高办事效率。

3. 完善促进公平竞争的体制机制

推动长三角地区协同废止或修订涉及地方保护、指定交易、市场壁垒的存量文件，清理现行束缚民营企业发展、违反内外资一致原则的规定，建立健全涉企规章、规范性文件和其他政策措施的公平竞争审查制度，进一步提高审查质量，建立投诉举报、第三方评估等外部监督机制。在示范区内，按照竞争中性原则，在要素获取、准入许可、政府采购、招投标、财政支持、金融信贷等方面，对各类所有制平等对待、一视同仁，激发创新主体发展活力，提高创新资源配置效率。

（四）完善支撑高质量创新发展的基础设施

1. 加强重点高铁枢纽型站点建设

充分发挥高铁汇聚创新资源的作用，完善长三角地区高铁运输网络，实现区域高速铁路与城际轨道的互联互通，以高铁网络引领区域高质量创新发展。如在苏州相城区建立示范区，要加强示范区关键铁路交通枢纽建设，重点对地处沪宁杭地理中心的苏州北站进行扩容提质，增设动车所，强化始发终到站功能，将其打造成京沪高铁、通苏嘉甬高铁、如苏湖城际铁路、苏锡常城际铁路“双十字”高铁枢纽中心，为长三角高质量创新发展提供更加便捷高效的高铁运输服务。加强苏州北站与周边机场快速通道建设与城市快轨建设，分担上海虹桥交通枢纽的客运压力，形成空铁联动的交通运输格局。

2. 实现区域重点机场与港口的功能协作

在示范区重要区域或毗邻区域，规划建设国际民用航空机场，分担上海虹桥机场和浦东国际机场的运力压力，满足长三角地区更大容量汇集国际创新资源的需求。加强长三角区域重要港口的分工协作，支持苏州港、宁波港、舟山港与上海港深化合作，提升苏州港作为上海国际航运中心北翼的核心港地位。

3. 共建新一代高速信息网络

以5G协同布局为引领，构建集连接、感知、计算为一体的新一代信息基础设施总体架构，引导长三角地区率先实现信息基础设施更新升级。提升工业互联网对工业企业的支撑服务能力，发挥工业互联网跨行业、跨领域助推产业发展的引领作用，在平台共享、需求对接、企业协同上云、政策互惠等方面实现区域合作共赢发展。打通政府不同部门之间数据界限，避免重复建设，统筹建设标准统一、信息共享的数据平台，明确大数据和电子政务项目的操作流程，推进电子签名证书互认工作，强化数据信息安全责任，实现数据开放共享。在示范区内，建设覆盖全域的免费无线网络，综合利用大数据、物联网、云计算等现代信息技术，实现生产管理、城市治理、生活管理的智能化。依托长三角示范区重大协同项目，试点推进区域标准化体系建设，联合制定高质量创新发展标准。

（五）构建以企业为主体的产学研协同创新政策体系

1. 加大鼓励协同创新的财税支持力度

强化企业技术创新的主体作用，设立产学研协同创新研发项目，鼓励企业与科研院所联合申请。完善支持创新和中小企业发展的政府采购政策，加大对区域重大创新产品和服务、核心关键技术的采购力度，扩大首购、订购等非招标方式的应用。加快建立企业迁建财税利益分配机制，减少企业迁建的行政障碍，促进资源高效配置，优化产业布局。鼓励企业加大对职业教育与技能培训的投入，鼓励企业接收学生实习实训和教师实践，构建企业和学校资源共享、互利共赢的发展格局。在示范区，引进和培育一批标杆型科创龙头企业，引导大中型企业建立研发机构，给予税收减免优惠。坚持共建共享原则，鼓励在示范区探索跨区域项目共同投入，建立以资金、土地、技术等要素投入比例为基准的财税利益分配机制，推进跨区域创新项目合作共建，深化区域一体化。在长三角三省一市及其内部，探索建立与人口流动、土地调剂、污染排放、区域交通枢纽功能履行挂钩的财政横向转移支付制度，鼓励示范区先行先试。适当给予示范区非税收入收费标准核定权限。经营性用地收益适当减少上级留成，增加收益比重。

2. 完善促进创新的金融服务体系

完善政策性投融资服务体系，设立长三角一体化开发银行、政策性融资担保公司与政府投资基金，将借贷与投资方向重点向长三角地区的创新企业、创新平台、创新项目、创新人才倾斜，撬动更多金融资本和社会资本服务企业创新。探索银行与风险投资紧密合作，聚焦科创企业，开发股权投资与信用贷款相结合的投贷联动、认股期权贷款、供应链融资、中长期创业贷款等产品，为其提供全生命周期的金融服务。建立风险补偿机制，搭建政府、银行、企业、担保机构合作平台，解决创新创业者的后顾之忧。加快建设长三角数字货币研究院，推动数字货币技术研究与运用，建设服务全国的科技金融创新园区，推动金融与科技融合发展。建立长三角防控金融风险联席会议制度，建立统一的金融市场准入、监测预警、风险处置机制，推动长三角金融风险防控联动。在示范区内，充分发挥上海证券交易所苏南基地服务长三角高质量创新发展的作用，广泛开展上市培育、专业培训、联合研究、人才培养、推广展示服务，助力科技企业利用资本市场做大做强。

3. 加强知识产权保护和运用

完善激励与保护创新的法律法规体系，保护个人、企业等主体的知识产权，为创新个体提供股权激励，激发科技创新、管理创新与社会创新的活力。加强与长三角其他地区的知识产权领域执法合作，打击假冒伪劣等侵犯知识产权等行为，推动知识产权海外资源共享。在示范区内，开展知识产权交易，促进知识产权的流通与应用转化，提供专利、知识产权申请方面的咨询、培训与代办等一站式服务，引导将各种创新及时转化为产权。

4. 保障创新型企业的建设用地

加大“散乱污”企业整治力度，淘汰落后产业，通过腾笼换鸟，置换土地资源用于新兴产业的创新发展。注重长期土地功能规划，对接沪宁杭大院大所资源，在示范区建立创新中心、研究院、分校、分院，重点引进理工科、医科、文化创意类院校，建立职业教育园区，深化产学研合作。合理留白，为未来高质量创新发展预留更大的产业与生态空间。建立企业大数据云平台，对企业进行高质量创新发展综合评价，从单位土地能耗、单位土地主要污染物增加值、单位土地创新产品产出、研发投入、诚信等级等方面进行评级，采取差别化政策，形成正向激励、反向倒逼机制，促进创新发展。新增建设用地指标适当向高质量创新发展示范区倾斜，以空间推动创新发展。

（六）强化创新创业人才的公共服务

1. 促进创新创业人才的自由流动

统一城乡户口登记制度，促进长三角地区城乡居民就业、入学、就医享受同等待遇。建立紧缺人才清单制度，促进人才市场互补和人才信息资源共享。推动长三角地区人才认定标准、奖励政策、服务事项的协同统一。鼓励人才跨体制、跨行业流动，促进劳动力与创新人才的自由流动与优化配置。建立面向长三角地区人工智能等新兴领域的职称评定标准，允许高技能人才、非公经济组织人员、自由职业者以及其他专业职称人员申报，探索跨区域职称互认。在示范区内，推广公务员聘任制改革，加大人才激励力度，激发人才活力。

2. 加强优质教育医疗资源的共建共享

推进三省一市依托现代学徒制、德国双元制基地，共建职业教育园区，推进职业教育在招生、培训、交流、竞赛等方面进行多形式合作。推动长三角地区优质义务教育资源的共享。在示范区内，鼓励知名中小学组建教育集团建立分校，扩大学位供给，进一步落实跨区域就业人员随迁子女平等接受义务教育与高中教育，确保符合条件的随迁子女在人口流入地高考。支持知名科研院所在示范区设立分院，推进学分互认。加强医疗卫生一体化规划，统筹区域医疗资源、重点发展领域和重大医疗仪器设备的配备，打造优势互补、国内乃至亚洲地区领先的医疗中心群。在示范区内，加强与上海、南京等城市三甲医院的联合对接。鼓励以重点专科为核心建立专科联盟。支持知名三甲医院向区域内医院直接委派管理层和主要医务骨干人员，大力支持注册医生异地多点执业。

3. 大力吸引国际创新创业人才

探索建立与国际接轨的全球人才招聘、服务管理制度，建立海外高层次人才引进联络站，深度连接全球创新人才资源。在示范区内，完善外国人来华工作许可制度，压缩审批时限，优化办理流程，将示范区打造成全球创新创业人才的集聚高地。进一步简化外籍人才在示范区购房、贷款等方面的手续，引进国内外优质医疗资源建立医疗机构，建设国际学校，方便国际创新人才在示范区工作和生活。

执笔人：李建伟　赵　峥　王炳文

专题报告五

长三角基础设施互联互通研究

基础设施对经济社会发展具有基础性、先导性作用，是实现区域一体化发展的必要条件。近年来，长三角三省一市深化基础设施规划有机衔接，加快基础设施重点工程建设，推动管理服务高效协同，为长三角构建优势互补、分工合理的发展格局提供了良好的保障条件。未来，推进长三角发展一体化，率先实现高质量发展和现代化建设目标，在国家推进更高起点的深化改革和更高层次的对外开放进程中发挥引领和示范作用，仍然需要加强基础设施互联互通，推动基础设施规划、建设、运营和管理的一体化。

一、长三角基础设施互联互通的战略意义

基础设施是一个国家和地区经济社会长期、可持续运行的基础，其发展质量和效率的高低，在很大程度上决定了整个经济社会发展的水平、质量和效益。基础设施互联互通是长三角一体化发展的重要组成部分和应有之义。长远来看，基础设施互联互通有助于加快长三角区域资源要素自由流动，有助于推动长三角区域经济高质量发展，有助于增进长三角区域民生福祉。

（一）基础设施互联互通有助于加快长三角区域资源要素自由流动

从国际区域发展经验看，一体化发展是区域发展的高级阶段，是区域经济社会协调发展最显著的形式，是实现区域要素自由流动和资源有效配置的良好形态。其本质要求顺应市场经济规律，化解要素资源流动与行政区划分割的矛盾，实现区域高质量发展。长三角一体化发展同样需要进一步打通区域内要素流动、资源配置的物理通道和制度通道，打造优势互补、包容共进的区域格局。基础设施互联互通则是打破长三角区域间行政壁垒，实现跨区域物流、人流、资金流、信息流、技术流、能量流等要素更高效聚合的坚实基础。推动长三角区域交通互联互通、能源互济互保和信息网络高速泛在，有利于使长三角区域资源要素流通更加顺畅、利用更加集约、配置更加优化，有利于进一步消除三省一市行政管理上的“硬分割”，加强各区域之间经济发展的“软联系”，更好地促进区域一体化发展。

（二）基础设施互联互通有助于推动长三角区域经济高质量发展

在统一规划的引领下，高品质、现代化的基础设施建设，不仅会进一步放大长三角区域的投资乘数效应，加快人力资本和物质资本的积累，还会为欠发达地区吸引优势地区要素流动和产业梯度转移提供必要支持，为长三角新旧动能转换提供良好条件。同时，区域基础设施具有与人口、产业和技术创新等元素相互匹配、相互耦合、相互促进，共同促进经济可持续增长的能力。推进长三角区域基础设施互联互通，完善区域交通、信息、能源等网络，通过基础设施一体化发展，缩短跨区域贸易和服务交易的时空距离，降低跨区域交易成本，优化城市功能和结构，提升产业协同发展水平，有助于进一步加强三省一市之间的经济联系和区域分工，推动长三角区域经济各扬所长、优势互补，共同形成强劲活跃增长极，促进更高起点的深化改革和更高层次的对外开放，实现区域经济高质量发展。

（三）基础设施互联互通有助于增进长三角区域民生福祉

长三角一体化发展的根本目标是满足人民日益增长的美好生活的需要。基础设施具有公共产品和公共服务的属性，直接服务于人民生活，关乎民生福祉。推进长三角基础设施互联互通，将有助于增强基础设施产品和服务区域供给的普惠性、均等化和可持续性，提高共建能力和共享水平，提高长三角居民生活品质，增强长三角人民群众的幸福感、获得感和安全感。例如，提升交通基础设施的通达度和覆盖范围，不仅有助于产业发展，更能显著提升公众的出行体验。完善信息基础设施网络，将提升长三角区域智能化水平，令公众更多地感受科技带来的便捷和高效。完善能源基础设施，将为人们提供更稳定、绿色、高效的用电、用水、用气等能源保障。

二、长三角基础设施互联互通面临的主要问题

改革开放以来，特别是长三角一体化发展上升为国家战略以来，长三角三省一市均不断加大基础设施投入力度，主动对接，相互融合，长三角区域基础设施互联互通水平得到大幅提升。但同时，长三角区域基础设施也存在规划统筹需要加强、网络建设仍需完善、运营管理机制有待健全等问题，亟须加以重视并解决。

（一）长三角基础设施规划统筹需要加强

长三角地区一体化发展较早，1992 年，长三角 15 个城市就已经

建立经济协作办主任联席会议制度。多年以来，各省市都围绕基础设施互联互通进行了积极探索，重视发挥规划在长三角一体化发展中的统筹和引领作用，打破“一亩三分地”的思维定式，增强一体化发展的整体性和协同性。特别是2018年，在首届中国国际进口博览会上，习近平总书记宣布支持长江三角洲区域一体化发展并上升为国家战略。随后，《长三角地区一体化发展三年行动计划（2018—2020年）》《长三角地区打通省际断头路合作框架协议》《长三角综合交通发展大会倡议书》等合作协议和政策文件相继实施，加速了长三角基础设施一体化规划进程。2019年，中央政治局会议审议通过了《长江三角洲区域一体化发展规划纲要》，更为长三角基础设施互联互通提供了明确的方向，明确三省一市基础设施发展共同行动准则和协同发展战略。

但同时，我们也应该看到，从国内地理格局来看，京津冀、粤港澳与长三角纵贯南北，已成为完善我国改革开放空间格局的重要力量。长三角是“一带一路”与长江经济带的重要交会地带，经济总量占全国近1/4，常住人口占全国人口近1/6，拥有成熟的高密度城镇体系和发达开放的产业经济结构，经济社会均衡化发展水平高，具有一体化发展的良好基础和现实条件。随着中国迈入高质量发展阶段，作为经济社会发达地区，长三角一体化发展对周边区域的辐射乃至全国的示范带动作用更加突出，承担着引领国家改革开放发展的历史责任。长三角承担着重要的国家使命，也迫切需要在更广阔的空间尺度上，围绕区域在国家发展中的定位，统筹考虑重大基础设施规划布局。但从目前的情况来看，结合长三角区域自身一体化的基础设施规划较多，但立足国家改革开放空间布局，从国家区域协调发展整体考量，推动长三角联动京津冀、粤港澳、长江经济带等国家战略的基础设施规划仍相对缺乏，特别缺少中央层面对各类基础设施规划、建设、管理的顶层设计与发展安排。

从长三角区域内部来看，省域基础设施发展不均衡问题也十分突出，“东强西弱”“南密北疏”的非均衡特征明显。基础设施建设程度与区域发展水平高度相关。从经济发展数据上看，长三角区域发展的不平衡性仍然比较突出，尤其是安徽省与另外两省一市存在明显差距。2018 年，上海人均 GDP 为 13.5 万元，江苏为 11.5 万元，浙江为 9.9 万元，而安徽仅为 4.8 万元。较低的经济发展水平在一定程度上影响了区域基础设施建设能力，也制约着长三角基础设施一体化发展水平，迫切需要从战略层面加强规划统筹，推动苏浙沪与安徽加强联动、相互支持、促进协同，提升基础设施的整体支撑效应。同时，长三角卫星遥感大数据监测图中也显示，从 2014～2018 年，长三角区域依托交通干线形成的“轴－面”集聚和辐射效应不断增强，城市生长方向更加趋于交通干线和交通路网密集的都市圈集中，上海都市圈、南京都市圈、杭州都市圈、苏锡常都市圈、宁波都市圈等都市圈辐射带动作用突出，城市建成区密度大，空间集聚效应突出，而长三角区域西部特别是安徽西部地区、长江以北地区则在交通路网分布和空间集中度方面相对较弱。

（二）长三角基础设施网络建设水平仍需提升

长三角以公路、铁路、航运、空运等基础设施重点工程建设为主要抓手，推进基础设施网络建设，已经取得积极成效。截至 2018 年底，长三角区域高速铁路运营里程约为 3844 公里，其中，上海、安徽、浙江、江苏分别为 110 公里、1403 公里、1485 公里、846 公里。高速公路通车里程约为 14500 公里，其中，上海、安徽、浙江、江苏分别为829公里、4936公里、4154公里、4688公里。港口集装箱吞吐量约为9181万标箱，其中，上海、安徽、浙江、江苏分别为4201万标箱、280万标箱、2900万标箱、1800万标箱。航空运输完成年旅客和货邮吞吐量为24827万人次和570万吨，其中上海、安徽、浙江、江苏完成年旅客和货邮吞吐量分别为11770万人次、1360万人次、6539万人次、5165万人次和418万吨、8万吨、84万吨、60万吨。同时，在新一代信息基础设施建设方面，长三角三省一市政府已与中国电信、中国移动、中国联通、中国铁塔签署了《5G先试先用推动长三角数字经济率先发展战略合作框架协议》，共同对标国际最高标准、最好水平，建设全国乃至全球5G网络和应用先试先用的地区之一。

但同时，与一体化发展目标和定位要求相比，长三角区域尚未形成铁路、公路、港口、机场、信息、能源基础设施“一张网”，区域基础设施需求持续增长与基础设施供给能力不足的矛盾日益突出，基础设施绿色化水平需要提升，区域基础设施建设仍然存在“短板”。

一是长三角区域尚未形成铁路、公路、港口、机场、信息、能源基础设施“一张网”。长三角与国外同类型区域相比，地域广阔，人口和就业密集程度更高，存在都市圈、城市密集地区、大城市毗邻地区等多种空间结构不同、发展阶段各异的子区域。以往三省一市通常依据各自的规划及其标准建设基础设施，由于各自的规划目标不同、建设时序安排各异等原因，各省市之间及内部基础设施网络仍然存在连通性不强的问题，铁路、公路、机场、港口、信息等基础设施布局有待优化。

二是区域基础设施需求持续增长与基础设施供给能力不足的矛盾日益突出。目前，长三角各中心城市及都市圈人口规模体量巨大、企业众多，人流、物流需求增长非常迅速，而由于区域主要交通廊道集中且有限，使得交通基础设施供需矛盾突出。例如传统的沪宁、沪杭走廊已呈现饱和状态，而新兴的宁杭、通苏嘉走廊在快速需求增长下供需矛盾也已显现。同时，长三角部分城市内部轨道交通高峰时段负荷较重，市内交通枢纽接驳时超过高铁在途时间，轨道交通重复安检，过闸机、取验票、换乘环节烦琐等问题仍然突出。此外，长三角区域在信息网络方面虽有较好的基础，但仍不能完全满足人工智能、云计算、大数据、移动互联网等创新技术对信息基础设施网络提出的智能、自适应的要求，各城市之间的信息网络孤岛现象仍然存在，这些都制约着长三角一体化发展步伐。

三是基础设施绿色化水平需要提升。长三角是“两山”理论战略思想策源地，拥有通江达海的生态优势，这是长三角一体化发展的有利条件，但也对基础设施绿色化提出了更高的要求。由于经济长期快速增长和人口高度集中，长三角区域基础设施改造升级压力大，公路交通节能减排压力，长江航运污染、沿海港口建设引发生态破坏等问题仍然存在，迫切需要推动基础设施绿色转型。

（三）长三角基础设施运营管理机制有待健全

长三角基础设施运营管理机制不断完善，三省一市都在立足自身实际，推动机制创新与科技创新融合，强化市场的主体地位，提升基础设施运营管理水平。例如，在基础设施合作开发方面，浙江海港集团和上海国际港务集团签署了《小洋山港区综合开发合作协议》，浙江方面以土地和现金作价，向小洋山港区集装箱码头的建设和经营主体增资，通过股权合作方式实现互利共赢。在基础设施投融资机制方面，安徽推动基础设施投资主体由单一政府主导向市场多元投资转型，以设立铁路建设投资基金和民航发展专项资金并鼓励交通运输企业通过发行企业债券、中长期票据、短期融资券、项目收益债等多种方式筹措交通基础设施建设资金，打造多渠道、多层次、多元化的交通基础设施投融资格局。在基础设施智能化管理方面，浙江利用“一个中心”（数据中心）和“三个平台”（运政业务平台、综合监管平台、公共服务平台）对客货运站场和营运车辆等有效监管，显著提升了管理和服务的智能化水平。

同时，长三角基础设施跨区域开发合作机制、投融资机制、信息技术应用推广机制有待完善，基础设施运营管理仍面临诸多挑战。

一是跨区域开发合作机制还需强化。长三角城际铁路、海港、空港缺乏合作和分工，同质化、低水平竞争问题严重，面向市场、更加灵活的跨区域开发合作机制还需健全，以市场机制为基础的运营载体相对缺失。

二是长三角一体化发展的基础设施投融资机制有待完善。基础设施具有投资大、建设周期长、沉没成本高等特点，政府需要在基础设施大规模建设中发挥重要作用，但鼓励和支持社会资本参与基础设施建设与管理也是世界各国推进基础设施发展的重要途径。当前长三角基础设施一体化建设运营资金仍然主要依靠中央政府和地方政府财政拨款，在充分吸纳社会资本参与基础设施建设和运营，创新基础设施金融产品和服务，构建一体化、市场化项目融资机制方面还需加强。

三是基础设施信息技术应用推广机制需要健全。提升基础设施的信息化、智能化水平是强化长三角基础设施运营管理的重要途径。但目前长三角仍缺乏统一联动的基础设施信息资源平台，促进科技与基础设施运营管理融合，利用互联网、大数据、人工智能技术增强基础设施运营管理的能力，基础设施服务精细化仍存在较大提升空间。

三、促进长三角基础设施互联互通的对策建议

推动长三角一体化发展，要充分结合国家战略和区域一体化发展的需要，立足长三角区域一体化起步最早、基础最好、程度最高的综合优势，坚持统筹规划、联动建设、协同运营和智慧管理，提高基础设施的互联互通水平，增强基础设施对长三角一体化发展的支撑作用。

（一）着眼于完善战略空间格局，加强国家重大基础设施规划统筹

长三角需要着眼于完善国家改革开放空间格局和优化区域空间布局，统筹国家规划和区域规划、统筹内部需求和外部需求，立足于对内联网和对外联通，加强国家重大基础设施规划统筹。重点结合国家陆海内外联动、东西双向互济的改革开放新空间格局，服务于长三角、京津冀、粤港澳“三圈”协同，服务于长江经济带、“一带一路”、沿海发展带“三带”联动，加强对三省一市基础设施规划统筹和顶层设计。

针对长三角基础设施空间布局不均衡，特别是“东强西弱”“南密北疏”的问题，需要努力突破行政区划和局部利益的掣肘，树立全局思维和长远意识，充分发挥上海龙头带动作用，强化国际经济、金融、贸易、航运以及科创中心功能，提升城市集聚配置全球资源能级和区域服务能力。推动苏浙皖各扬所长，突出发展禀赋和特色优势，共同筹划基础设施布局。优先加强东西横向交通大通道和长江以北欠

发达地区交通等基础设施规划布局，进一步推动安徽和沪苏浙基础设施的互联互通，促进长三角基础设施均衡化发展。

（二）围绕世界级城市群发展，联动建设区域基础设施网络

推动长三角基础设施互联互通，需要围绕做强世界级城市群，统筹陆海空基础设施资源，以完善一体化综合交通运输体系、加快推进新一代信息基础设施建设、协同推进能源基础设施建设为重点，促进基础设施衔接融合，构建完善的基础设施网络。

一是完善一体化综合交通运输体系。围绕“中心城市－都市圈－城市群”完善轨道交通网络，以满足人口、产业日益增长的高品质交通服务需求为导向，构建“半小时通勤圈”、“一小时都市圈”和“两小时城市群”。推进区域内高铁建设和既有铁路扩能改造，统筹城际铁路项目，打造“一小时生活圈”和“两小时经济圈”。全面打通公路省界“断头路”，要推动区域内高速公路、国省干线及县乡道路的连通对接，形成内外快速通达的公路网络，促进与其他运输方式的有效衔接。提高高速公路覆盖密度，加快国省干线升级改造，建设长三角无收费快速大通道。发挥上海浦东、虹桥机场的核心作用，提升杭州、南京、合肥等枢纽机场能力，强化宁波、无锡等干线机场功能，构建世界级空港群。增强上海港、宁波舟山港辐射带动能力，加快南通港发展，提升南京、连云港、太仓、马鞍山等沿江内河港口疏运能力，构建世界级港口群。积极推进区域内河航道网络化、运输船舶标准化、航运中心建设联动化。推动联动城乡统筹发展的“小血管”乃至“毛细血管”的交通基础设施建设。重视铁路、公路、机场、港口的便捷接驳和顺畅衔接。以服务为导向，强化城际交通基础设施枢纽

建设，增强交通基础设施的功能性和体验感。

二是加快推进新一代信息基础设施建设。充分利用长三角数字经济发展起步早、基础好的有利条件，紧密结合产业需要、生活需求，协同构建新一代信息基础设施网络。一体化推进长三角地区5G网络建设，加快5G在长三角先试先用，率先实现5G网络长三角全覆盖，率先建成“5G网上的长三角”和“网速最快的城市群”。推动长三角数据中心以及存储、运算资源协同布局，在苏浙沪皖毗邻区建设直连信息枢纽港，提升区域高密度信息资源互通率和共享性，推动长三角率先实现“万物互联”向“万物智联”演进。推动长三角城市群量子保密通信干线网络建设，共建城市群量子保密通信干线网，建立国际一流的信息安全保障体系。

三是协同推进能源基础设施建设。统筹能源规划和建设，优化能源结构调整，协作推进能源基地建设。加强输配电网建设，优化电网主干网架结构，完善特高压及500千伏电网主网架。推进油气储备设施建设，提高油气储备和调峰能力，重点建设日照－仪征复线连云港支线原油输送管道，推进鲁宁线安全隐患整治工程，加快建设金坛、淮安等地下储气库。完善天然气管网及其配套设施，优化管网结构，重点建设中石油中俄东线江苏段、沿海管道、海门－太仓过江管道以及中海油滨海LNG接收站外输管线等。推进能源与信息等领域新技术深度融合，统筹能源与通信、交通等基础设施网络建设，建设“源－网－荷－储”协调发展、集成互补的能源互联网。

四是加强绿色基础设施建设。长三角基础设施建设要将生态环境保护作为前提条件，推动绿色发展理念和绿色生产生活方式在基础设施建设全环节普及推广。坚持保护优先，坚守生态红线，统筹长江流域和沿海岸线生态保护和基础设施建设，集约节约利用土地、廊道、岸线、地下空间等资源。做好绿色技术在基础设施领域的应用场景设计，加强生态环保技术在交通、信息、能源等基础设施项目上的推广应用，利用技术创新提升绿色基础设施建设水平。

（三）立足资源高效整合，完善跨区域基础设施运管机制

推动长三角基础设施互联互通，需要立足于基础设施高效整合和效率提升，担当国家更高起点深化基础设施运管改革探索者和引领者角色，推动机制创新与科技创新融合，以建立多元化的基础设施投融资机制、培育跨区域基础设施运营载体、提升基础设施智慧管理能力为重点，完善有利于基础设施一体化发展的体制机制。

一是培育跨区域基础设施运营载体。重点以市场为导向，以资本为纽带，组建跨区域基础设施运营载体，推动区域城际铁路、海港、空港深度合作。考虑以轨道交通、海港、空港整合为重点，探索成立长三角城际铁路集团、长三角港务集团、长三角机场集团等跨区域基础设施运营集团，充分发挥市场机制的作用，建设一体化的投资平台和专业化的运行平台，广泛吸引社会资本参与，统筹长三角城际铁路、港口、空港等基础设施投资、建设、运营及资源综合开发，在跨区域基础设施资源整合、结构调整、效率提升等方面发挥协同效应。充分发挥大型企业集团的管理和网络优势，通过增资扩股、兼并收购等方式，积极推动长江内河主要开展社会化服务的国有港口航运资源整合。

二是建立多元化的基础设施投融资机制。充分发挥长三角重大改革任务汇集优势，大胆推动基础设施投融资机制先行先试。通过特许

经营、投资补助、政府购买服务等多种形式，吸引包括民间资本在内的社会资金参与投资、建设和运营有合理回报或一定投资回收能力的可经营性基础设施项目，在市场准入和扶持政策方面对各类投资主体同等对待。创新基础设施投资项目的运营管理方式，实行投资、建设、运营和监管分开，形成权责明确、制约有效、管理专业的市场化管理体制和运行机制。由区域各级政府出资成立多种形式的基础设施投资基金，支持跨区域基础设施建设。

三是提升基础设施智慧管理能力。发挥长三角数字经济优势，充分应用大数据、人工智能、物联网等技术，提升基础设施智慧管理能力。构建长三角基础设施发展数据库和决策模拟系统，实时、动态采集和公布最新的长三角基础设施数据信息，精准进行数据挖掘、整理和优化，并结合统计数据进行分析和预测，精细化满足长三角企业、居民的基础设施需求。率先开展全域无感支付，在取消省际公路收费站的基础上，进一步取消全境公路收费站，打造“无收费站的长三角”。率先建立长三角基础设施智慧管理服务平台，运用“互联网 +”思维和工具，推动跨区域基础设施管理标准统一和信息共享，降低要素流动成本和时间，提升基础设施服务品质。优先选择基础条件好和示范效应强的区域率先开展多层次、多领域的基础设施智慧管理试点示范，打造一批具有重大影响和示范作用的基础设施智慧管理成果，引领带动其他地区发展。

执笔人：赵　峥　王军礼

专题报告六

推进长三角基本公共服务均等化

长三角地区一体化基础较好，区域内人口异地生活与工作普遍，在异地就医就学就业、跨省市通勤便利化等方面有强烈需求，公共服务一体化已成为地区人口共同的民生诉求，具有重要现实意义。特别是在长三角一体化发展战略背景下，公共服务一体化是促进市场要素自由流通、优化资源配置进而充分释放区域一体化发展活力的环境基础。

一、长三角推进基本公共服务均等化的现有探索与进展

公共服务是人本取向的，是与公民身份相对应的基本政治社会权利，在现代市场经济背景下同时有服务地区发展所依赖的人口与人力资源的目标追求。从人口与人力资源基础看，2018 年长三角三省一市 65 岁及以上人口比重均超过了 13.0%，其中上海、江苏老龄化程度较高，分别达到 15.0% 和 14.3%，且有加速趋势（见图 1）。在现有地区人口结构下，安徽是重要的区域性人力资源基地，沪苏浙外来人口中安徽籍外来人口占到三成以上，劳动力的互补为区域快速经济发展做出了重要贡献。

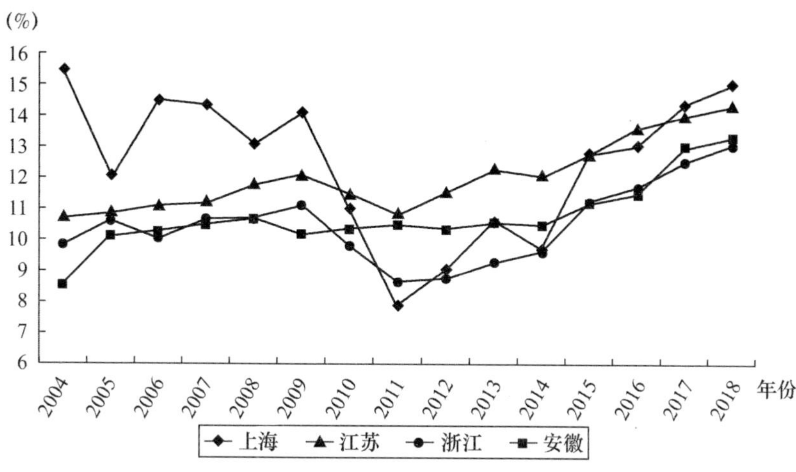

图1　长三角地区65岁以上人口占比

资料来源：Wind 中国宏观数据库。

为此，在长三角区域一体化发展上升为国家战略之前，长三角地区基于市场经济发展与资源优势互补的内生需求，已经在公共服务便利化、普惠化发展方面进行了多样探索，取得了一系列重要进展，既给地区人民增加了福祉，又促进了地区经济社会发展，为长三角地区推进基本公共服务均等化积累了初步经验。

（一）搭建公共服务组团与共享发展的组织架构

在教育方面，三省一市共同组建了长三角教育一体化发展领导小组，推动教育一体化发展与优质教育资源共享。在医疗服务方面，以组建“长三角城市医院协同发展战略联盟”、知名医院建异地分院等方式，该地区在发展区域医联体、推进医疗诊断和检查信息互认互联、推进分级诊疗等方面已取得重要进展。

（二）创新公共服务领域政府协同治理的机制

在政务服务方面，三省一市通过协同布局新一代信息技术，普遍推进政务服务“最多跑一次”“不见面审批”“一网通办”以及数据共享等改革，大大提升了长三角地区智能化治理水平与群众满意度。在食品安全方面，长三角地区成立了长三角重要产品追溯联盟，建立了异地委托制度，推进区域流通领域食品质量抽查检查信息、食品药品安全领域严重失信名单信息互通和结果互认，联合制定区域食品药品安全领域信用联动奖惩机制，这成为建设信用长三角的重要抓手。在公积金方面，苏浙沪三省开展了常态化的公积金信息互查工作，共同防范公积金骗提行为发生。2019 年，南京、杭州、合肥、苏州、无锡、宁波、绍兴以及上海浦东新区七市一区签署了《上海浦东·长三角社会治理论坛合作交流框架协议》，明确将依托长三角论坛共建“长三角社会治理创新实践研发基地”，推进长三角地区城市公共服务与社会治理领域协同联动、合作交流，不断提升城市社会治理能力和水平。

（三）依托现代信息技术大力推动公共服务便利化

在就业方面，通过共享异地人力服务平台，互认人才资格资质，长三角地区实现了人才的区域性便捷招聘与流动。在社会保障方面，依托现代信息化技术，长三角地区不仅实现了异地住院直接报销的国家要求，而且将医保异地直接报销结算拓展到门诊，大大便捷了居民就医看病，推动了医疗资源的共享。在便捷出行方面，沪杭甬等城市通过手机 App 已经实现城市地铁扫码过闸的互联互通。再如，三省一市建立了民生档案“异地查档、便民服务”机制，让群众可以在区域内任何一家综合档案馆实现重要民生档案的跨地域、跨馆查阅利用，“让档案信息多跑路、让群众少跑腿”。

二、长三角地区公共服务一体化发展面临的主要问题

公共服务一体化是推进长三角地区公共服务均等化的基本路径，受地区间发展差异、户籍政策、体制机制因素影响，长三角公共服务均等化仍面临诸多挑战。

（一）三省一市公共服务资源、能力与水平差异很大

三省一市在公共服务的财力保障、硬件设施、服务能力、管理水平上均有明显差距，在优质公共服务资源的配置权限上差异较大，这些成为长三角公共服务一体化、均等化发展的重要障碍。

1. 公共服务财力基础与保障水平有差异

三省一市经济发展水平与财力基础不一。从人均 GDP 来看，2018 年上海为 134982 元，江苏超过了 10 万元，浙江接近 10 万元，而安徽仅为 47712 元，上海分别是江苏、浙江、安徽的 1.2 倍、1.4 倍和 2.8 倍。从人均财政收入来看，上海 2018 年高达 29324 元/人，浙江与江苏依次为 11501 元/人、10719 元/人，安徽只有 4821 元/人，上海分别是浙江、江苏、安徽的 2.6 倍、2.7 倍、6.1 倍，财力差距巨大（见图 2）。不同的经济发展水平、不同的财政收入水平，意味着政府保障公共服务的能力乃至意愿是不同的。

三省一市在主要公共服务的财力投入水平与优先序上存在较大差异。以 2017 年的数据来看，在教育方面，上海地方财政教育支出占比明显低于浙江、江苏和安徽。在医疗卫生与计划生育方面，安徽地方财政支出占比高于浙江，浙江高于江苏，上海最低。在社会保障方面，安徽地方财政社会保障支出占比明显高于苏浙沪。在住房保障方面，

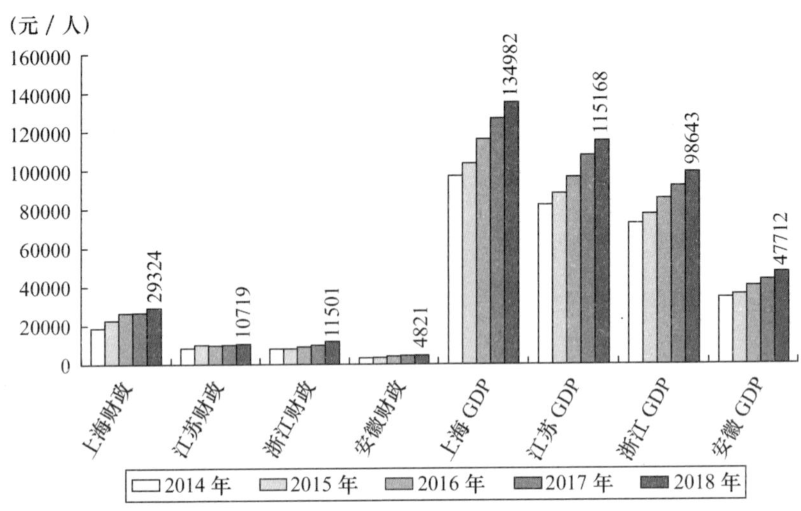

图 2 长三角地区人均 GDP 与财政收入水平比较

资料来源：Wind 资讯中国宏观数据库。

浙江地方财政支出占比明显低于其他三省市。在公共安全方面，浙江地方财政投入比重最高，达 7.3%。合计来看，如果将教育、医疗卫生、社会保障与就业、文体与传媒、住房保障、公共安全视为公共服务内容，浙江省地方财政支出中公共服务比重最高，为 49.1%，上海最低，只占 42.2%，浙江与江苏居中（见表 1）。

表 1 2017 年长三角地区地方财政支出中重要公共服务占比 单位:%

	教育	医疗卫生与计划生育	社会保障与就业	文化体育与传媒	住房保障	公共安全	合计
上海	11.6	5.5	14.1	2.5	3.8	4.7	42.2
江苏	18.6	7.4	9.8	1.8	3.3	6.8	47.7
浙江	19.0	7.8	10.6	2.1	2.3	7.3	49.1
安徽	16.4	9.6	13.9	1.3	3.6	4.2	49.0

资料来源：Wind 资讯中国宏观数据库。

三省一市公共服务的保障水平差异明显。以城乡低保的平均标准为例，上海市要远高于浙江、江苏与安徽，上海农村低保标准甚至要高于其他三省城市低保标准，浙江农村低保标准要高于江苏与安徽城市低保标准。以 2019 年第二季度为例，上海、浙江、江苏、安徽的城市低保标准分别为 1160 元/月、772 元/月、689 元/月与 572 元/月，上海、浙江、江苏、安徽农村低保标准分别为 1160 元/月、763 元/月、661 元/月与 515 元/月，上海市更是实现了城乡低保标准的统一（见图 3）。

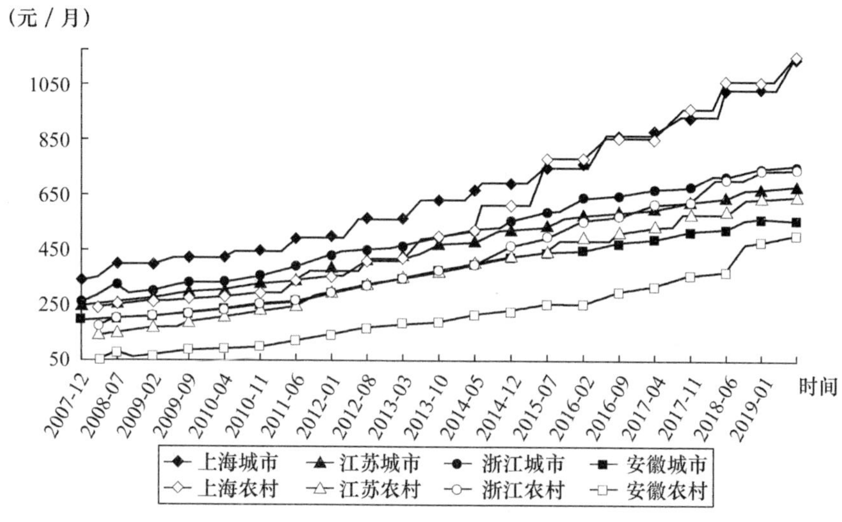

图 3　长三角地区城乡平均低保标准

资料来源：Wind 资讯中国宏观数据库。

再以就业服务为例，近年江苏、浙江、安徽三省的城镇登记失业率大致相当，在 3% 左右，而上海市则接近 4%，明显高于其他三省（见图 4）。

2. 公共服务资源布局不均衡

公共服务资源与设施的布局直接影响着公共服务的可及性乃至质量好坏。在教育资源方面，三省一市高等教育机构资源差距较大。从各省市每十万人口高等学校在校学生数量看，2017 年上海为 3498 人，江苏为 3045 人，远高于浙江的 2345 人与安徽的 2250 人。从变化趋势

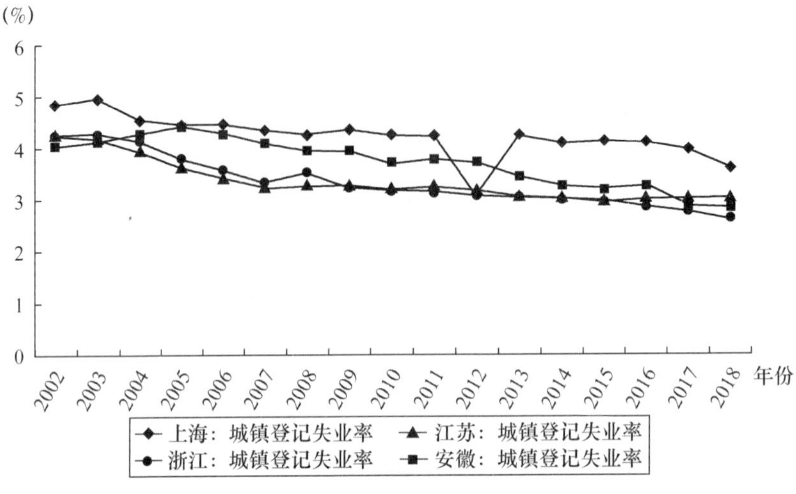

图 4 长三角地区城镇登记失业率情况

资料来源：Wind 资讯中国宏观数据库。

来看，2009 年以来上海高等学校在校生数量占人口比重整体趋于下降，江苏、浙江、安徽均有所增长，三省一市间差距有缩小趋势（见表 2）。

表 2 长三角地区每十万人口高等学校在校生数量 单位：人

	2008 年	2009 年	2010 年	2011 年	2012 年	2013 年	2014 年	2015 年	2016 年	2017 年
全国	2042	2128	2189	2253	2335	2418	2488	2524	2530	2576
上海	4371	4393	4300	3556	3481	3421	3348	3330	3327	3498
江苏	2679	2786	2819	2824	2786	2814	2858	2896	2937	3045
浙江	2324	2303	2285	2218	2288	2363	2408	2414	2355	2345
安徽	1658	1742	1841	2007	2101	2203	2245	2309	2259	2250

资料来源：Wind 资讯中国宏观数据库。

三级医院是高级医疗服务提供的主体，是地区优质医疗服务资源的代表。数据显示，2017 年浙江、上海、江苏、安徽的每百万人口三级医院数量分别为 2. 5 所、2. 1 所、1. 9 所和 1. 1 所，安徽省远落后于苏浙沪，而且这种差距自 2010 年来持续拉大（见图 5）。医疗卫生服务的质量很大程度上取决于提供服务的卫生技术人员。数据显示，

2017 年浙江、上海、江苏、安徽的每万人卫生技术人员数量分别为 81 人、77 人、68 人与 50 人，差距也较大（见图 6）。而在医疗床位方面，江苏省每万人口医疗机构床位数量最高，2017 年为 58 张，上海、浙江紧跟其后，分别为 56 张和 55 张，安徽只有 49 张。

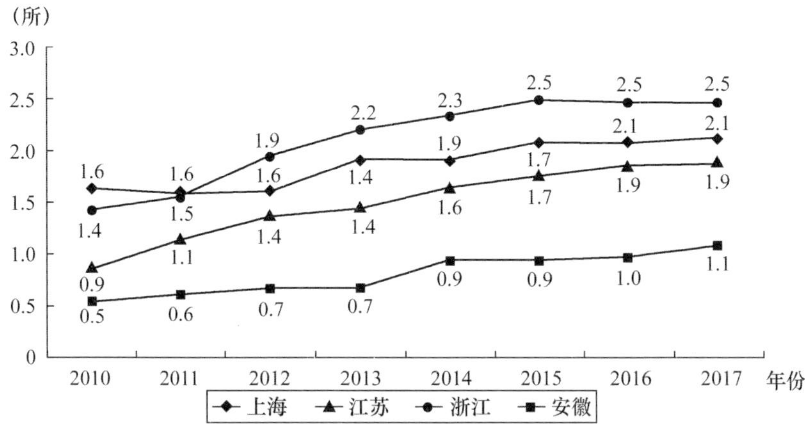

图 5　2017 年长三角地区每百万人口三级医院数量

资料来源：国家统计局与 Wind 资讯中国宏观数据库。

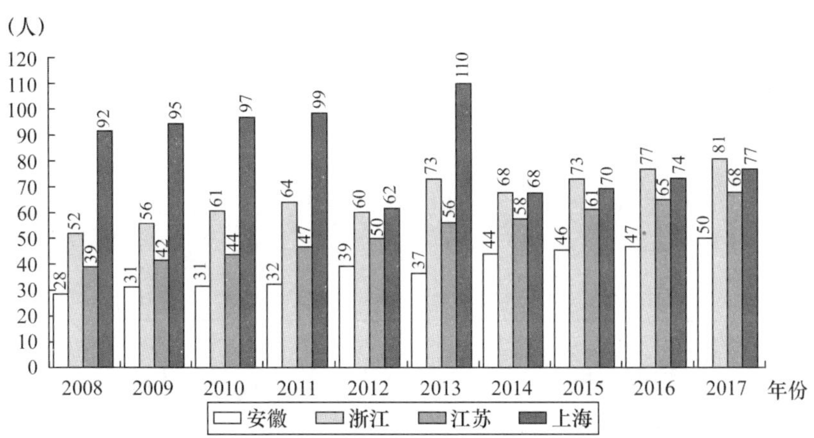

图 6　2017 年长三角地区每万人拥有卫生技术人员数量

资料来源：国家统计局网站。

在社会服务方面，三省一市的社区服务机构覆盖率以江苏最高，2016 年为 85.5%，位居全国第三，上海的覆盖率也超过了 50%，浙江只有 47.3%，安徽则仅有 24.6%（见图 7）。在养老服务方面，民政部公布的2019年第二季度数据显示，三省一市中江苏省由民政系统管理的养老机构有2231家，安徽与浙江分别有1650和1489家，上海仅有665家，这与上海市更为严峻的老龄化形势形成反差。同样，在养老机构床位方面，江苏、浙江、安徽分别有40万、29万、23万张，上海仅有13万张。

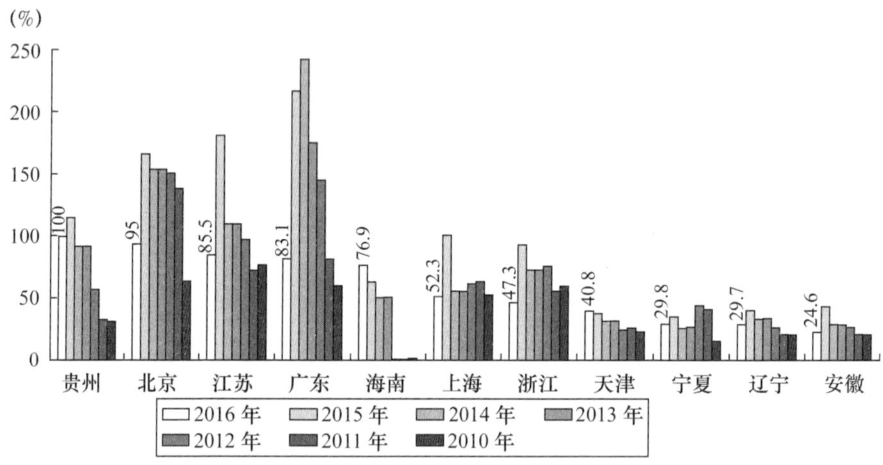

图7 部分地区社区服务机构覆盖率情况

资料来源：国家统计局网站。

在公共文化方面，三省一市人均拥有公共图书馆藏量差异巨大，上海平均每人拥有3本以上，而江浙两省只有1本左右，安徽更是不到0.5本（见图8）。

（二）区域内不同户籍人口间公共服务的可及性与标准仍有较大差距

城乡间公共服务资源配置不均衡，农村公共服务可及性不高的问题依然存在。以幼儿园的设置为例，除了浙江省相对更为匹配，江苏、安徽与上海乡村幼儿园所占比重均要明显少于乡村人口数占总人口数的比重（见表3）。

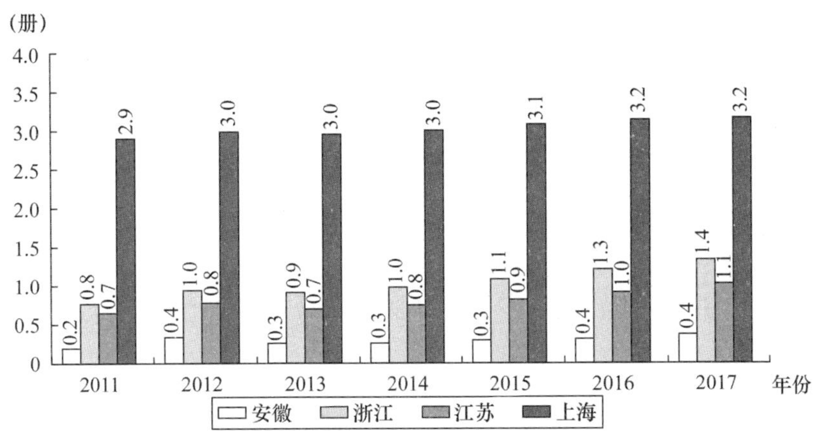

图8　长三角地区人均拥有公共图书馆藏量

资料来源：国家统计局网站。

表3　长三角地区乡村幼儿园及人口数比重　单位:%

年份	上海		江苏		浙江		安徽	
	乡村幼儿园比重	乡村人口比重	乡村幼儿园比重	乡村人口比重	乡村幼儿园比重	乡村人口比重	乡村幼儿园比重	乡村人口比重
2007	0.9	11.3	46.0	46.8	43.0	42.8	37.9	61.3
2008	0.9	11.4	42.8	45.7	45.5	42.4	41.6	59.5
2009	0.5	11.4	38.5	44.4	45.4	42.1	41.2	57.9
2010	0.6	10.7	32.2	39.4	40.2	38.4	38.7	57.0
2011	3.2	10.7	13.1	38.1	33.5	37.7	30.5	55.2
2012	3.5	10.7	12.3	37.0	31.3	36.8	31.3	53.5
2013	4.1	10.4	12.6	35.9	28.6	36.0	33.4	52.1
2014	4.0	10.4	13.0	34.8	25.8	35.1	34.0	50.9
2015	3.7	12.4	20.5	33.5	24.6	34.2	34.6	49.5
2016	3.9	12.1	19.0	32.3	22.8	33.0	36.7	48.0
2017	3.6	12.3	17.3	31.2	22.7	32.0	36.7	46.5

资料来源：Wind资讯中国宏观数据库。

在地区内部，户籍与非户籍人口公共服务差异巨大，这严重影响非户籍人口工作与生活的便利性，甚至影响地区非户籍常住人口的身心健康。以上海为例，基于问卷调查的比较研究表明，上海地区非户籍人口较之户籍人口存在更为严重的心理健康问题、生活压力感、疾病忧虑感、健康无助感、医疗服务不公平感，公共服务的差异经由主观感受与认知成为非户籍人口的心理压力。[①] 长三角地区人口异地工作与生活的情况普遍，人员流动性大，户籍与非户籍人口公共服务的差异大，这意味着劳动力使用与公共服务保障责任关系的不对等，造成地方政府间权责的不对等，公共服务向稳定就业的常住人口开放有待进一步推进。

（三）公共服务均等化统筹推进面临重要体制性障碍

长三角地区公共服务一体化、均等化推进的主要障碍集中于法规标准不统一，资源投放、使用缺乏合理统筹，区域性提供主体的培育环境不尽完善等，这些均涉及因行政分割导致的体制性难题。

1. 公共服务领域法规、标准与执行的不协调、不统一

统一信用体系建设是统一市场、协同治理的基础性工作。在信用立法方面，国家支持“信用长三角”建设，上海和浙江均已实行信用地方立法，江苏和安徽也在推动，但法规和标准不一。在信用执行层面，目前三省一市的涉企信息均已依托国家企业信用信息公示系统对外公示，但涉企信息“谁产生、谁提供、谁负责”的原则落实还不到位，造成三省一市涉企信息，特别是失信信息的归集程度有差距，对企业的信用画像难以精准，信用体系建设离企业和群众的要求还有较大差距。

标准统一的程度直接影响产品、服务的普适性与信息的联通性。当前，在人才评价、教育、医疗保险、养老等方面三省一市公共服务

① 黄聚云：《上海地区户籍与非户籍人口健康压力的比较研究》，《中国卫生事业管理》2018年第2期。

的标准和要求还有很多不统一的地方，影响着基本公共服务均等化的协同推进。其中，部分标准不统一源于国家部门间标准的差异。在食品安全领域，目前国家层面商务部、农业农村部、国家市场监管总局对食品安全信息追溯工作有不同的技术标准和信息系统的要求，省级层面推进信息共享存在一定难度。三省一市间信息互联互通也跟不上一体化发展的需要。当前，三省一市在信息化方面各有各的探索，但在顶层架构、标准设计方面缺乏互通与协调机制，信息系统的跨省对接尤其是在民生领域远跟不上需求。以养老保险为例，养老保险已经实现异地领取，但领保者死亡信息对接不到位、不及时，导致养老保险金超期发放。

2. 公共服务人财物资源的投入缺乏有效统筹机制

提供公共服务主要是地方财政的责任，这是造成公共服务水平、标准、范围差异的根本原因。这导致养老与医疗保险的跨省统筹不够，异地就医政策不协同，异地结算范围有待进一步拓展。财政支出的地方性与劳动力的流动性进一步导致公共服务实际责任承担的不合理，与常住人口公共服务挂钩的财税、编制、土地等调剂机制无实质性突破，使得这一状况难以得到根本性的改变。具体到长三角地区，安徽长期为沪苏浙发展提供了发展所需的人口红利，但许多基本性的公共服务负担却留在了安徽或因流入地与流出地制度的双重不可及、不便捷而由流动人口自己承担。

在一些领域，政策给予了公共服务人力资源跨地区统筹使用的口子，但配套的政策激励机制缺乏使得其效果并不明显。以医生多点执业为例，近年来国家层面加快医责险发展，完善备案制，同步完善监管机制，积极稳妥推进医师、护士多点执业，但现有医生、护士所在的公立医院采取事业单位的人员编制管理，公立医疗机构本身无推动多点执业的动力，甚至成为多点执业的重要阻碍因素。

3. 跨区域公共服务提供主体的培育面临体制限制

这有两方面的表现。一是区域内公共服务提供主体准入的自我保护主义倾向严重。三省一市在公共服务领域既有合作共享，也有竞争甚至恶性竞争。在人才吸引政策方面，各省市竞相抬价的现象尤为明显。再如，长三角地区在政府培育社会组织、购买社会组织服务方面整体发展较快，但社会组织的培育与使用多是优先本地机构，而不是以服务绩效为标准。二是跨行政区的社会组织注册难，影响教育、医疗等领域公共服务的多主体供给与优化配置。在培育一体化公共服务的多元主体方面，根据目前我国对社会组织的有关管理法规，跨行政区的社会组织注册登记很难，长三角地区在教育、医疗方面已经建立的联盟组织很多难以成为运营实体，进而在投资、雇人方面存在障碍，影响了公共服务的统筹协调。

三、稳妥推进长三角基本公共服务均等化的建议

公共服务内容广泛、事项繁多，由于各地财力不同，公共服务的水平和标准各地也有高有低，长三角基本公共服务一体化、均等化难以一步到位，要积极稳妥地推进。我们的建议有以下几点。

（一）长三角地区推进基本公共服务均等化的总体思路

长三角地区公共服务发展水平不一根本上源自区域发展的不均衡不充分，要在发展中解决公共服务均等化问题。应统筹优化区域产业布局，着力推动后发地区发展优势产业，提升经济发展质量，增强公共服务财政保障能力，减少劳动力大规模外流，形成经济发展与公共

服务提升的良性互动。当然，减少已有公共服务不平衡问题，需要地区内部的协同探索，也需要适当的中央政策支持，需要长三角地区在统筹公共服务资源、完善公共服务治理机制上先行先试。

区域公共服务从便捷可及、共享普惠到水平均等是一个渐进的发展过程，长三角公共服务一体化、均等化要统一标准分层次推进。可建立区域性公共服务基本目录、最低质量标准，并编制公共服务一体化规范指南，最大程度地推进公共服务的便利化，扩大公共服务普惠化范围，按照条件成熟一个推进一个的思路实现基本公共服务均等化。

公共服务涉及范围较广，业务专业性强，不可一概而论，长三角公共服务一体化、均等化应突出重点，分领域推进。建议以教育、医疗、社保、养老为重点，回应区域人民在这些基本民生需求方面的重要关切，解决上学难、看病难、养老难的问题，不断提升区域人民在上学、就医、享受社保待遇、养老方面的获得感与公平感。

公共服务均等化涉及跨行政区划统筹资源的难题，涉及国家治理层面的深刻变革，不可一蹴而就，长三角公共服务一体化、均等化应由易而难分阶段推进。建议优先在发展水平差距较小、区位毗邻、要素往来频繁的地区试点推进，然后逐渐向全域覆盖。建议配合户籍与居住证制度改革，按照常住人口均衡配备公共服务资源，首先在省内常住人口范围内实现基本公共服务均等化，并逐步向地区性常住人口拓展。

（二）长三角地区推进基本公共服务均等化的重点任务

基于上述思路，我们认为当前阶段推进长三角公共服务均等化要重点从如下方面努力。

1. 着力推进教育资源的均衡配置

可考虑三省一市按比例统筹部分地方教育费附加，重点用于区域内义务教育财力薄弱地区，着力支持皖北、苏北、浙南等地区农村学生、寄宿制学生、流动人口子女、低收入家庭子女的学前教育和义务教育。统筹部分失业保险基金，用于农民工、下岗职工、退役军人、大学毕业生的职业教育与技能培训。鼓励三省一市推行常住人口子女异地高考，支持共建大学。鼓励区域内外知名学校在区内教育资源薄弱地区办分校，支持优秀教师跨省市支教和优质学校跨省市合作帮扶。大力发展互联网远程教育，推动教育资源的均衡配置。

2. 大力推动医疗资源的便利共享

稳妥推进医疗保险跨省异地使用与直接结算，促进医疗卫生信息的互联互通，扩大医疗机构检查结果互认范围，提高异地就医便利性。大力支持区内医务人员跨省多点执业。大力发展互联网医疗，便捷预约就诊、双向转诊、远程医疗服务的开展。鼓励三省一市发挥各自优势，建立服务更广人群的区域性医院、医联体、诊疗中心、康复中心与医疗研发机构，推动优质医疗服务机构在薄弱地区办分院。协同建立重大疾病联防联控联治机制，提升突发公共卫生事件应急联动能力。

3. 充分支持率先进行养老保险区域统筹的探索

提高养老保险统筹层次是我国社会保障体制改革的内在要求，也是区域一体化发展的必然之路，作为全国最为发达的地区，长三角理应在提高养老保险统筹层次上走在全国前列。根据上述分层次、分阶段的思路，可以分两步推进长三角地区全域养老保险统筹。第一步，在实现全省（市）统筹的基础上，用三年左右的时间首先实现上海、江苏、浙江二省一市养老保险的统筹，实现缴费基数一致、缴费比例一致、保障水平一致，实现养老金跨省（市）统筹使用。第二步，再用两到三年时间，力争到“十四五”期末，把安徽纳入其中，建立覆盖三省一市的养老保险统筹制度，为全区域人才流动和建立统一的劳动力市场创造条件，打下基础。与养老保险全区统筹相适应，可建立统一的长三角养老保险管理机构，统筹管理区域内的养老保险收缴协调、滚存结余资金的投资运营与跨省市支付清算。

4. 积极促进区域养老资源的普惠化使用

针对区域人口流动性大与老龄化程度高的特征，在推进养老保险区域统筹的同时，全面提升养老保险跨省转移接续与资格认证的效率，允许养老金和津补贴的异地使用，提升异地养老便利性。三省一市统筹部分彩票公益金，重点用于养老服务资源的均衡配置，向老龄化程度高、养老服务设施落后、省市交界地区及农村地区倾斜。鼓励、支持区内养老服务机构跨省市规模化发展，清除行业准入的行政壁垒，取消、放宽省（市）外养老服务机构连锁运营的注册登记要求，建立标准统一的养老服务监管认证机制，促进养老服务的普惠均衡发展。

5. 积极鼓励跨区域公共服务主体或平台的培育与使用

首先是更好地发挥互联网平台企业在提供统一的公共服务方面的优势。长三角公共服务的一体化分为三个层次，也大致上是一体化的三个阶段。第一层次是不同省市间标准不一的公共服务的异地对接、公共服务关系异地接转和公共服务异地支付与结算；第二层次是不同省市间公共服务水平、标准的统一，如医疗保险的缴费率、起付线、报销比例的统一；第三层次是公共服务基金或保障基金的统筹，如长三角范围内养老保险、医疗保险的统筹。无论哪一个层次都有海量服务对象的资金缴付、获益受付以及资金跨省市的清缴、结算等，比如社会上最关心的异地看病带来的医保异地支付和结算问题。这些与公共服务有关的资金支付、结算与清算，自然可以由提供相应服务的部门自建平台，自行办理。但是，考虑到现有互联网企业强大的后台技术支持能力、海量的黏性客户、较为友好便捷的服务平台，特别是第三方互联网平台的跨地域优势，我们建议，在长三角公共服务的支付、结算领域尤其是跨省市业务，强化创新意识，借助社会力量，引入竞争机制，支持第三方互联网平台企业承担相应的业务，政府有关部门则作为支付、清算平台的监管方，督促第三方企业向公众提供优质服务，并保障个人信息的安全。其次是放宽公共服务领域区域性社会组织的注册和工商法人的连锁运营。

执笔人：王伟进

专题报告七

长三角的协同对外开放研究

长三角地区积极推动通关一体化改革，统筹中欧班列建设协同发展，共建开放平台，共享口岸基础设施，取得了积极进展。目前，长三角地区开放型经济发展水平差异较大，开放平台建设进度不一，开放经济合作与开放平台协作水平有待进一步提升。今后，要支持长三角地区在对外开放上先行先试，不断提升长三角地区开放型经济水平；加快长三角开放平台的合作和协调发展；共同谋划、共建更高水平的开放平台，打造具有全球影响力的资源配置中心。

一、长三角协同对外开放的现状

（一）积极推动通关一体化改革

为提升通关协作水平，长三角地区建立了联席会议机制。2007 年 5 月 30 日，长三角区域大通关协作第一次联席会议在上海举行，会上江苏、浙江、上海两省一市签署了《长三角区域大通关建设协作备忘录》，三方优化通关协作，整合通关资源，创新通关模式，简化通关手续，降低通关成本，完善通关服务，提高通关效率，构建方便、快捷、高效的长三角通关大环境。总的来看，长三角区域大通关协作联席会议制度在优化完善大通关协作工作机制、拓展和丰富合作领域等方面发挥了重要作用。比如，2014 年 9 月 22 日，上海、南京、杭州、宁波、合肥海关率先启动长江经济带海关区域通关一体化改革，推动实现口岸“信息互换、监管互认、执法互助”，进一步提高通关效率，降低通关成本。2017 年以来，安徽省积极推进国际贸易“单一窗口”业务功能对接，深化与沪苏浙的通关一体化合作。安徽水运口岸与上海港、宁波舟山港、南京港口岸开展水水中转业务，芜湖至上海洋山港区直达航线正式开行。

（二）统筹中欧班列建设协同发展

2013 年 9 月 29 日，长三角地区中欧班列（苏州 - 华沙）首次开行，目前长三角中欧班列已开通俄罗斯、白俄罗斯、波兰、捷克、德国、西班牙、英国、拉脱维亚等运行线路，区域内开行的城市有苏州、义乌、合肥、南京、上海等。

长三角各地的产业发展存在一定差异，统筹中欧班列协同发展有一定的基础。比如：义乌是全球小商品集散中心，义新欧是以小商品进出口为主的中欧班列；苏州出发的中欧班列主要开往华沙，以 IT 产品为主，由南京始发的中欧班列主要开往莫斯科方向，作为苏州的货源补充；合肥出发的中欧班列则主要开往汉堡，以家电和机械配件为主。

为整合中欧班列资源，推动中欧班列协同发展，提高中欧班列运行质量和效益，2018 年 12 月召开长三角区域中欧班列资源统筹协调会。在此次会议上，三省一市形成长三角区域中欧班列发展的共商体制机制建设、共同确保可持续发展、共同推动高质量运行、共享现有建设成果、共同提升服务水平和共同促进对外合作六项共识。长三角区域坚持市场化运行，资源优势互补，优化线路布局，营造健康的市场环境，避免重复开行和同质化竞争。共享长三角区域现有建设成果，互通资源信息，避免重复建设，鼓励共建中欧进出口贸易全产业链综合服务体系（如捷克站货运场、物流园、商贸服务中心等子项目），共享国际贸易供应链集成服务等现有建设成果。围绕中欧班列组织和运营，凝聚多方力量，在提供全程物流服务、国际邮（快）件运输、供应链金融服务等方面创新服务模式，合力提升中欧班列综合服务水平。依托长三角区域常态化、规模化运营能力，统一开展境外价格谈判，加强价格主导权，降低国际联运物流成本，共同促进对外合作。

（三）共建开放平台

工业园区是重要的开放平台，长三角三省一市积极利用各自优势共建工业园区。比如：江苏苏州工业园与安徽滁州市政府合作开发苏滁现代产业园，安徽宿州市与上海张江高科技园区合作建立张江萧县高科技园区，安徽宣城郎溪与浙江海宁合作设立郎溪（中国）经都产业园，推动长三角开放平台建设。

上海、浙江、江苏都设立了自贸试验区，各自贸试验区积极完成各项试点任务，大胆探索。与此同时，积极加强合作，充分发挥自贸试验区的协同效应。2018 年 3 月 13 日上午，浙江省人民政府金融工作办公室、舟山市人民政府、中国（浙江）自由贸易试验区管理委员会与上海期货交易所签署战略合作协议，发挥上海期货交易所的国际化平台和浙江自贸区的油品全产业链优势，在产品创新和上市、交割仓库建设、市场体系建设、市场培训和产业服务、信息交流、人才交流等方面开展合作，推动原油交易期现合作。2019 年 8 月 30 日上午，上海市发展和改革委员会、江苏省商务厅、浙江省商务厅共同签署了

《上海江苏浙江自由贸易试验区联动发展战略合作框架协议》，提高协同开放效应。安徽省积极复制推广上海等自贸区试点改革经验，已全部完成前三批 56 项试点经验复制推广任务，第四批 30 项复制推广任务已完成 24 项。

（四）共享开放口岸基础设施

长三角区域共享港口基础设施，不断提升开放协作水平。比如，2017 年 5 月江苏省港口集团正式成立，与中远海运、上港、宁波舟山港集团签订战略合作协议，积极推进集团港航货结合、江海河联运、一体化发展。2017 年 11 月 1 日，上海国际港务（集团）股份有限公司、江苏省港口集团有限公司、中国远洋海运集团有限公司三方在上海签署《战略合作谅解备忘录》。三方将在长期友好合作的基础上，共同建立战略合作伙伴关系，助力长三角经济圈协同发展。2018 年 12 月 6 日，上海组合港管委会办公室与安徽省港航集团在安徽省港航发展暨省港航集团公司成立会议上签订战略合作协议，推动长三角更高质量一体化发展。2017 年浙沪两地签署了《关于深化推进小洋山合作开发的备忘录》和《关于小洋山港区综合开发合作协议》，明确由上港集团和浙江省海港集团以股权合作的方式对小洋山进行开发经营。2019 年 2 月 20 日，浙江省海港集团和上港集团签署协议：浙江省海港集团以人民币现金增资的方式入股上港集团下属全资子公司上海盛东国际集装箱码头有限公司，入股完成后，上港集团与浙江省海港集团分别持有盛东公司 80% 和 20% 的股权。合资后的盛东公司作为未来小洋山北侧唯一开发、建设、运营与管理主体。

推进长三角地区民航协同发展。2018 年 1 月 12 日，民航局与上海市、江苏省、浙江省、安徽省共同签署了《关于共同推进长三角地

区民航协同发展　努力打造长三角世界级机场群合作协议》，各方将以提升上海国际航空枢纽功能和国际竞争力为引领，充分发挥各种交通方式的比较优势和协同作用，推动区域内各机场的合理分工定位、差异化经营，加快形成良性竞争、错位发展的格局，构建分工更明确、功能更齐全、合作更紧密、联通更顺畅、运行更高效的机场体系，实现到2030年建成世界一流城市群和世界级机场群的目标。

二、长三角协同对外开放存在的问题

（一）开放型经济发展水平差异较大

上海、江苏、浙江三地处于开放前沿，开放型经济发展水平较高，进出口规模大，而安徽开放型经济发展相对较慢，进出口总量小，2018年安徽进出口规模占上海、江苏、浙江的比重分别为12.19%、9.47%、14.53%（见表1）。不仅如此，安徽进出口规模与上海、江苏、浙江的差距越来越大。安徽进出口规模与上海的差距从2001年的572.68亿美元上升至2018年的4528.39亿美元；与江苏的差距从2001年的477.33亿美元上升至2018年的6010.73亿美元；与浙江的差距从2001年的291.82亿美元上升至2018年的3695.20亿美元（见表2）。

表1　　安徽进出口规模占上海、江苏、浙江的比重　　单位：%

年　份	占上海的比重	占江苏的比重	占浙江的比重
2001	5.94	7.04	11.02
2002	5.76	5.95	9.97
2003	5.29	5.23	9.69
2004	4.51	4.22	8.46
2005	4.89	4.00	8.49
2006	5.38	4.31	8.80
2007	5.63	4.56	9.01

续表

年　份	占上海的比重	占江苏的比重	占浙江的比重
2008	6. 27	5. 15	9. 56
2009	5. 65	4. 63	8. 35
2010	6. 58	5. 21	9. 57
2011	7. 16	5. 80	10. 12
2012	9. 00	7. 17	12. 58
2013	10. 32	8. 26	13. 56
2014	10. 54	8. 73	13. 85
2015	10. 65	8. 77	13. 80
2016	10. 24	8. 72	13. 20
2017	11. 34	9. 14	14. 29
2018	12. 19	9. 47	14. 53

资料来源：作者根据四省市统计数据计算得出。

表 2　　　　安徽进出口规模与上海、江苏、浙江的差距　　　　单位：亿美元

年　份	与上海的差距	与江苏的差距	与浙江的差距
2001	572. 68	477. 33	291. 82
2002	684. 46	661. 08	377. 75
2003	1063. 92	1076. 70	554. 63
2004	1527. 98	1636. 37	779. 93
2005	1772. 17	2188. 03	982. 70
2006	2152. 79	2717. 33	1268. 96
2007	2669. 22	3335. 40	1609. 15
2008	3018. 71	3720. 88	1909. 50
2009	2620. 36	3230. 62	1720. 53
2010	3446. 77	4415. 26	2292. 61
2011	4062. 39	5082. 72	2780. 69
2012	3973. 02	5086. 77	2731. 17
2013	3957. 49	5052. 83	2902. 70
2014	4172. 23	5143. 76	3058. 62
2015	4013. 96	4977. 16	2989. 39

续表

年　份	与上海的差距	与江苏的差距	与浙江的差距
2016	3893. 55	4648. 84	2921. 63
2017	4221. 75	5367. 57	3238. 86
2018	4528. 39	6010. 73	3695. 20

资料来源：作者根据四省市统计数据计算得出。

从利用外资流量看，2001 ~ 2010 年安徽每年利用外资规模与上海、江苏、浙江差距较大，2010 年以来，安徽利用外资规模每年呈现增加态势，2018 年安徽实际利用外商直接投资 170 亿美元，而上海、浙江、江苏实际利用外商直接投资则分别为 173 亿美元、186. 40 亿美元、255. 90 亿美元（见表3）。但从利用外资存量看，上海、江苏、浙江吸引外资较多。截至 2017 年底，上海累计实际利用外资 2231 亿美元，江苏累计实际使用外资近 4250 亿美元，浙江累计使用外资达 1941. 3 亿美元，相较而言，安徽累计使用外资规模与其他二省一市仍有一定的差距。截至 2019 年 7 月底，上海累计吸引跨国公司地区总部 696 家（其中大中华区、亚洲区及更大区域总部 104 家）、研发中心 450 家，上海始终是大陆吸引跨国公司地区总部和外资研发中心最多的城市。

表 3　　上海、江苏、浙江和安徽实际利用外资情况　　单位：亿美元

年　份	上　海	安　徽	江　苏	浙　江
2001	43. 92	3. 37	71. 22	22. 12
2002	50. 30	3. 75	103. 66	31. 60
2003	58. 50	3. 91	158. 02	54. 49
2004	65. 41	5. 47	121. 38	66. 81
2005	68. 50	6. 88	131. 83	77. 23
2006	71. 07	13. 94	174. 31	88. 89
2007	79. 20	29. 99	218. 92	103. 66
2008	100. 84	34. 90	251. 20	100. 73
2009	105. 38	38. 84	253. 23	99. 40

续表

年份	上海	安徽	江苏	浙江
2010	111.21	50.14	284.98	110.02
2011	126.01	66.29	321.32	116.66
2012	151.85	86.40	357.60	130.69
2013	167.80	106.88	332.59	141.59
2014	181.66	123.40	281.74	157.97
2015	184.59	136.19	242.75	169.60
2016	185.14	147.67	245.43	175.77
2017	170.08	158.97	251.35	179.02
2018	173.00	170.00	255.90	186.40

资料来源：国家商务部利用外资数据。

（二）开放平台建设呈现不均衡性

在长三角区域中，开放平台建设呈现差异性。总的来看，江苏、浙江和上海不仅开放平台较多，且开放平台建设较好，而安徽开放平台数量较少，且平台处于发展之中。

从海关特殊监管区数量看，江苏最多（21个），其次是上海（10个）、浙江（8个），安徽最少（4个）（见表4）。从自贸试验区建设情况看，上海、浙江和江苏均设立了自贸试验区，成为开放的重要平台，而安徽则缺乏高水平的开放平台。从国家级经济技术开发区建设情况看，江苏最多（26个），其次是浙江（21个）、安徽（12个），上海（6个）相对较少（见表5）。

表4　上海、江苏、浙江和安徽四地海关特殊监管区情况

区域	海关特殊监管区一览表
上海	洋山保税港区、上海浦东机场综合保税区、上海外高桥保税物流园区、上海外高桥保税区、松江综合保税区、金桥综合保税区、青浦综合保税区、漕河泾综合保税区、奉贤综合保税区、上海嘉定出口加工区（10个）

续表

区域	海关特殊监管区一览表
江苏	苏州工业园综合保税区、昆山综合保税区、苏州高新技术产业开发区综合保税区、无锡高新区综合保税区、盐城综合保税区、淮安综合保税区、南京综合保税区、连云港综合保税区、镇江综合保税区、常州综合保税区、吴中综合保税区、吴江综合保税区、江苏扬州综合保税区、常熟综合保税区、武进综合保税区、泰州综合保税区、南通综合保税区、太仓港综合保税区、江阴综合保税区、徐州综合保税区、张家港保税区（21 个）
浙江	宁波梅山保税港区、宁波保税区、浙江宁波出口加工区、浙江慈溪出口加工区、舟山港综合保税区、杭州综合保税区、嘉兴综合保税区、金义综合保税区（8 个）
安徽	芜湖综合保税区、合肥综合保税区、马鞍山综合保税区、安徽合肥出口加工区（4 个）

表 5　　　　上海、江苏、浙江和安徽四地经济技术开发区情况

区域	经济技术开发区一览表
上海	闵行经济技术开发区、虹桥经济技术开发区、漕河泾新兴技术开发区、上海金桥经济技术开发区、上海化学工业经济技术开发区、松江经济技术开发区（6 个）
江苏	连云港经济技术开发区、南通经济技术开发区、昆山经济技术开发区、苏州工业园区、南京经济技术开发区、扬州经济技术开发区、徐州经济技术开发区、镇江经济技术开发区、吴江经济技术开发区、常熟经济技术开发区、江宁经济技术开发区、淮安经济技术开发区、盐城经济技术开发区、太仓港经济技术开发区、锡山经济技术开发区、张家港经济技术开发区、海安经济技术开发区、靖江经济技术开发区、吴中经济技术开发区、如皋经济技术开发区、海门经济技术开发区、宿迁经济技术开发区、苏州浒墅关经济技术开发区、宜兴经济技术开发区、沭阳经济技术开发区、相城经济技术开发区（26 个）
浙江	绍兴柯桥经济技术开发区、宁波石化经济技术开发区、丽水经济技术开发区、宁波杭州湾新区、杭州湾上虞经济技术开发区、平湖经济技术开发区、富阳经济技术开发区、杭州余杭经济技术开发区、义乌经济技术开发区、衢州经济技术开发区、嘉善经济技术开发区、金华经济技术开发区、绍兴袍江经济技术开发区、长兴经济技术开发区、湖州经济技术开发区、嘉兴经济技术开发区、温州经济技术开发区、宁波大榭开发区、宁波经济技术开发区、萧山经济技术开发区、杭州经济技术开发区（21 个）
安徽	马鞍山经济技术开发区、宣城经济技术开发区、桐城经济技术开发区、宁国经济技术开发区、淮南经济技术开发区、六安经济技术开发区、池州经济技术开发区、滁州经济技术开发区、铜陵经济技术开发区、安庆经济技术开发区、芜湖经济技术开发区、合肥经济技术开发区（12 个）

（三）开放经济合作与开放平台协作不够

虽然上海、浙江、江苏、安徽都有开放平台且积极推动通关一体化改革，统筹中欧班列建设协同发展，共建开放平台、共享口岸基础设施，但三省一市开放平台协作程度不够高，开放经济创新进展不一样。总的来看，中央垂直管理的海关等部门进行跨区域合作进展相对较好，地方政府相关部门进行合作的难度相对大一些；关于地方层面合作，在省级政府层面合作相对多一些，而在地级市政府层面合作相对少一些。

（四）开放平台亟待转型升级

改革开放之初，我国劳动力相对比较充裕，优先发展具有比较优势的劳动力密集型产业，发展加工贸易，以出口初级产品、轻纺等劳动密集型产品为主。发展加工贸易的重要载体就是综合保税区或出口加工区等海关特殊监管区。近年来，受劳动力、土地等要素成本不断上升的影响，发展大进大出的加工贸易优势不明显，中西部很多海关特殊监管区的利用效率不够高，应有的作用没有充分发挥，而江苏苏州工业园等开放平台的空间不够，以海关特殊监管区为代表的开放平台需要转型升级。与此同时，当前，新一轮技术革命与产业变革，也需要开放平台转型升级，瞄准国际最高标准、最高水平的开放形态，加快形成国际竞争新优势，打造开放发展新高地。

三、提升长三角协同对外开放水平的政策建议

（一）支持长三角地区在对外开放上先行先试，不断提升长三角地区开放型经济水平

一是推动长三角自贸试验区率先大幅压缩负面清单。在长三角自

贸区的下一步发展中，率先大幅压缩外资准入负面清单，建立与国际接轨的行业管理制度，改变“大门开小门不开”的状况，切实放宽市场准入。

二是推动长三角自贸试验区进行制度性开放的探索。支持长三角自贸区在进一步扩大市场开放、改革创新和对标高标准的国际经贸规则，在开放政策的系统集成创新和营商环境建设等方面，继续发挥先行先试作用。

三是在长三角区域范围内率先复制推广自贸区开放政策。加快开放举措在区域内的复制推广，近期可以将上海自贸区的自由贸易账户举措和跨境电子商务试点的相关举措推广到长三角地区所有的特殊监管区。下一步，上海和浙江自贸试验区新的开放政策要率先在区域内推广。

（二）加快长三角开放平台的协调发展与合作

一是长三角地区海关特殊监管区的合作。建设长三角统一的国际贸易“单一窗口”，加强区域内国际贸易数据和信息的共享。加强不同关区和海关通关中审单、布控、查验、放行环境的沟通和衔接，支持鼓励海关特殊监管区跨省市的“互联互通”，进一步提升长三角一体化大通关的便利程度。

二是进一步加强中欧班列的合作。落实好长三角区域中欧班列发展的共商体制机制建设、共同确保可持续发展、共同推动高质量运行、共享现有建设成果、共同提升服务水平和共同促进对外合作六项共识，整合好各地中欧班列，统筹规划物流组织，规范政府补贴，避免恶性竞争。充分发挥各自优势，形成和而不同的格局。

三是加大共建开放型经济园区力度。一方面，总结好已有园区开发建设的经验做法。江苏苏州工业园与安徽滁州市政府合作开发苏滁现代产业园、安徽宿州市与上海张江高科技园区合作建立张江萧县高科技园区、安徽宣城郎溪与浙江海宁合作设立郎溪（中国）经都产业园，都积累了一定的经验，要认真总结好经验，并鼓励继续探索创新。与此同时，积极鼓励运用政府和社会资本合作（PPP）模式，合作开发建设经济园区。积极探索税收、GDP 分成的新模式。积极支持长三角地区共建经济开放区，国家级经济开发区苏州工业园区作为重要的开放平台，进一步支持浙江和安徽开放经济园区建设，包括共建园区等模式。

四是加强长三角的机场、港口等平台合作，形成分工合作的局面，做强做大枢纽机场和港口，增强全球配置资源的能力。

（三）共同谋划，共建更高水平的开放平台

一是增设海关监管区和自由贸易试验区。根据各地的产业发展需求和比较优势，设立新的开放平台，促进科技研发能力的提升和产业转型升级。安徽要多增加海关特殊监管区，复制推广上海自贸区的举措。加大支持江苏建设自由贸易试验区力度，支持开放创新、产业升级和国际陆海联运大通道建设。

二是围绕数字经济发展设立数字自贸区或数字经济发展试验区。在杭州、上海、长三角一体化示范区等地设立数字自贸区或数字经济发展试验区，促进数字经济和数字贸易的发展，在探索跨境数据流动的制度安排方面进行探索。

三是发挥上海的龙头作用，合力将长三角打造成全球资源中心。要突出上海的国际金融中心、国际贸易中心、国际航运中心和科创中心地位。做强做大上海空港和大小洋山港、宁波舟山港，增加枢纽港国际远洋航线和国际长线航班的数量和密度，加强长三角的港口、机场分工合作，将长三角打造成全球的物流中心和资源配置中

心。同时，在上述枢纽港及周边地区探索建设更高水平的开放平台，在海关监管、人员进出境、资金流动、信息流动、税收制度上比照全球自由贸易港制定相关政策，提升在离岸业务和转口贸易方面的全球竞争力。

执笔人：王金照　赵福军

专题报告八

共建美丽宜居长三角研究

长三角城市群作为我国经济最发达的地区之一，以全国 2.14% 的土地，承载了 11.7% 的人口，产出了 20% 的 GDP，并与“一带一路”经济带、长江经济带交会，是中国经济社会发展的重要引擎。长三角同时也是我国单位国土面积资源能源消耗和污染物排放强度最高的地区之一，是我国生态环境污染形势最严峻的地区之一，长期以来承载着巨大的生态环境压力。发展的根本目的是增进民生福祉，建设良好的生态环境是改善民生的必然要求。当前，长三角一体化发展已进入全方位加速推进的新阶段。尽管近年来三省一市生态环境协同治理力度持续加大并取得积极进展，但跨区域、跨流域的生态环境协同治理长效机制仍有待建立健全。推进长三角高质量一体化发展，要紧紧围绕建设美丽宜居长三角的需要，切实贯彻落实绿色发展理念，把生态环境保护放在优先位置，牢固树立生态共同体意识，严守生态保护红线，以健全的生态环境协同治理机制修复和保护生态，推进美好宜居家园建设。

一、长三角生态环境现状与问题

（一）近年来长三角生态环境质量持续改善

近年来，伴随长三角一体化进程加快，生态环境综合治理力度不断加大，推动长三角地区空气质量、水体质量等持续改善，生态恶化趋势初步得到遏制。

1. 长三角地区环境空气质量持续改善（见表1）

2018 年，长三角地区 41 个城市空气质量优良天数比例范围为 56.2%～98.4%，平均为74.1%，比2017 年上升2.5 个百分点；11 个城市空气质量优良天数比例在 80%～100%之间，30 个城市空气质量优良天数比例在 50%～80%之间。PM2.5、PM10 和 SO_2 浓度相比 2017 年下降了10.2%、10.3%和26.7%，其他大气污染物浓度也有不同程度的降低。① 以上海市为例，其环境空气质量指数（AQI）优良天数为96 天，较2017 年增长 21 天；AQI 优良率为81.1%，较2017 年上升5.8 个百分点。PM2.5 的年均浓度为36 微克/立方米，较2017 年下降7.7%，较基准年2015 年下降32.1%；PM10、SO_2 和 NO_2 的年均浓度分别为51 微克/立方米、10 微克/立方米、42 微克/立方米，分别较2017 年下降7.3%、16.7%和4.5%，上述四项污染物浓度均为历年最低；SO_2 已连续五年达到国家环境空气质量一级标准，PM10 已连续四年达到国家环境空气质量二级标准。②

① 中华人民共和国生态环境部：《2018 中国生态环境状态公报》，2019 年。

② 上海市生态环境局：《2018 上海市生态环境状况公报》，2019 年。

表1 **2018年长三角地区大气污染物浓度变化**

地　区	指标	浓度（CO：mg/m^3，其他：ug/m^3）	比2017年变化（%）
长三角地区	PM2.5	44	-10.2
	PM10	70	-10.3
	O_3	167	0.6
	SO_2	11	-26.7
	NO_2	35	-5.4
	CO	1.3	-7.1
上　海	PM2.5	36	-7.7
	PM10	51	-7.3
	O_3	160	-11.6
	SO_2	10	-16.7
	NO_2	42	-4.5
	CO	1.1	-8.3

资料来源：《中国生态环境状况公报2018》。

2. 长三角地区水质状况持续向好

2018年，长江流域干流水质为优，下游主要支流水质良好。上海市重要河流劣Ⅴ类断面比例与2017年相比，下降了11.1个百分点，氨氮、总磷平均浓度分别下降了31.4%和1.9%。① 江苏省380个地表水断面中，年均水质符合Ⅲ类的断面比例为74.2%，Ⅳ～Ⅴ类水质断面比例为25.0%，劣Ⅴ类断面比例为0.8%。与2017年相比，符合Ⅲ类断面比例上升6.6个百分点。② 安徽省监测的321个地表水监测断面（点位）中，Ⅰ～Ⅲ类水质断面（点位）占69.5%，劣Ⅴ类水质断面（点位）占3.7%。与2017年相比，全省地表水总体水质状况无明显变化，Ⅰ～Ⅲ类水质断面（点位）比例下降4.1个百分点，劣Ⅴ类水

① 上海市生态环境局：《2018上海市生态环境状况公报》，2019年。

② 江苏省生态环境厅：《2018年度江苏省生态环境状况公报》，2019年。

质断面（点位）比例下降 1.3 个百分点。浙江省地表水环境质量持续上升，2018 年全省跨行政区域河流交接断面水质达标率为 90.3%，无劣Ⅴ类断面。[①]

（二）长三角生态环境形势依然十分严峻

虽然近年来长三角地区生态环境综合治理取得积极成效，但区域生态环境质量持续改善的形势依然严峻，产业、能源、交通运输等结构性污染仍然很突出，污染物排放量仍居高位。

1. 污染物排放量仍然居高不下，大气和水环境质量改善仍是长期过程

生态环境部数据显示，长三角地区的单位国土面积煤炭消耗量是全国平均水平的 4 至 6 倍，单位面积大气污染物排放量为全国水平的 3 至 5 倍。同时，由于区域较高的大气污染物排放强度和排放密度，区域 PM2.5 浓度水平总体较高。在不利气象条件作用下，秋冬季区域性重污染仍时有发生。2018 年，长三角地区 41 个城市平均超标天数比例为 25.9%，其中轻度污染为 19.5%、中度污染为 4.5%、重度污染为 1.9%、严重污染不到 0.1%。夏秋季节臭氧污染情况严重，浓度不降反升。2018 年长三角地区的臭氧浓度为 167 微克/立方米，比 2017 年高出 0.6%。空气质量改善效果仍不稳固。与此同时，城市废污水排放量也持续处于高位。长三角区域的城市工业废水和生活污染排放量大，近 10 年来上海市的废水排放总量远高于其他直辖市（见图 1）。河网中氨氮、溶解氧、化学需氧量和石油类污染物等不断积累，已远远超出水体的自净能力，从而导致河网水质不断恶化。

---

① 浙江省生态环境厅：《2018 年浙江省生态环境状况公报》，2019 年。

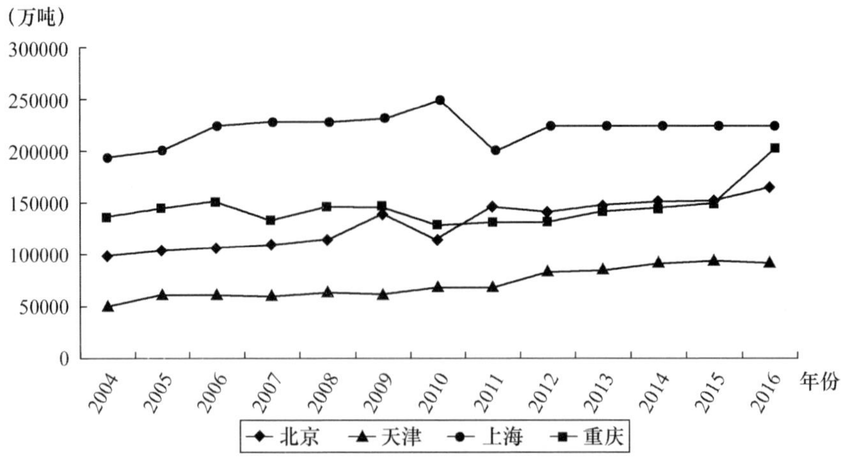

图1 2004~2016年直辖市废水排放总量

资料来源：国家统计局。

2. 水环境风险隐患多

沿江重大环境风险源点多复杂，沿江大量化工园区、危险货物码头以及流动风险源都是重大环境风险源，严重威胁着长江的水安全。地下水污染造成的环境问题同样突出，但治污能力仍然不够。上海、苏锡常地区、杭嘉湖地区因地下水超采，形成大面积地下水位降落漏斗，破坏了区域性地下水采补平衡，危及地下水的可持续利用。区域水资源量严重不足，生态需水无法保证，城市化的快速进程使得生态保护用地不断被占用。总体而言，长江流域水源水质污染持续，复合污染问题更为突出，资源性缺水和区域饮用水安全问题凸显。①

3. 土壤重金属污染仍然十分严峻

化肥农药再加上工业有害物质的超标排放，导致土壤污染，造成各类农产品的有毒物质时有检出，长三角重金属污染已由点状、局部，发展成面上、区域性的污染。长江三角洲地区土壤受到镉、铅、铬、

① 张慧、高吉喜、宫继萍等：《长三角地区生态环境保护形势、问题与建议》，《中国发展》2017年第2期。

铜和锌污染，其中镉污染最为严重。浙江省主要产粮区的杭嘉湖平原也出现了土壤重金属污染问题，且随着工业化和城市化的快速发展，污染情况仍在加剧。2018 年，江苏省对 82 个土壤背景点位开展了土壤环境质量监测，处于轻微污染、中度污染点位个数分别为 9 个和 1 个，占比分别为 11.0% 和 1.2%。无机超标项目主要为镉、砷、铜、镍和铬，有机项目未出现超标现象。①

4. 生态系统质量状况改善缓慢

2017 年，上海生态环境整体状况未有明显改善，生物丰度指数、水网密度指数和土地胁迫指数没有变化，仅植被覆盖指数和污染负荷指数略有改变。② 2018 年江苏全省生态环境状况指数为 66.2，与 2017 年相比下降了 0.2，各设区市生态环境状况指数处于 61.4 ~ 70.7 之间，全省生态环境状况无明显变化。2018 年，江苏省对长江流域、太湖流域和淮河流域 126 个国考断面和 23 个饮用水源地开展水生生物监测。监测结果表明，三大流域水生生物多样性均为“一般”级别，长江干流江苏段情况略有改善。③

二、长三角生态环境协同治理进展与问题

（一）长三角生态环境协同治理积极推进

长三角区域在推进经济一体化过程中，在区域大气污染联防联控、水污染综合防治、跨界污染应急处置、区域危废环境管理等方面做了大量积极探索并取得了积极进展，加快了长三角区域生态一体化

① 江苏省生态环境厅：《2018 年度江苏省生态环境状况公报》，2019 年。
② 上海市生态环境局：《2018 上海市生态环境状况公报》，2019 年。
③ 江苏省生态环境厅：《2018 年度江苏省生态环境状况公报》，2019 年。

进程，为区域环境共治共建共享打下了坚实基础，同时也为其他地区生态环境治理提供了较好的参考。

1. 成立跨区域大气和水污染防治协调机构

2013年，为了贯彻落实《大气污染防治行动计划》，长三角区域建立了大气污染防治协作机制，成立了大气污染防治协作小组，不断推进长三角空气污染协同治理工作。三省一市围绕改善区域空气质量的目标，确定并落实了包括推进成品油质量升级、绿色港口和船舶排放控制区建设等在内，共计五个方面12项协作工作重点，从产业转型升级到气象业务协作，对区域大气污染防治重点工作进行统筹和协调部署。2016年，区域协作继续升级，长三角空气质量预报会商不再局限于11月到次年3月的空气污染高发期，而是改为至少每两周就会有一次预报会商。同时，长三角区域空气质量预报和环境数据共享工作也在推进。在大气污染防治协作之后，又根据区域环境协同治理的目标要求成立了长三角区域水污染防治协作小组，并专项印发了《长三角区域水污染防治协作机制工作章程》，在治理主体结构和运行机制上与大气污染防治协作机制有机衔接，机构合署、议事合一。2018年，为了进一步推进长三角一体化建设，长三角区域合作办公室作为一个跨行政区划的区域协调机构正式成立，为长三角区域环境协同治理的持续推进提供了重要的协调平台。

2. 建立区域生态环境治理协调和合作机制

长三角区域生态一体化建设更多的是一种以跨区域、多政府主体为架构的制度摸索。其中，最能够代表长三角区域生态一体化制度建设成果的是由多方主体签署的一系列协议。2004年6月，江苏省、浙江省与上海市共同签署了《长江三角洲区域环境合作宣言》，这是国内第一份关于区域环境合作的宣言，明确提出要加强跨区域边界合作，以解决环境问题。2008 年 12 月，江苏省、浙江省与上海市在苏州签订《长江三角洲地区环境保护工作合作协议（2008—2010 年）》，提出积极探索制定多层面生态治理协调机制，建立环境保护合作联席会议制度。随着长三角城市群不断扩容，长三角区域生态一体化的制度建设也在不断加快进程。2013 年 4 月，长三角 22 个城市在合肥签署了《长三角城市环境保护合作（合肥）宣言》，明确提出将共同构建区域环境保护体系，共同制定区域环境保护防范体系标准。跨区域联合执法，已经成为长三角区域环境联合整治中的常态。2018 年 8 月，浙江省嘉兴市嘉善县环保局与江苏省苏州市吴江区环保局一起出动，联合调查一起一般工业边角料跨界倾倒问题。为更好地实现跨界执法，浙江牵头召开长三角区域大气和水污染防治互督互学浙江现场会，交流污染治理和执法工作经验。此外，从方案编制到标准制定，从基础设施建设到信用体系建设，长三角三省一市已建立起全方位区域环保合作机制，不再“各自为战”。沪苏浙皖共同编制长三角区域空气质量深化治理实施方案，共同签署《长三角区域环境保护领域实施信用联合奖惩合作备忘录》；浙沪共同推进长三角区域空气质量预测预报中心二期建设。

3. 制定区域生态环境治理相关规划和工作方案

长三角区域在环境保护与生态规划方面积极开展合作，其中有由多方主体联合制定的《长三角近岸海域海洋生态环境保护与建设行动计划》《长江口及毗邻海域碧海行动计划》《长江三角洲地区环境保护工作合作协议》《长三角地区危险废物环境监管联动工作方案》《加强长三角临界地区省级以下生态环境协作机制建设工作备忘录》《关于一体化生态环境综合治理工作合作框架协议》《太湖流域水生态环境综合治理信息共享备忘录》《长三角区域柴油货车污染协同治理行动方案（2018—2020 年）》《长三角区域港口货运和集装箱转运专项治理（含岸电使用）实施方案》等，这种多方参与的自发式制度探索，为后续的跨区域生态治理提供了保障。[①]

4. 稳步推进跨区域生态补偿试点

新安江上游地区位于安徽省黄山市境内，早期由于当地经济水平较低，工业化对新安江水质造成了污染，并影响了下游地区的供水安全与千岛湖水生态。为解决这一矛盾，2012 年由财政部与原环境保护部等部门联合推动，在浙江省与安徽省共同努力下，新安江生态补偿试点工作正式实施，第一轮试点周期为 2012 ~ 2014 年，这也是全国首个跨区域的生态补偿试点。在第一轮试点结束之后，2014 年 12 月 8 日，经多方主体协商讨论签订了第二轮试点协议。与第一轮协议相比，第二轮采取了“双提高”标准，在协议中同时提高了补助标准与水质考核标准。2018 年 10 月，浙江、安徽两省签署了第三轮新安江流域上下游横向生态补偿协议，两省按照水质目标要求更高、补偿方式更加多元等原则，共同设立新安江流域上下游横向生态补偿资金，确保水环境质量稳定并持续改善。从生态一体化的角度来看，新安江生态补偿机制逐步构建了多方认可、日渐成熟的跨区域补偿机制，在跨区域治理方面实现了联防联控共建的多重效应，在协调多方主体在生态共治与生态一体化方面提供了可供借鉴的样板。其成功的关键在于构建利益共享、风险共担、多方参与、协作共赢的机制。

5. 积极开展生态示范区共建

崇明岛是上海市的重要生态屏障，对于长三角区域的生态安全具有十分重要的意义。崇明岛上同时存在着多个行政主体，崇明区隶属

---

① 张慧、高吉喜、宫继萍等：《长三角地区生态环境保护形势、问题与建议》，《中国发展》2017 年第 2 期。

于上海市，而岛上的启隆、海永两镇则隶属江苏省。2017 年 2 月，《崇明世界级生态岛发展“十三五”规划》正式制定实施，规划突出了生态立岛、绿色发展的理念，强调多方主体共同参与建设，构建以上海崇明为主体，以江苏启东与海门为重要参与对象的生态岛建设主体架构。在相关规划制定过程中充分对接启东与海门的发展规划，以实现三地的战略协同与合作。在“东平 - 海永 - 启隆”城镇圈协同规划基础上，进一步探索深化绿色发展道路。崇明世界级生态岛的建设充分考虑了江苏启隆、海永两镇的情况，以调研、协商、合作、共同参与的方式凝聚共识，确定了共同目标，使规划得以有序实施。上海青浦、江苏吴江和浙江嘉善正在加快建设高水平长三角生态绿色一体化发展示范区，将自然生态优势转化为发展优势。两区一县共同签订了《关于一体化生态环境综合治理工作合作框架协议》，在规划契合、合作机制、共建共保、环境标准、信息共享、联动执法、预警联动、共治共保等十个方面加强合作。针对两区一县在生态红线、区域管控要求和准入方面未建立统一方案，存在不对接、不协调情况，正在筹建“一张网”和“一张图”，进一步完善生态环境管理体系。示范区将重点打造协调共生的生态体系、绿色创新的发展体系、统筹协调的环境制度体系、集成一体的环境管理体系四大体系。这些以打破行政壁垒、协同保护生态为目的的一体化模式为长三角区域乃至全国提供了有益启发。

（二）跨区域、跨流域的生态环境协同治理仍然面临一些挑战

当前，长三角地区的生态环境协同治理仍然面临着区域发展和生态环境治理进程不平衡、多主体协作协同难、利益协调难、缺乏立法支撑和强执行力的机构等一系列问题。

1. 生态环境治理进程区域差异大

长三角地域广阔，各地区所处的发展阶段不同，污染排放水平和污染治理能力等存在较大差异，尽管各地都执行不低于国标的生态环境标准，但严苛程度不同，如果执行统一的环保标准，对某些地区来说可能较为宽松，而对于其他地区来说则较为严苛，这必然影响各地区生态环境治理目标、要求和管理的统一。同时，由于三省一市区域差异性的存在，容易导致各地区污染治理责任分配出现争议，为长三角区域生态环境治理一体化带来挑战。

2. 多主体间的利益协调和成本分摊机制尚不完善

目前跨区域、跨流域的生态环境协同治理长效机制尚未建立，区域、流域、上下游、左右岸的生态环境治理责任分担、利益共享机制缺乏，区域生态补偿、区域排放权交易等市场化的污染减排机制缺失，导致在解决生态环境建设的外部性方面仍然缺乏制度性保障，难以协调各主体间的利益分配，尤其是在源头治理方面问题更为突出。其中，水污染防治更依赖于流域上下游的协同配合，目前存在流域上下游目标、标准和管理不一致、不协调等情况，这归根结底是区域发展和利益平衡问题。

3. 长三角生态环境协同治理的法制保障不足

当前区域环境协同治理的立法体系还不够健全，导致长三角环境协同治理缺少坚实的法律依据，尚处于无强制性约束、无明确责任分工、无固定资金投入的局面，也尚未形成跨区域、跨流域生态环境保护规划、标准、执法、环评、监测、应急一体化的联防联控机制，亟待强化法制保障。

4. 跨区域、跨流域生态环境治理缺乏统一且强有力的执行机构

目前虽然在上海设有长三角一体化办公室，但只是一个规格层次不高的办事机构，不是决策协调落实推进机构，很多决策事项难以真正落地。从一体化工作推进来看，尚未形成“决策－协调－执行－落地”工作闭环，影响包括生态环境治理在内的长三角一体化战略的顺利实施。此外，现有一些区域合作组织多由政府协调组建，本身并不是权力机构，如长江流域管理委员会、太湖流域管理局、太湖渔业管理委员会等，其主要从事的是一些技术性的工作，执行权与监控权有限，难以在现有行政主体之上进行执法。

三、京津冀大气污染协同治理的经验启示

京津冀地区包括北京市、天津市以及河北省的保定、廊坊、唐山、邯郸、邢台、沧州、秦皇岛、张家口、承德和石家庄，涉及北京市、天津市、河北省多个设区市的 80 多个县（市），面积约 20 万平方公里，人口约 1.5 亿。京津冀地区的产业以汽车、电子、机械、冶金钢铁等为主，是全国主要的高新技术和重工业基地，也是我国政治、文化、国际交往、科技创新中心。受产业结构、能源结构、交通运输结构、用地结构以及地理自然因素影响，近年京津冀地区空气污染形势严峻。2013 年京津冀地区平均达标天数比例为 31.0%，重度污染以上天数占 26.2%，主要污染物为 PM2.5，其次是 PM10 和臭氧。2016 年 12 月 16～22 日，我国中东部地区出现了 188 万平方公里的灰霾，全国空气质量小时浓度达到重度及以上污染的城市共 50 个，其中京津冀及周边地区共 40 个城市达到重度及以上污染。

党的十八大以来，我国加快京津冀大气污染联防联控机制建设，取得了显著成效。《2018 中国生态环境状况公报》显示，2018 年京津

冀及周边地区“2+26”城市①空气质量优良天数比例范围为41.4%～62.2%，平均为50.5%，比2017年上升1.2个百分点。北京重污染天数减少。北京空气质量优良天数比例为62.2%，比2017年上升0.3个百分点。出现重度污染14天，严重污染1天，重度及以上污染天数比2017年减少9天。

（一）主要做法

1. 修订法律，对大气污染区域联防联控进行专门制度设计

2014年，我国修订通过了《环境保护法》，自2015年1月1日起施行，增加了按日计罚、查封扣押、行政拘留等条款。中国法制环境不断完善、立法质量不断提高，为提高大气污染的执法效果奠定了法律基础。新《环境保护法》明确提出，国家建立跨行政区域的重点区域、流域环境污染和生态破坏联合防治协调机制，实行统一规划、统一标准、统一监测、统一防治的措施。2015年，我国修订了《大气污染防治法》，自2016年1月1日起施行。新修订的《大气污染防治法》专门增加了《重点区域大气污染联合防治》一章，明确提出国家建立重点区域大气污染联防联控机制，统筹协调重点区域内大气污染防治工作。我国开展区域大气污染联防联控有了法律依据。

2. 制订专门行动计划，加强对大气污染防治的长效安排

2013年，国务院印发《大气污染防治行动计划》，明确提出建立区域协作机制，统筹区域环境治理。建立京津冀、长三角区域大气污

① 根据《打赢蓝天保卫战三年行动计划》，京津冀及周边地区包含北京市，天津市，河北省石家庄、唐山、邯郸、邢台、保定、沧州、廊坊、衡水，山西省太原、阳泉、长治和晋城，山东省济南、淄博、济宁、德州、聊城、滨州和菏泽，河南省郑州、开封、安阳、鹤壁、新乡、焦作和濮阳，简称“2+26”城市。

染防治协作机制，由区域内省级人民政府和国务院有关部门参加，协调解决区域突出环境问题，组织实施环评会商、联合执法、信息共享、预警应急等大气污染防治措施。

2015 年，中共中央、国务院印发《生态文明体制改革总体方案》，提出建立污染防治区域联动机制。完善京津冀、长三角、珠三角等重点区域大气污染防治联防联控协作机制，其他地方要结合地理特征、污染程度、城市空间分布以及污染物输送规律，建立区域协作机制。在部分地区开展环境保护管理体制创新试点，统一规划、统一标准、统一环评、统一监测、统一执法。

2018 年，中共中央、国务院印发《关于全面加强生态环境保护坚决打好污染防治攻坚战的意见》，提出要强化重点区域联防联控联治，统一预警分级标准、信息发布、应急响应，提前采取应急减排措施，实施区域应急联动，有效降低污染程度。

此外，2016 年，国家有关部委发布《京津冀协同发展生态环境保护规划》，明确了未来几年京津冀生态环境保护的任务目标，提出要建立区域环保联动机制，实施联合执法、共同监测等联防联控措施。

3. 加强中央对京津冀大气污染联防联控的统筹协调，加大中央事权

京津冀及周边地区大气污染防治的统筹力度加大。2013 年，京津冀及周边地区大气污染防治协作小组成立，依据“大气十条”的规定，小组成员主要包括京津冀及周边地区的省级政府和国务院有关部门。公开资料显示，自成立以来，该小组总计召开了九次会议。2018 年，国务院办公厅关于成立京津冀及周边地区大气污染防治领导小组的通知印发，明确提出为推动完善京津冀及周边地区大气污染联防联控协作机制，经党中央、国务院同意，将京津冀及周边地区大气污染防治协作小组调整为京津冀及周边地区大气污染防治领导小组（以下简称领导小组），其职责包括贯彻落实党中央、国务院关于京津冀及周边地区大气污染防治的方针政策和决策部署；组织推进区域大气污染联防联控工作，统筹研究解决区域大气环境突出问题等。领导小组的组织由国务院副总理担任，办公室设在生态环境部，承担领导小组日常工作。领导小组实行工作会议制度和信息报送制度。这意味着，京津冀及周边地区大气污染防治工作将进入一个领导更权威、组织更严密、决策更科学、统筹更有力的新阶段。从协作小组调整为领导小组，符合京津冀及周边区域大气污染防治纵深发展的需要，符合统筹解决跨区域环境问题的需要，符合区域流域环境保护的客观规律，有利于提高各主体之间的协作力度，有利于提高区域生态环境保护工作整体效能，也有利于更强力地推进污染防治攻坚战。

4. 京津冀及周边地区大气环境管理局成立

2018 年，中共中央印发《深化党和国家机构改革方案》，对生态文明建设直接相关机构做出重大调整，明确提出组建生态环境部。2018 年 8 月，生态环境部“三定方案”公布，增加组织实施“大气污染联防联控协作机制”的职能，设置“大气环境司”并加挂“京津冀及周边地区大气环境管理局”牌子，专职开展大气污染防治的相关工作，承担京津冀及周边地区大气污染防治领导小组日常工作。

5. 统一实行更严格的排放标准，同时积极引入灵活减排机制，执行大气污染物特别排放限值

2018 年初，原环境保护部发布《关于京津冀大气污染传输通道城市执行大气污染物特别排放限值的公告》，要求京津冀大气污染传输通道城市（即“2 + 26”城市），在规定期限内执行大气污染物特别排放限值。逾期仍达不到的，有关部门应严格按照《中华人民共和国环境保护法》《中华人民共和国大气污染防治法》等要求责令改正或限制生产、停产整治，并处以罚款；情节严重的，报经有批准权的人民政府批准，责令停业、关闭。对于新建项目，对于国家排放标准中已规定大气污染物特别排放限值的行业以及锅炉，自 2018 年 3 月 1 日起，新受理环评的建设项目执行大气污染物特别排放限值。对于已有企业，对于国家排放标准中已规定大气污染物特别排放限值的行业以及锅炉，执行要求如下：火电、钢铁、石化、化工、有色（不含氧化铝）、水泥行业现有企业以及在用锅炉，自 2018 年 10 月 1 日起，执行二氧化硫、氮氧化物、颗粒物和挥发性有机物特别排放限值；炼焦化学工业现有企业，自 2019 年 10 月 1 日起，执行二氧化硫、氮氧化物、颗粒物和挥发性有机物特别排放限值。统一重污染天气预警标准。2016 年以来，京津冀区域重污染天气预警分级标准已实现统一。

6. 京津冀内部的灵活减排机制不断完善

京津冀三地的经济发展水平、产业结构、环境监管水平以及公共服务等存在较大差异，为实现环境质量目标，各地面临的问题也不尽相同。要实现一个区域的环境质量改善，京津冀三地要承担起共同但有区别的责任。为了降低减排成本，近年来区域内不同省份也开展了相对灵活的减排方式。例如，北京市、天津市加大对河北省的生态补偿力度，支持河北省加大产业转型升级和空气污染治理力度。

7. 加大京津冀大气污染监测体系建设

建立区域大气污染监测预警体系有了法律依据。《大气污染防治法》增加了《重污染天气应对》章节，明确提出国家建立重污染天气监测预警体系。要求国务院环境保护主管部门会同国务院气象主管机构等有关部门，国家大气污染防治重点区域内有关省、自治区、直辖市人民政府，建立重点区域重污染天气监测预警机制，统一预警分级标准。

8. 中央层面建立专门的京津冀监测预警机构

2013 年 10 月 16 日，气象部门成立“中国气象局京津冀环境气象预报预警中心”，负责京津冀及华北地区重污染天气、雾、霾等预报产品的监测预警；环保部门在此一周后发文设立“中国环境监测总站环境质量预报预警中心”，旨在为重点区域和城市的环境空气质量监测预警提供技术指导。

9. 各地加快完善大气环境监测网络建设

2015 年国务院印发《生态环境监测网络建设方案》，北京、河北、天津陆续发布地方生态环境监测网络建设方案，都明显扩大了本行政区内大气环境监测网络覆盖范围。其中，京津冀地区建立的网格化大气环境监测体系，为实施精准化的大气污染监控提供了有力支撑。网格化监测数据的主要用途是快速定位污染来源，以利于政府及时确定责任人并消除影响。2017 年中央办公厅、国务院办公厅印发《关于深化环境监测改革提高环境监测数据质量的意见》，对今后一个时期加强环境监测数据质量管理、确保监测数据真实准确做出了全面规划和部署。大气环境监测数据质量的提高，为精细化的区域大气污染防治提供了基础。

（二）主要启示

京津冀大气污染联防联控机制取得了显著成效，主要在于处理好下述几对关系：一是妥善处理经济发展和环境保护的关系。在当前二者矛盾异常尖锐的情况下，坚持把环境保护放在优先位置。二是妥善处理中央政府和地方政府的关系。中央和地方在京津冀大气污染防治中共同承担责任，近年来中央政府承担的责任逐渐增多，区域性大气污染治理需要中央发挥更多作用。三是妥善处理发展水平差异较大的不同省份之间的关系。京津冀地区，河北省的经济发展相对落后，中央充分调动北京、天津，使其增强了对河北大气污染治理的支持力度。经济发展水平不同的省份承担着共同而有区别的大气污染治理责任。四是妥善处理环境保护和民生发展的关系。近年河北省大规模的大气污染治理行动和措施，在一定程度上对当地人民群众的生活、就业等带来影响。为此，中央和地方都出台了相应的配套措施，确保在推进环境污染治理的过程中，保障广大人民群众的生活水平不降低。

四、推进长三角生态环境协同治理的战略举措

（一）统一划定并严守“生态保护红线、环境质量底线和资源利用上线”

以全面提升生态环境质量为目标、以实现山水田林湖草协同治理和空间有效管控为抓手，加快编制出台空间规划以及生态环境治理与风险防范等重点领域规划，并确定空间规划作为基础性规划和顶层规划的指导性和约束性地位，切实推进三省一市相关规划与该空间规划的衔接与协调。统筹好发展与“三条线”的关系，确保长三角区域发展不超载、底线不突破。统一划定严格的生态、环境和资源红线，强化硬约束。按照区域生态环境空间管制总体要求，推动生态空间一体化管控。统一流域水污染物和区域大气污染物排放标准，统一实施区域污染物总量控制和资源能源利用总量控制，统一生态环境监管平

台。根据区内不同地域的生态环境承载力的空间差异，加快统一编制环境准入负面清单。探索建立具有适当行政执法权力的长三角河长联合委员会，推进流域跨界治理。建立统一的长三角排污企业环境信用体系，实施信用联合奖惩制度，强化社会和舆论监督。

（二）建立完善的全域生态保护补偿机制

推动长三角生态环境一体化保护与建设，需要建立统一的生态保护补偿机制。要扩大生态补偿范围，加大长三角重点生态功能区、森林、湿地、海洋、河流、湖泊等生态保护补偿力度。总结推广新安江流域生态补偿试点经验，并积极引导社会资本参与，加快建立长江、太湖、淮河等跨省流域上中下游受益地区与生态保护地区的横向生态补偿机制。

（三）加快探索建立区域生态产品价值实现的市场化机制

长三角区域生态环境治理不仅要依靠行政手段，还要依靠市场机制。要加快建立生态环境保护的市场激励机制，增强生态环境保护的内生动力。总结并推广现有试点示范经验，加快推进长三角跨区域用能权、用水权、碳排放权、排污权等交易市场体系建设，促进资源节约和减排成本降低。借鉴美国湿地保护的做法，探索组建“长三角生态银行”，在政府管制的前提下，充分发挥企业主体作用，推动生态修复和环境保护，实现生态价值和经济价值的平衡。支持长三角地区全面开展生态文明体制改革试点示范。设立长三角绿色发展示范区，实施近零碳排放区示范工程，探索创新“绿水青山”向“金山银山”转化机制。

（四）加快建立统一的自然资源资产统计核算制度和生态环境监测制度

实现自然资源统一监管的首要前提是按照统一标准，对各类自然资源资产“摸清家底”。加快建立长三角自然资源资产统计核算制度，开展实物量统计，探索价值量核算，由国家统计局会同三省一市统一编制长三角自然资源资产负债表，为自然资源资产的价值核算、市场化交易和政绩考核创造必要条件。为了更好地统一监测长三角生态环境变化，可由生态环境部组建“长三角生态环境监测中心”，统筹长三角生态环境监测网络建设，开展统一监测，服务全区域生态环境监管；搭建长三角生态环境大数据平台，实现生态环境监测信息共享、共用。充分开展环保信用评价合作，统一构建环保信用评价系统、统一企业环保信用评价标准、统一在“信用长三角”平台发布评价结果，为推动三省一市行政、社会、行业、市场等部门单位对环保失信企业开展联合惩戒提供信息化支撑。

（五）稳步推进长三角生态环境保护立法、执法、司法的一体化

法治一体化是实现区域生态环境协同治理的基础性保障。要加快推动长三角区域生态环保统一立法，着力改变当前环保协作无法律约束、无明确责任分工、无固定资金投入的局面，形成跨区域、跨流域生态环境保护统一规划、统一标准、统一执法、统一环评、统一监测、统一应急的联防联控机制。赋予生态环境部华东督察局更多统筹协调长三角生态环境协同治理的职责，通过实施江河湖海全流域的统一执法，加强上下游联动，着力解决当前环境监管中存在的“真空”、监管效能不高的问题。推动长三角生态环境司法一体化，着力解决跨境环境污染案件异地受理难、调查取证难、司法鉴定难、执行难等突出

问题，进一步强化区域环境司法协作，加强环境污染刑事、民事、行政审判交流和执行联动，逐步推进检察机关跨区域提起环保行政公益诉讼立案管辖、证据取得、胜诉执行一体化，推动环境污染纠纷联动化解。

执笔人：王海芹　李维明　陈　迪（清华大学）

专题报告九

长三角空间发展一体化布局研究

长三角区域包括沪苏浙皖三省一市，覆盖国土面积为35.9万平方公里，占全国的3.7%；2018年长三角地区常住人口2.2亿，占全国的17%；生产总值3.2万亿美元，占全国的23%，已经超过英国，直追德国；人均生产总值达到1.42万美元，跨过了世界银行设立的高收入经济体门槛。党的十八大以来，为了更进一步促进区域城乡统筹、均衡发展，长三角各地在国土空间领域的合作发展步伐明显加快，对接了有关发展规划和政策。但总体而言，目前的合作还不够深入，长三角空间发展的指南、可持续发展的空间蓝图还不明确，各类开发保护建设活动的基础依据还有待完善。

一、长三角空间一体化发展面临的主要问题

（一）一体化发展规划体系有待完善

从现有国家重大区域规划来看，《国家新型城镇化规划（2014—2020年）》《长江经济带发展规划纲要》《全国海洋主体功能区规划》等均涉及长三角区域发展的相关内容。2016年，获国务院正式批复的

《长江三角洲城市群发展规划》出台，是首个聚焦于长三角跨区域协同发展的规划文件，也是近几年长三角推动各类空间开发和建设的核心行动纲领。但实际上，这些规划主要聚焦于长三角城市群，可以理解为长三角区域发展较快的26座城市①组成的城市联盟，在空间范围上也与长江三角洲三省一市涵盖的国土空间有差异。因此，如果从长三角一体化发展来看，顶层设计和规划体系仍有待完善。

第一，一体化发展的顶层设计有待完善。当前，长三角面临的基础设施互联互通不够、空间开发欠缺协调、产业同质化竞争等问题，在很大程度上是由于缺少整体规划导致的。虽然长期以来长三角各地经济联系紧密、各领域合作频繁，但在制定规划的工作中，仍然没有打破行政区划限制。各类规划分头编制仍是常态，致使规划之间衔接不够，使三省一市的发展在战略层面上没能实现协同。与京津冀协同发展、粤港澳大湾区建设等相比，长三角一体化的顶层设计还有所欠缺。其中，长三角统一的国土空间规划的缺失是长三角土地、环境等相关规划协调性差、标准不统一的重要原因。另外，我们过去对顶层设计缺失的负面影响的调查只局限于政府工作层面，而从实际调研反映来看，这一情况还在一定程度上抑制了市场的参与热情。

第二，一体化发展的规划体系有待完善。总体规划纲要、国民经济和社会发展五年规划、国土空间规划在规划体系中属于顶层设计，而围绕各领域的工作还需要专项规划的支撑。但从目前来看，两个层面的规划设计还都存在缺位和配套落实政策措施不到位的情况，很难

① 根据2016年5月国务院批准的《长江三角洲城市群发展规划》，长三角城市群包括：上海，江苏省的南京、无锡、常州、苏州、南通、盐城、扬州、镇江、泰州，浙江省的杭州、宁波、嘉兴、湖州、绍兴、金华、舟山、台州，安徽省的合肥、芜湖、马鞍山、铜陵、安庆、滁州、池州、宣城26座城市。

满足长三角区域各领域推动一体化发展的需要，也很难形成与高质量发展相适应的制度环境。从实际调研来看，当前最应当注意规划方案缺位和重复的问题。一方面，仍有一些关键领域未被触及，这些领域大多涉及长三角各地较深层次的利益协调机制，比如产业的合理分工、土地市场一体化、优质公共资源的普惠化使用等。另一方面，重复规划情况在各级各类空间规划中比较突出，虽然这些规划在支撑长三角城镇化快速发展、促进国土空间合理利用和有效保护方面发挥了积极作用，但也存在跨区域协调不足，规划类型过多，内容重叠冲突，审批流程复杂、周期长等问题。

（二）区域内发展不平衡不充分问题仍然存在

从长三角区域城镇化发展情况来看，上海以及近沪地区城镇化水平最高，以苏浙皖三地省会为区域中心的城镇化发展速度不断加快，特别是安徽合肥、阜阳等城市近几年实现迅速崛起，成为安徽融入长三角一体化发展的重要支撑。但同时，区域发展仍存在薄弱环节，主要集中在苏北、浙江西南部（衢州市、丽水市）、安徽大部和省际交界区域。从历史沿革上看，1982 年国务院决定成立的上海经济区，并不包括这些区域。2006 年建设部组织编制的《长江三角洲城镇群规划》才将长三角的范围扩展为三省一市，但随后国务院出台的《国务院关于进一步推进长江三角洲地区改革开放和经济社会发展的指导意见》中，又把安徽省剔除掉了，之后出台的《长江三角洲地区区域规划》《长三角城市群发展规划》等对区域的定义又有区别。通过研究发现，这些相对落后的区域大多处于“长三角”这个区域概念的外围，一直以来对这些地区发展的关注确实较少。

第一，区域发展不平衡依然存在。总体来看，安徽与沪苏浙的发展差距还比较明显。首先，从人口分布来看，上海区域集聚度最高，区域人口集聚中心为三个省会城市以及周边区域，在苏北沿海区域形成比较明显的人口集聚带。同时，江苏西北、安徽西北和浙江南部三个区域周边人口集聚程度也比较高，2018 年阜阳市常住人口数量已经超过省会城市合肥市。从区域经济发展总量来看，上海是我国的直辖市，经济总量区域内最高，也带动了苏锡常地区的发展。其次，江苏和浙江两省省会以及周边区域发展水平相当，合肥市以及周边区域是安徽省经济发展的高地，但与苏浙省会区域还有差距。发展相对落后地区的连片化比较明显，有安徽大部分区域、浙西南地区、苏北的连云港和宿迁区域。从区域人均 GDP 水平来看，情况与经济总量又略有不同。实际上，长三角目前人均 GDP 最高的区域是江苏西南、杭州区域和宁波区域。上海、合肥等在第二梯队。

第二，区域发展不充分仍比较明显。总体来看，距离高质量发展还有差距，不同区域的主要问题也不同。从建成区绿化覆盖率来看，浙江台州区域、安徽铜陵区域做得最好。安徽中部和南部、苏西北、江苏省会区域以及周边建成区绿化覆盖水平也较高。上海和杭州在这一方面较弱，处于第三梯队。当前社会比较关心空气质量，从可吸入颗粒物年平均浓度（微克/立方米）来看，安徽大部分地区空气污染仍比较严重，其次是近沪地区，浙江西部和南部是指标情况最好的区域。从污水处理厂集中处理率来看，上海区域、安徽和浙江大多基础都较好，而江苏的水平普遍较低。科创人员分布和内部科创经费使用情况一致性较高，上海是龙头，其次发展较好的是苏北沿海、各省会城市以及周边区域。另外，宁波区域发展也比较突出，达到了省会的水平。

（三）上海等区域中心城市发展空间趋于饱和

以土地城镇化率①为城市土地开发强度②的核心指标，长三角目前各市的开发情况已经普遍较高，比如上海、南京、杭州等区域中心城市，已经超过欧美发达国家类似地区的水平，建设用地已经进入负增长阶段。同时，区域中经济相对不发达的城市的开发强度也已经处于全国较高水平，但土地的利用和产出效率又比较低。

第一，上海城市发展空间已经饱和。上海是长三角一体化发展的核心，未来要进一步提升城市能级，承载上海自贸区、自贸区临港新片区建设，但建设用地总量吃紧、城市发展空间受限严重，这已经成为进一步发展的重要障碍。当前，上海市土地开发强度③已经超过30%，远超长三角平均水平，也已远超巴黎、伦敦、东京等国际大都市的水平。实际上，如果扣除崇明、长兴、横沙三个岛及水域面积，上海市的开发强度更高。在有限的生存空间中，人口规模持续增大，能源资源供给有限，水资源安全保障风险较高，资源环境紧约束的局面已经相当严峻。

第二，长三角城市土地开发强度普遍较高。江苏南京、无锡、苏州、南通、镇江、泰州均已超过10%的水平，其中，无锡的土地开发强度已经超过省会南京。浙江温州、嘉兴也已经超过10%的水平，均超省会杭州。安徽合肥、芜湖、蚌埠、马鞍山、淮北、安庆的土地开发强度也都较高。以无锡为例，其建设用地规模在2015年就接近2020年的总量目标了，发展用地保障支撑困难。同时，从调研中反映

---

① 即一个城市市区范围内城市建设用地与市区土地面积的比值。

② 本节聚焦于城市市区范围内城市建设用地的开放强度及其情况，因此，本节提出的“城市土地开发强度”是一个特定的概念。

③ 城市土地开发强度由作者计算所得，基础数据资料来源于《中国城市统计年鉴》《中国城市建设统计年鉴》以及长三角各城市最新一版城市建设总体规划、土地利用规划。

的具体土地利用情况来看，长三角多市仍有不少土地存在用而不足、产出不高等问题。

（四）与国家其他重要区域战略的联系程度还不够

进入新时代以来，党中央、国务院高度重视区域协调发展和对外开放，先后提出“一带一路”建设、深入推动长江经济带发展、京津冀协同发展示范区建设、粤港澳大湾区建设和长三角一体化发展。但这些战略的相互联系还不够紧密，协同程度不高，尚未形成良性互动的发展格局。

第一，安徽参与“一带一路”建设的程度还不够。长三角东临太平洋，连通五大洲，长期以来都是国际交往的重要区域。从目前来看，上海、江苏、浙江参与“一带一路”建设的情况较好，安徽的参与度还不够高。从比较务实的沿线国家贸易额来看，安徽在长三角地区中还是最低的，跟中部的河南比也存在比较明显的差距。根据国家信息中心发布的《“一带一路”大数据报告（2018）》，上海、浙江、江苏与“一带一路”沿线国家的贸易额位居前五，但也仍有潜力进一步提升。以浙江为例，浙江参与度已连续三年居全国第四，比较东部沿海地区主要省份对沿线国家的出口贸易可以发现，浙江省对沿线国家的出口额（6822 亿元）高于江苏（6459.6 亿元）、上海（3144.9 亿元）和山东（2824 亿元），但只有传统外贸大省广东（10359.3 亿元）的 2/3。

第二，长三角与京津冀、粤港澳协同发展的态势还不明显。从地理区位条件来看，长三角北枕山东半岛连接京津冀，南依海西地区连通粤港澳，具有连接我国南北海岸线的特点，又居于京津冀与粤港澳两大区域中间，理应发挥更大作用。在制度性因素层面，重大区域战略之间的协同发展机制还是新议题，有待完善。实际上，长三角、京津冀和粤港澳虽然所处区域不同，发展情况大有差异，但也有共同点，这些区域都是国内经济发达的典型区域，是人口居住的集中区，也有共同追求高质量发展的目标。在此背景下，缺乏横向交流合作机制既不利于交流分享经验、探讨共同议题，也不利于推进区域战略层面的协同。

第三，长三角融入长江经济带建设的程度还不够高。长江经济带横跨我国东中西部，区域协调难度大，上中下游各板块间资源、环境、交通、产业基础等发展条件差异较大，2018 年，中游、上游地区人均生产总值仅分别为下游的六成和五成左右。黄金水道长江是这一经济带发展的核心依托，但目前围绕其科学利用、合理保护的体制机制还不够完善，也足见推动长江经济带区域协调发展的制度环境还不够完备。从长三角来看，目前其与中上游的联系还不够紧密，缺乏高层次的协调机制，特别是省际沟通协商成本较高，跨部门、跨区域联动协调不够，导致沿江省市在产业分工、水资源开发利用和生态补偿等方面矛盾依然突出，距离对中上游发挥引领带动作用的阶段还比较远。

二、推动长三角空间一体化发展的政策建议

（一）抓紧完善长三角一体化发展规划体系，率先实现国土空间统筹规划管控

长三角一体化要实现高质量发展，顶层设计与各领域专项工作规划都不能缺位，必须坚持统一规划、统一设计、统一部署和多主体参与相结合，尽快构建科学完善、更有前瞻性、覆盖全领域的规划体系，以规划先行推动区域发展。

第一，抓紧完善长三角一体化发展规划体系。加快启动《长三角一体化发展总体规划》《“十四五”时期长三角国民经济和社会发展规划》《长三角国土空间规划》三个支柱性规划的研究编制工作，这三个规划在规划体系中最重要，也是指导各领域专项规划制定的重要文件。同时，在传统的规划制度中，这三个规划通常要由国家发改委、国家自然资源部等部门分别牵头编制，但实际上，这三个规划虽然各有侧重，但也相辅相成。因此，建议长三角在完善顶层设计的工作中，勇于推进规划体制改革，同期协同启动规划的编制工作，以实现更好的效果。在支柱性规划的基础上，还要围绕促进产业合理分工、基础设施互联互通、生态环境共治共保、公共服务均等协调等，编制长三角产业、交通、环境和公共服务等领域的专项规划。

第二，率先实现国土空间统筹规划管制。建立长三角统一、权责清晰、科学高效的国土空间规划体系，进一步落实全国国土空间规划，整体谋划新时代长三角空间开发保护格局，统筹优化生态保护红线、永久基本农田、城镇开发边界和相关海洋保护利用控制线，明确长三角国土空间保护、开发、利用、修复总体战略目标，构建区域协调、城乡融合、陆海统筹、绿色高质量发展的国土空间总体格局。要借助现行的各级土地利用总体规划到2020年即将期满的时间节点，按照自然资源部构建的国土空间规划技术标准要求，推动土地利用规划、城乡规划等空间规划融合为统一的长三角空间规划，实现“多规合一”，初步形成长三角国土空间开发保护“一张图”。

（二）促进区域协调发展，推动空间一体化发展向更高水平和更高质量迈进

实施区域协调发展战略是新时代国家重大战略之一，是贯彻新发

展理念、建设现代化经济体系的重要组成部分。长三角是我国国土空间开发程度最高的区域之一，要在落实国家安全战略、区域协调发展战略和主体功能区战略的基础上，创新跨区域合作协调机制，实现一体化发展，提升国土空间开发保护质量和效率。

第一，加快推动苏北、浙西南、皖西、皖南等相对落后地区的发展。进一步加快徐州建设苏北区域性中心城市，推动城区老工业区转型发展，加快产业升级，全面开展“城市双修”，健全长效发展机制。同时，支持构建以徐州为核心，地跨苏鲁豫皖的徐州都市圈，强化苏州与宿迁、枣庄、济宁、淮北、宿州、商丘等淮海经济区各市的联系，以都市圈建设为主要抓手推动苏北振兴，带动苏中崛起发展，逐步缩小与苏南地区差距。明确浙西南地区以绿色发展为主线的发展思路，充分发挥比较优势，优先补齐交通基础设施建设短板，加快推动浙西南城市城区功能完善，为培育长三角生态、文化等绿色产业集聚打好基础。安徽的加入给长三角区域带来更广的发展空间，要紧抓这一机遇，推动长三角中心区密度过高的人口、产业以及资源要素转移到皖，把安徽打造成长三角的“大腹地”。其中，特别是要借助安徽阜阳市近几年飞跃发展的势头和毗邻郑州大都市区的区位优势，推动皖西北部地区的发展，打造安徽省会之外的另一个新增长极。

第二，促进区域协调发展。坚持和完善对于促进区域协调发展行之有效的机制，根据当前一体化的新情况、新要求，要率先探索长三角中心区域带动周边发展的协调互助机制，落实跨区域产业合作转移、生态补偿等体制机制，不断改革创新，建立更加科学、更加有效的区域协调发展新机制。进一步完善、优化中心区域与周边区域的交通联系，加强长三角中心区域航空机场群与周边机场的联动，优化沿海、沿江港口功能布局，进一步强化苏北、浙江南部、安徽省域相关水道与上海－杭州湾核心港区的合作，以铁路交通为区域交通主要骨架，优化京沪（沪蓉）、沪昆等铁路通道服务能力，加快推进沪通铁路，规划建设沪乍杭铁路、沪杭城际铁路、沪苏湖铁路（新增），深入研究北沿江铁路、沪甬（舟）铁路建设的可行性，形成以上海为中心辐射长三角的轨道干线网络。在交通复航廊道建设中，要特别重点加强省际交通网络建设，进一步完善苏皖、浙皖横向交通廊道的建设。

第三，进一步提高国土空间开发质量。推进长三角国土空间实现高质量发展，关键是要加快形成绿色生产方式和生活方式、推进生态文明建设，改变过去以经济效率和产出衡量空间开发利用水平的观念。要进一步坚持陆海统筹、区域协调、城乡融合，优化国土空间结构和布局，统筹地上地下空间综合利用。还要重视空间开发中的文化要素，尽量延续有特色地域的历史文脉，加强风貌管控，突出不同地域的文化特色。在推动城市更新等空间再开发工作中，要创造机会，坚持上下结合、社会协同，完善公众参与制度，发挥不同领域专家的作用。

（三）推进疏解上海非核心功能，促进长三角都市圈发展，加强城市分工协作

上海是我国四大直辖市之一，是国家重要的经济中心、文化中心、科技中心和国际交往中心，已迈入全球建设水平最高的都市之列。下一步，上海在建设“卓越的全球城市”的同时，还要成为长三角一体化发展的龙头，进一步发挥上海对区域的引领带动作用。南京、杭州、合肥三个省会城市还要进一步发挥区域中心作用，增强辐射带动功能，参照上海以及近沪地区发展经验，早日把省会都市圈做好做实。此外，还要更加重视长三角区域内广大中小城市和小城镇的发展，充

分发挥长三角中小城市发展质量“优”、小城镇经济实力“强”的特点，把加快中小城市发展和小城镇发展作为优化城镇规模结构的主攻方向。

第一，加快疏解上海非核心功能。进一步做强城市核心功能，逐步推动城市非核心功能向长三角区域范围疏解，严格落实城市建设用地总规模负增长的要求，开展城市用地结构优化和用地绩效提升，推进低效工业用地减量化。提高安全、环保、能耗、土地、产出效益等方面的准入标准，加强长三角区域基础设施一体化建设，推动产业发展错位竞争、公共服务资源跨区域优势互补，促进科技、人才、资本、企业在城市之间自由流动、优化配置。疏解中心城过密人口，提高新城、新市镇的人口密度、就业岗位密度。支持上海打造近沪 90 分钟都市圈，推动上海与苏锡常城市群、杭州都市圈以及近沪地区同城化，积极谋划建设“上海大都市圈”。

第二，加强南京、杭州、合肥三大省会都市圈建设。南京都市圈要推动镇江、扬州、淮安、马鞍山、滁州、芜湖、宣城与南京同城化发展，打造长三角高质量发展合作示范区，率先实现轨道交通建设的一体化。杭州都市圈由两省的六座城市组成，包括浙江省的杭州市、湖州市、嘉兴市、绍兴市、衢州市，还包括安徽省的黄山市，这一都市圈要支撑带动长三角南翼发展。杭州都市圈吸引域外成员实现协同发展已有先例，建议开展相关研究论证杭州都市圈加入江西东部城市的可行性。同时，建议加紧编制《杭州都市圈发展规划》，明确都市圈发展的战略定位、发展目标和发展空间布局。合肥都市圈地处我国中部，都市圈内城市发展差距比较大，包括合肥市、淮南市、六安市、滁州市、芜湖市、马鞍山市、蚌埠市。这一都市圈的发展要依托比较优势，加大开发开放力度，打造长三角科技转化、产业转移发展示范区，以健全制造业产业体系并在都市圈内形成合理分工格局为抓手，提升都市圈的要素集聚、科技创新、高端服务能力，带动安徽中部和南部发展。

第三，加快发展中小城市和小城镇。鼓励引导产业项目在资源环境承载力强、发展潜力大的中小城市和县城布局，依托优势资源发展特色产业，夯实产业基础。加强市政基础设施和公共服务设施建设，推动教育医疗等公共资源配置向中小城市和县城倾斜，引导高等学校和职业院校在中小城市布局、优质教育和医疗机构在中小城市设立分支机构，增强集聚要素的吸引力。按照控制数量、提高质量、节约用地、体现特色的要求，推动小城镇发展与疏解大城市中心城区功能相结合、与特色产业发展相结合。大城市周边的重点镇，要加强与城市发展的统筹规划与功能配套，逐步发展成为卫星城。具有特色资源、区位优势的小城镇，要通过规划引导、市场运作，培育成为文化旅游、商贸物流、资源加工、交通枢纽等专业特色镇。

（四）强化与外部区域空间规划的衔接，在更大范围发挥影响力

要进一步发挥长三角“居中”的战略区位优势，同“一带一路”建设、京津冀协同发展、长江经济带发展、粤港澳大湾区建设相互配合，深度融入国家改革开放空间布局。

第一，长三角要打造“一带”和“一路”的交会区。各地要发挥不同作用，核心上海要发挥金融优势，积极推动金融市场双向开放和互联互通，积极推动自贸区金融改革创新，吸引金融机构积极参与“一带一路”建设，加强与“一带一路”沿线国家和地区的金融“纽带”关系，努力成为“一带一路”投融资中心和全球人民币金融服务中心。江苏要发挥“一带一路”交会点的优势，着力推进设施互联互

通，推动中欧班列提质增效，加强江海联动、陆海统筹，着力加强战略节点城市建设，增强支点作用，放大向东开放优势，做好向西开放文章。浙江要打造“一带一路”枢纽，以高水平建设中国（浙江）自由贸易试验区和积极探索建设自由贸易港为龙头，加快推进义甬舟开放大通道建设；以宁波舟山国际枢纽港为核心，加快推进海港、空港、陆港、信息港“四港”融合发展，加强与“一带一路”沿线国家和地区互联互通，打造辐射全球的国际现代物流体系；以先行建设捷克站为支点，谋划布局一批境外系列服务站，充分发挥系列服务站对班列、贸易、制造、物流、信息等方面的综合支撑作用，打造具有浙江特色、服务“一带一路”建设的节点网络。安徽要建成“一带一路”的重要节点，以境外经贸合作区为载体，以重大合作项目为支点，加快推进国际产业合作，大力集聚国际高端产业和创新要素，打造“一带一路”国际科创产业合作高地。

第二，强化与京津冀、粤港澳大湾区合作。长三角位于连接我国南北海岸线的中间区域，要依托“居中”的区位优势与北部京津冀协同发展示范区、南部粤港澳大湾区形成相互配合、良性互动的发展格局。京津冀、粤港澳和长三角承载着我国最先进资源要素的集聚，要瞄准高端领域广泛开展合作，共同推动国家创新能力、科技能力与国家竞争力的提升。探索发展新型合作平台，以京津冀、长三角、粤港澳为发起者，构建一个包含我国所有城市群的“朋友圈”。这个平台也可以考虑邀请日本东京都市圈、法国大巴黎都市圈等加入，以世界城市群和区域共同发展为主题，传递中国影响力，构建一个更大的圈子。

第三，深度融入长江经济带发展。长江三角洲是长江经济带的重要组成部分，是引领长江经济带东中西互动合作的关键地区。要进一步强化长三角沿江港口群与长江中游、上游协同发展，加快上海国际航运中心建设，推动上海航运中心与武汉长江中游航运中心、重庆长江上游航运中心和南京区域性航运物流中心深化合作。

三、对促进长三角一体化发展总体空间布局优化的建议

（一）优化长三角空间发展布局，进一步强化上海的核心作用

本文在梳理长三角区域相关空间规划的基础上，提出进一步优化空间发展布局的设想。一方面是出于完善长三角整体空间布局的考虑，在长三角一体化确定覆盖三省一市范围后，当前长三角城市群发展规划等规划中对空间布局的设计还没有纳入苏北、浙江南部以及安徽大部分地区，这是当前空间方案设计中的主要问题。另一方面是要进一步明确空间发展的结构、层次和重要依托，还要设计一些新型的空间载体，强化长三角对周边区域的辐射能力。因此，本文建议围绕进一步突出上海的龙头地位和提升长三角辐射带动能力，根据不同地区的功能定位、发展基础和资源环境条件，打造不同层次、不同规模、功能复合、能带动周边发展的空间载体，努力构建“一核、一环、四圈、两带、三区”的空间结构，形成分工合理、优势互补、各具特色、整体带动能力强的空间发展格局。

上海是我国的经济中心，在长三角一体化发展中居于核心地位。要按照长三角一体化发展对上海的核心要求，不断提升上海城市能级和核心竞争力，增强国际经济中心、金融中心、贸易中心、航运中心和科技创新中心的核心功能建设。将疏解城市非核心功能与辐射带动其他地区发展相结合，把一些功能转移到近沪地区以及整个长三角，推动区域整体实力提升。上海是长三角的龙头，要主动携手苏浙皖，共同推

动更高质量一体化发展，加强与长三角城市在科技创新、产业发展、园区开发、公共服务等方面的跨区域合作，优化资源配置，推动创新链与产业链深度融合，促进长三角产业链更为高效地一体化布局。

（二）着力打造“上海－南京－合肥－杭州－上海”高质量发展环廊

沪宁合杭是长三角区域经济最发达、科创条件最优越、产业和人口最密集的地区，依托这些优势资源打造高质量发展环廊，在长三角一体化发展过程中具有特殊而重要的作用。这一发展环廊要形成以上海为创新引领高地，以南京、杭州、合肥为“科创－制造”基地的分工格局，形成优势更加突出的科创实力和产业化能力。要率先在这一环廊培育创新发展共同体，释放创新潜力，形成发展合力，以源源不断的创新带动长三角发展。

科技环廊实际上是G60科创走廊的延伸。延伸这一走廊的目的有两个，第一是要加强安徽的参与，这一廊道聚焦以先进制造业为支撑的实体经济，上海在廊道起点位置的科创资源优势明显，但安徽的地位也不应该是廊道的末端，科创环廊也不应该在合肥结束。第二是设想把G60这个平台再扩大，上升为长三角区域战略，在长三角层面统筹规划、共同推进，让其在长三角更高质量一体化发展中有新的更大作为。G60拓为环廊后，更有利于南京、芜湖、宣城等城市加入进来。

（三）加快推动上海大都市圈、南京都市圈、杭州都市圈、合肥都市圈建设

都市圈是长三角内以超大、特大城市或辐射带动功能强的大城市

为中心、以 1 小时通勤圈为基本范围的城镇化空间形态，对带动长三角各区域发展具有重要作用。近年来，长三角上海、南京、杭州、合肥都市圈建设呈现较快发展态势，要进一步巩固这一态势，依托上海、南京、杭州、合肥等城市，建设高水平的都市圈。支持上海与在通勤、产业、人文等方面与其关系紧密的苏州、无锡、南通、宁波、嘉兴、舟山等地区共建上海大都市圈，率先实现同城化。加大杭州都市圈、南京都市圈、合肥都市圈建设力度，以增强都市圈基础设施连接性、贯通性为重点，加快推动都市圈公路和轨道交通网建设。同时，还要以优化都市圈内各城市分工格局为导向，推动上海、南京、杭州、合肥产业结构优化和升级。

（四）增强沿海发展带和沿江发展带的辐射带动能力

长三角横连东西长江经济带的起点，纵贯南北沿海经济带的中间地带，这一独特的“丁”字形江海经济带，辐射引领全国。要进一步发挥长三角独特的区位优势和经济引领作用，加快建设沿海发展带与沿江发展带，进而带动全国的发展。要进一步拓展沿海主轴带辐射功能，依托沿海发展带向北通过山东半岛经济区联动京津冀地区，共同推动环渤海经济区、“三北”地区的发展；向南通过海西经济区对接珠三角，深化长三角与粤港澳大湾区合作，共同创造我国改革开放的新局面。要进一步提升沿江主轴带引领功能，以长江为纽带，推动长江中下游形成优势互补、共同发展的大格局。

（五）培育发展“东北”“西北”“南部”三个合作发展引领区

发挥好长三角对周边地区的带动作用，还要探索跨行政区域合作发展新模式，打造能带动周边发展的空间载体。根据长三角与周边地区在交通、产业、人文等方面的联系状况，建议优先推动苏北、皖北、浙南与长三角毗邻地区跨区域联动发展，强化与鲁南、豫东、闽北的对接，打造长三角“东北”“西北”“南部”三个合作发展区。“东北”合作区包括江苏省徐州市、连云港市和山东省临沂市、日照市等。在长三角地区内要把徐州打造成辐射苏鲁豫皖毗邻区的区域性中心城市，加快培育连云港增长极，吸引鲁南地区融入长三角发展。“西北”合作区包括安徽省阜阳市、亳州市和河南省周口市、商丘市等。长三角要把阜阳打造成皖西北区域性中心城市，加快亳州城市发展，打通长三角与中原城市群联动发展的联系通道。“南部”合作区包括浙江省温州市、丽水市和福建省南平市、宁德市等。长三角要依托衢州、丽水等地区的生态资源优势，突出发展绿色产业，打造本区域参与海西经济区、海上丝绸之路经济带建设的前沿阵地。

四、关于长三角一体化绿色发展西示范区选址的建议

（一）设立长三角一体化绿色发展西示范区的背景

2018 年 11 月 5 日，习近平总书记在首届中国国际进口博览会上宣布支持长江三角洲区域一体化上升为国家战略后，长三角三省一市立即在苏沪浙交界处谋划启动了长三角生态绿色一体化发展示范区的建设。建设这一示范区的重要意义是在长三角一体化区域内树立一个贯彻落实一体化发展的制度样板，进而在长三角三省一市复制推广示范区制度创新成果。但这一示范区缺少安徽省的参与，示范区涉及的沪苏浙三地都是发展较好的地区，很难反映安徽深度融入长三角发展中的一系列一体化问题。示范区建设是推动长三角一体化发展的重要工作，有必要设立一个更能反映整体情况、涉及四方主体的示范区。

这个示范区和合作探索过程中遇到的问题更具有典型性，探索出的合作机制在长三角区域更具有推广复制意义。

（二）在苏浙皖三省交界处设立长三角一体化绿色发展西示范区的建议

在综合考虑区位条件、生态环境、城市土地开发强度和已有跨区域合作等重要因素的基础上，建议在长三角苏浙皖三省交界处再设立一个西示范区，与之前在上海青浦、江苏吴江、浙江嘉善交界处设立的长三角生态绿色一体化发展示范区（我们称之为“东示范区”）形成呼应，分工探索、共同支撑长三角一体化的发展。

西示范区位于长三角一体化区域内部苏浙皖三省交界处，覆盖范围包括安徽省的郎溪县、广德县，江苏省的溧阳市、宜兴市，浙江省的长兴县、安吉县和上海市直接管辖的白茅岭农场（在郎溪县境内），整体规划面积为10117.45平方公里，涉及人口约383.54万（2018年户籍人口）。这一区域涉及沪苏浙皖四方主体，一体化发展面临的问题比较典型。区域内江苏宜兴市、溧阳市和浙江长兴县综合实力较强，浙江安吉县、安徽广德县和郎溪县还处于加快发展的阶段。西示范区建设将在一体规划、协同建设、整体治理等多方面开展工作，实现一体化发展，为长三角提供先行先试经验。

执笔人：孙　轩

专题报告十

长三角生态绿色一体化发展示范区研究

从国际区域发展经验来看，一体化发展是区域发展的高级阶段，是区域经济社会协调发展最显著的形式，是实现区域要素自由流动和资源有效配置的良好形态。其本质要求顺应市场经济规律，破解要素资源流动与行政区划分割的矛盾，提升区域整体发展质量和效率。长三角地区在全国较早进行区域合作，是我国区域协同发展水平最高的地区，不仅具有实现一体化高质量发展的良好条件，更承担着先行先试、率先发展，完善国家改革开放格局的历史责任和重大使命。长三角生态绿色一体化发展示范区（范围包括上海市青浦区、江苏省苏州市吴江区、浙江省嘉兴市嘉善县，以下称为“东示范区”，以对应书中所建议设立的长三角一体化绿色发展西示范区）是《长江三角洲区域一体化发展规划纲要》中提出要重点建设的区域之一。过去一段时间，通过三省一市的共同努力，长三角区域生态绿色发展合作已经逐步从区域布局合作和要素合作阶段，深化至体制机制创新阶段，协同管理体制基本框架逐步完善，制度合作不断加强，有效地解决了一批影响区域生态绿色发展一体化发展的瓶颈问题。面向未来，示范区要结合国家生态文明、绿色发展战略需要，立足长三角一体化发展实际，先行先试，通过完善区域生态绿色治理体系和协同发展机制，消除影响生态资源配置的行政壁垒，构建优势互补、分工合理的发展格局，以率先实现高质量生态绿色发展目标，在国家推进更高起点的深化改革和更高层次的对外开放进程中，发挥引领和示范作用。

一、国家战略背景下长三角生态绿色一体化发展示范区机制创新的战略意义

东示范区机制创新是提升长三角区域一体化发展治理体系和治理能力现代化水平的先导性举措，对长三角乃至全国践行绿色发展理念、构建现代化经济体系、推进更高起点深化改革和更高层次对外开放等有着重大战略和现实意义。

（一）树立贯彻落实绿色发展理念的制度典范

长三角区域一体化的规划站位高、起点高、要求高，必然要求东示范区以更高标准、更宏大视野来审视机制创新，以更科学规划、更强力度来推进制度建设。根据《长江三角洲区域一体化发展规划纲要》，东示范区最终要形成包括生态环境联防共治机制、生态保护补偿机制、生态产品及权益价值实现的市场化机制、自然资源资产统计核算和生态环境监测机制等在内的完整制度体系。这一整体性、系统性、集成性较强的制度体系将为东示范区全面贯彻落实绿色发展理念提供强大制度保障，将率先把生态优势转化为社会经济发展优势，产生强大的经济社会效益，进一步带动东示范区及长三角全域经济社会高质量全面发展。东示范区以深入贯彻绿色发展理念为导向的机制创新，必将以其系统性、前瞻性、有效性、先进性为全国树立相应制度典范。

（二）积累推进区域协调发展的制度建设经验

跨苏浙沪一体化发展的东示范区建设，要按照新发展理念，通过重要领域和关键环节的机制创新，着力破解束缚区域协调发展的制度障碍。可以预见，东示范区必将加大改革创新力度，探索跨界地区的要素流动和地区合作的新型治理模式，探索区域协调发展和一体化分工、合作和协同机制的落地性，探索从区域项目协同走向区域一体化的机制创新。通过推动全面机制创新集中落实、率先突破、系统集成，促进区域共享发展和共同繁荣，提升人民福祉，提高经济社会发展质量和区域整体竞争力，充分显现一体化机制创新带来的巨大合作红利和重大发展成效，加快形成可实施有成效、可复制可推广的先进经验，而后率先在长三角全域推广复制，进而形成可以影响全国的新型区域发展协调机制。

（三）提供完善长三角一体化治理体系的范本

当前，长三角一体化发展的现代化治理体系还在研究探索阶段，跨界地区的规划管理、资源环境、公共服务、要素流动等不协调及相关机制掣肘等问题还普遍存在。为此，依据《长江三角洲区域一体化发展规划纲要》精神，东示范区机制创新将坚持问题导向，按照成本共担、利益共享原则，坚持以市场化为主导，制定和设计市场统一开放、规划协调有序、发展功能协同互补、设施服务共建共享、生态环境联防共治的区域协调发展新机制。同时，从中央和地方事权关系调整、地方合作平台机制的规范和制度化、鼓励市场主体和公众参与等多层面、多维度，不断尝试，不断完善，确保区域协调机制改革举措横向到边、纵向到底，最大限度放大改革创新合作红利，探索一条上下联动、整体推进的全面改革创新之路和新型区域治理体系，使之能够有效推动跨界分工、合作、协同和共享，实现发展要素可以自由流动、产业和经济有序分工、开发和保护空间得当、社会公平公正、人民共享发展成果的目标。这些机制改革和创新尝试将为长三角一体化完善治理体系、提升现代化治理能力提供制度供给方面的参考和样本。

（四）成为深化长三角全面改革与创新的引领

区域一体化的本质是推动整个区域范围内的人流、物流、资金流、技术流与信息流等要素的双向顺畅流动。这需要加大机制改革创新力度，以制度创新保障资源要素流通渠道畅通。因此，东示范区必然要在涉及规划管理、土地管理、投资管理、要素流动、财税风险、公共服务等方面成为跨区域制度创新和机制突破的“样板间”。此外，还要在东示范区内形成一系列跨区域、一体化的全国范围内没有先例的新体制机制。以机制创新带动制度创新，以制度创新带动全面创新，以全面创新将改革与创新不断引向深入。

（五）形成与上海自贸区新片区机制创新的共振

东示范区与上海自贸区新片区有异曲同工之处，两者在很大程度上都承担着探索深化机制改革、扩大开放的任务。设立东示范区与增设上海自贸区新片区，主要出于让两个示范区分别探索对内和对外高质量一体化发展制度经验的考虑。一方面，上海自贸区新片区不仅涉及开放问题，还涉及深化机制改革的问题，东示范区内探索出的机制改革经验可以复制推广至上海自贸区新片区。另一方面，东示范区的核心是解决对内开放的问题，但在发展上也存在吸引国际资源等对外开放问题。上海自贸区新片区探索出的机制创新经验，也能够为东示范区的机制创新提供可借鉴之处。二者在机制创新上的相互促进、相互借鉴，可以为上海和长三角区域的一体化发展构建起“两翼齐飞”的驱动格局。

二、我国跨区域生态治理机制的历史演变与发展态势

生态文明建设是中国特色社会主义事业的重要内容，关系人民福祉和民族未来，更关乎“两个一百年”奋斗目标和中华民族伟大复兴中国梦的实现。进入新时代以来，党中央、国务院高度重视生态文明建设，尤其重视区域协调发展战略大背景下的跨区域生态治理机制建设。据此，研究梳理我国跨区域生态治理机制的历史演变特征和研判其发展趋势显得重要而迫切。

（一）我国跨区域生态治理机制的历史演变

跨区域生态治理实质是通过区域间协作实现生态资源区域共享。从我国跨区域生态治理机制演进轨迹来看，其大致经历了三个阶段。

1. 地方分治阶段

改革开放之初，随着中国计划经济向市场经济的逐步转轨，国民经济取得快速发展。但只关注显性 GDP 快速增长的发展方式带来生态环境的逐步恶化。区域生态治理理念缺失，引致区域政府治理机制建设的低效化和滞后性，形成传统的“地方分治”单一治理模式。在此模式下，区域生态治理问题与“封闭式”的行政区生态治理模式的内在逻辑冲突使区域生态处于治理上的“盲区”，生态环境治理的整体性被忽视，存在诸多由“部门分散、地方分割”造成的“碎片化”低效治理问题。随着生态环境治理需求的快速升级和生态文明建设步伐

的加快，有关各方开始寻求有效的良性合作，逐步建立起区域内政府间协同治理的横向协调机制，共同应对生态环境治理的“整体性”问题。

2. 府际合治阶段

整体性是人类与生态环境、自然资源之间关系的最基本的属性，生态环境的整体性和环境治理的复杂性使区域生态环境问题演化成超出单一行政区、单一政府治理意愿和能力的问题。这形成倒逼机制，要求在政府治理价值导向和治理效率提升上寻求新的突破。党的十七大报告中关于坚持节约资源和保护环境的重要精神，昭示着必须形成纵横向政府间生态治理必要性和紧迫性的认知同一性，为实现区域生态治理中的政府间的合作奠定价值基础。随着生态治理从“碎片化”到“整体性”运行结构机制的转向，府际共治的生态治理机制逐步形成，政府间区域生态治理意愿逐步提升，政府间的生态治理能力逐渐优化组合并升级，实现了纵横向政府间生态治理机制上的“集体行动”。但从纵横向府际利益博弈来看，政府部门的条块分割、部门壁垒，制约了环境治理的部门协作和环保政策的有效执行。再者，由于缺乏良好的信息沟通机制和收益投入分配机制等，出现了一些“不合作”和“搭便车”的机会主义行为，很难在短期内构建长效、稳定的机制来改变区域生态治理上政府间博弈的收益结构。从整体来看，府际合作的跨区域生态治理绩效相对于传统的地方分治有所提高，但整体治理绩效与预期还有一定差距。

3. 多元共治阶段

党的十八届三中全会提出实施资源有偿使用制度和生态补偿制度。党的十九大强调建立市场化、多元化的生态补偿机制，构建以政府为主导、以企业为主体、社会组织和公众共同参与的环境治理体系。

这要求完善生态补偿机制过程中要重视市场化、多元化的特征，充分发挥市场机制的作用。随着府际共治模式的跨区域生态治理机制的推进，在整体治理效率小幅提升的同时，纵横向不同政府层级间出现了“讨价还价”和“代理违背”的合作困境，府际共治的低效率逐渐显现，客观上需要一种更高层次的治理机制来替代。政府单一治理主体能力的有限性和生态治理任务的紧迫性推动治理向政府、市场、社会三元框架下转型，实现创新政府、市场、社会共治的生态治理体系结构价值取向的重大转变。事实上，区域生态环境治理的核心是环境利益，政府、社会、企业和公众的多元参与共治是实现最大限度的普惠性与共享性的有力保障。

（二）我国跨区域生态治理机制的发展态势

当前，我国跨区域生态治理机制呈现深入推进协同共治和持续创新的新态势。跨区域生态治理机制是区域协调发展机制建设的重要组成部分，两者目标方向是一致的。2018 年 11 月 18 日，中共中央、国务院《关于建立更加有效的区域协调发展新机制的意见》指出，到 2020 年建立与全面建成小康社会相适应的区域协调发展新机制。到 2035 年建立与基本实现现代化相适应的区域协调发展新机制。到 21 世纪中叶，建立与全面建成社会主义现代化强国相适应的区域协调发展新机制。毋庸讳言，这也是今后我国跨区域生态治理机制建设的基本遵循。从跨区域生态治理机制发展趋势上看，未来跨区域生态治理机制建设，应以习近平新时代中国特色社会主义思想为指导，贯彻落实新发展理念，在治理结构上体现政府主导下的多元共治，充分利用市场机制的调节作用，实现生态资源的合理配置，积极鼓励企业、公众参与和社会监督，充分利用现代数字化、智能化技术支撑生态治理的发展，逐步建立起政府、市场、社会等主体相互协调、政策措施步调一致、体制机制运行完善的生态治理体系，形成多元协同共治的跨区域生态治理机制建设基本格局，持续创新治理机制，不断提升国家生态治理能力现代化水平。

三、示范区机制创新的主要问题

示范区是在实践层面，探索建立适合中国国情的跨行政区域生态一体化机制，是实现区域生态共建共治共享的一种尝试。在国家大力推进长三角一体化的背景下，示范区机制创新取得了一些成果，但还处于起步阶段，距离其“一体化机制试验田”的定位还有一定差距。

（一）生态环保联防联控机制不完善

一方面，生态环境协同治理机制不完善。尽管示范区已经建立了三地座谈会、洽谈会等横向府际协商合作机制，但仍然缺乏契约机制和监管惩戒机制，“政出多门”“多头管理”等问题仍然存在，导致区域生态环境治理呈现较明显的“纵向分级、横向分散”的碎片化特征。以区域内流经青浦、吴江和嘉善三地的太浦河流域的治理为例，由于管理部门的多元分散，使得太浦河流域上下游、干支流、左右岸的生态环境治理统筹谋划不足，出现了上游水污染排放导致下游的水环境质量下降、生态空间功能相互干扰等问题。同时，由于缺乏生态环保智能监控、监测“一张网”机制，未能实现各地区环保监测、监控的信息联网、技术联网、平台联网，导致生态环保信息互联互通不足。另一方面，生态成本激励收益机制不完善。示范区还未能形成有效的生态损害者赔偿、受益者付费、保护者得到合理补偿的运行机制。

区域生态环境补偿的资金来源、重点领域、补偿方式、补偿标准等规定还未统一。

（二）绿色协同增长机制不健全

一方面，产业绿色化发展机制不完善。从产业结构看，2019 年，东示范区内青浦、嘉善、吴江三地的三次产业比例分别为 0.8∶43.6∶55.6、3.9∶55∶41.1、2.2∶51.3∶46.5。其中，青浦的第三产业占比较高，而嘉善、吴江的第二产业占比较高。同时，三地产业的同质化问题比较明显，互补性不强（见表 1）。这为三地建立产业结构、体量、布局等方面的耦合机制增加了难度，同时部分工业企业在不断趋严的减排指标约束下，减排潜力明显收缩。值得注意的是，示范区在绿色科技战略协同、平台共享、人才共用、成果对接等方面存在政策盲点和供给不足，距离科技创新共同体的目标仍有较大差距，区域绿色创新链与产业链的协同性依然不足。另一方面，绿色产业化发展机制不完善。示范区还未建立跨行政区域统一的自然资源资产产权、生态空间规划与开发保护、资源公平交易和有偿使用等制度，导致绿色发展价格信号不能有效反映资源稀缺程度和供需变化，绿色产品、服务及消费不能形成良性循环。此外，示范区在金融领域探索符合绿色实体经济发展特点和需求的投融资机制、交易机制不足，不能有效发挥金融市场对绿色产业强有力的支持作用。

表 1　青浦、嘉善和吴江三地的主导产业

地　区	主导产业
青　浦	物流产业、文旅健康产业、汽车零部件制造产业、民用航空产业
嘉　善	互联网产业、影视产业、医疗器械产业、汽车零部件制造产业
吴　江	丝绸纺织产业、电子资讯产业、装备制造产业、光电缆产业

（三）生态绿色一体化发展的保障机制不完备

一方面，生态绿色发展投入成本分担和利益共享瓶颈依然存在。示范区内各地政府在涉及生态绿色发展的基础设施、产业项目等领域的成本和收益方面，各自为政、区际分割现象仍然严重，缺乏一体化的统计、核算、评价机制。另一方面，跨行政区域生态绿色多元共治机制还未建立。在生态绿色一体化发展实践中，更多依靠政府力量进行行政干预，未能有效吸收社会组织、企业、个人等各类主体积极参与到示范区绿色发展治理体系中来，非政府主体的灵活性特点没有得到充分发挥。

四、以机制创新引领示范区建设的建议

进一步加强示范区建设，关键要以生态绿色为着力点，以机制创新为突破口，围绕创新生态环保协同机制、生态环保约束和激励机制、绿色产业发展机制、绿色金融发展机制、生态绿色一体化发展保障机制，破解阻碍区域一体化发展的行政壁垒，推动共商共建共管共享，率先实现高质量生态绿色发展和现代化建设目标，在国家深化更高起点的生态文明制度改革、推动更高层次的绿色发展进程中发挥引领和示范作用。

（一）创新生态环保协同机制

以区域内共同流经上海青浦、江苏吴江和浙江嘉善三地的太浦河流域为例，由于管理部门的多元分散，使得流域上下游、左右岸生态环境治理仍存在统筹谋划不足的问题，影响治理效果的长期稳定。同时，生态环保联防联治科技支撑不够，经常导致相关信息、资源互联互通不足，降低了协同执法效率。因此，进一步创新生态环保协同机制，要加快健全跨行政区联合领导组织体系，建立契约性协调合作机

制，统一编制“十四五”生态环保整体规划和分类规划，以规划为统领，统筹创新生态环保跨区域联防联治决策、执行、监督和制衡机制。注重运用卫星遥感、大数据、物联网等高科技手段，建立多要素、多介质动态监控和全覆盖、高精度的生态环境立体化监控“一张网、一平台”，实现示范区各管理部门间信息资源共享互通，为跨行政区域联合协同环保执法奠定基础。

（二）创新生态环保约束和激励机制

有效的生态损害者赔偿、受益者付费、保护者补偿的约束激励机制是实现生态绿色发展的关键环节。要进一步创新区域生态环保约束和激励机制，要加快建立统一的环保负面清单制度和企业环保征信制度，加大对违法主体的处罚力度，提高其违法成本。同时，构建有效的跨行政区生态补偿制度，探索包括技术补偿、税收补偿、异地开发补偿等提供发展权项目的补偿形式，推动形成“共抓大保护”的生态治理格局，通过协同治理实现协同发展。

（三）创新绿色产业发展机制

进一步创新绿色产业发展机制，需要坚持“改旧”和“育新”两手抓，依托长三角丰富的创新资源优势，建立跨行政区绿色科技项目、人才、平台等创新资源共建共享机制，构建绿色创新共同体，推动绿色创新链和绿色产业链融合发展。探索建立长三角绿色技术交易市场、苏浙沪重点高校联合实验室、国家绿色科技成果转化基地、以绿色科技创新企业为核心的长三角绿色产业创新联盟等平台，推动绿色创新链与绿色产业链精准对接。采用绿色技术、绿色工艺加快传统产业升级改造，以区块链、人工智能、大数据等新技术、新产业为绿色经济高质量发展注入新动能，培育节能环保、生态治理、绿色能源、绿色材料、绿色科技服务等新业态，发展创新型绿色产业集群。

（四）创新绿色金融发展机制

绿色金融能够利用市场化机制，实现跨行政区的绿色资本配置、绿色资本供给以及环境和社会风险管理，是促进生态绿色一体化发展的重要方式。示范区推动生态绿色一体化发展，需要进一步创新绿色金融发展机制，探索建立绿色信贷、绿色债券、绿色保险和自然资源产权交易市场，鼓励大型商业银行在示范区率先开展绿色产品和服务业务。发展以排污权为代表的环境权益抵质押市场渠道，推行以碳交易为特色的创新型融资模式。强化绿色信用体系建设，制定绿色金融统计标准，建立绿色金融全链条的环境信息披露机制，便利投资者和金融机构有效识别绿色项目和融资主体并对绿色项目进行合理定价，从而吸引更多的社会资金投入绿色项目。筹划建立绿色发展政策性投资银行，为跨行政区重大节能环保、清洁能源、绿色交通、绿色建筑等工程项目投融资、运营、风险管理等提供金融服务。发展多层次风险资本市场，构建一体化绿色金融服务网络，为绿色企业提供融资支持。探索建立“生态绿色一体化发展平衡基金”，用以实现一体化绿色发展中的奖惩机制和弥补重大投资不足等问题。

（五）创新生态绿色一体化发展保障机制

效益共享和多元参与是生态绿色一体化发展的重要保障。目前，示范区生态绿色基础设施、产业项目等领域的成本和收益的区际分割现象仍然严重，尚缺乏一体化的统计、核算、评价机制。在生态绿色一体化发展实践中，更多依赖政府行政干预，未能有效吸收社会组织、企业、个人等各类主体积极参与治理。因此，要创新示范区生态绿色发展的成本共担与效益共享机制，在涉及示范区跨行政区生态绿色基础设施建设、公共服务提供、产业项目转移等领域，按照未来收益分享的估算构建收益分配和投入成本分担机制。立足区域生态绿色发展整体，以示范区为基本空间单元，将中央和省级的转移支付、重要项目审评和布局与示范区生态绿色发展整体绩效挂钩，再将整体绩效与政府及主要领导的考核问责挂钩。建立统一的考核评价标准与程序，并把考核结果作为干部奖惩任免的重要依据，让生态绿色发展绩效考核由“软约束”变成“硬杠杆”。同时，充分吸纳生态环保非营利组织、私营部门和社会公众参与示范区生态环境协同治理，完善政府购买社会组织生态环保服务体系，用灵活的横向治理网络替代单一的政府管理模式。

执笔人：赵　峥　王炳文

专题报告十一

关于构建长三角一体化绿色发展西示范区的建议

一、设立长三角一体化绿色发展西示范区的基本设想

长三角涵盖三省一市，区内各地发展水平不一、经济社会联系紧密程度有异。一体化发展需要依托一些特殊地理单元，有重点地率先加以试验、做出示范。相关规划已提出在上海青浦、江苏吴江、浙江嘉善设立“长三角生态绿色一体化发展示范区”（以下简称“东示范区”），面积约 2300 平方公里，其目标是在严格保护生态环境的前提下，率先探索将生态优势转化为经济社会发展优势、从项目协同走向区域一体化制度创新，打破行政边界，不改变现行的行政隶属关系，实现共商共建共管共享共赢，为长三角区域一体化发展探索路径和提供示范。

我们在实地调研的基础上，建议在苏浙皖三省交界处设立长三角一体化绿色发展西示范区（以下简称“西示范区”），范围包括安徽省宣城市下辖的郎溪县、广德县，江苏省常州市代管的溧阳市、无锡市下辖的宜兴市，浙江省湖州市下辖的长兴县、安吉县以及郎溪县境内由上海市管辖的白茅岭农场，面积约 1 万平方公里，人口约 384 万

（2018 年户籍人口）。西示范区具有独特的地理区位和发展条件，围绕率先实现一体化绿色发展进行体制机制创新，能够与东示范区形成各有侧重、东西呼应的格局，有助于加快长三角一体化高质量发展的进程。

二、设立西示范区具有重要意义

（一）西示范区涉及沪苏浙皖四方，区域一体化发展示范探索遇到的问题更具代表性、典型性

东示范区的规划范围只涉及上海市、江苏省和浙江省三地，缺少安徽省的参与。但从人口来看，安徽省人口占长三角三省一市总人口的 37% 左右；从发展势头来看，安徽省也是长三角地区近年来经济增长速度最快的地区；从发展潜力来看，安徽省的居民人均收入、城镇化率等还明显低于江、浙、沪，这意味着其未来发展空间巨大，因此，安徽是长三角区域一体化发展不可缺席的重要成员。设立西示范区，有助于充分发挥安徽省的优势，更好地调动安徽省的积极性，构造长三角区域一体化发展的最大同心圆。另外，东示范区涉及的三地发展水平相近，与此不同，西示范区涉及的地方经济社会发展水平差异更大。2018 年，西示范区内的宜兴市人均地区生产总值高达 13.7 万元，而同处该示范区内的郎溪县、广德县人均地区生产总值仅分别为 4.3 万元和 5.2 万元。设立西示范区，有助于探索在发展水平差异较大的区域实现一体化发展的经验和路径。

（二）西示范区在绿色发展方面有不少积极探索和成功经验

西示范区所在区域紧邻太湖，是太湖流域乃至整个长三角核心地带的重要生态涵养区和生态屏障。这一地区在绿色发展方面有不少积

极探索和成功经验，其中的典型代表就是安吉县。改革开放后，长期作为浙江省贫困县之一的安吉县，为了摆脱贫困选择了“工业强县”之路，建起了石灰窑、砖厂、水泥厂等一批工业企业。虽然在一段时期内经济快速增长，但生态环境破坏严重。1998 年安吉县被国务院列为太湖水污染治理重点区域。进入 21 世纪，安吉县确立了“生态立县”的新发展战略，坚持推动产业与生态融合发展，经过十多年的时间安吉从省级贫困县跻身为全国百强县。党的十八大以来，随着新发展理念的确立，安吉县的绿色发展经验受到全国各地的更大关注，成为绿色发展的标志性样本。因此，在西示范区进行一体化绿色发展探索，对于全国其他区域探索一体化绿色发展必将产生强大的示范作用。

（三）建设西示范区有助于进一步推动长三角核心地区的平衡发展

从空间布局来看，长三角核心区有三条重要的发展轴带，分别是由上海经苏锡常往南京方向的沪宁发展轴带、由上海往杭州方向的沪杭发展轴带以及连接南京与杭州的宁杭发展轴带。这三条发展轴带构成了以太湖为中心的“黄金三角”经济区。目前，沪宁、沪杭两条轴带沿线区域的合作发展已有较好基础，而宁杭轴带沿线区域的合作发展相对不足。与沪宁、沪杭两条轴带沿线区域均匀布局、均衡发展的空间格局不同，宁杭发展轴带目前总体呈现“两头强、中间弱”的特点，南京、杭州两大区域中心城市较为发达，但发展轴带中间缺乏发达城镇的支撑。从空间位置来看，西示范区位于宁杭发展轴带的中间位置，支持这一地区加快探索区域一体化发展的新机制、新模式，能够对宁杭发展轴带形成有力支撑，补足长三角核心区的短板。

三、西示范区各地开展区域一体化合作具备良好条件

西示范区各地地理相连、人文相通，产业发展各有所长，合作空间较大，在跨行政区域合作方面进行了探索，打造一体化绿色发展示范区的条件基本具备。

（一）西示范区具有优良的生态环境和丰富的人文资源，建设一体化绿色发展示范区有基础也有空间

西示范区东邻太湖，生态本底条件优越，环境美丽宜居，区域内名山、河湖、湿地、竹乡、古生态等生态环境资源富集，森林覆盖率高达37.6%。郎溪县是国家生态县、国家现代农业示范区，广德县是全国绿化模范县、国家园林县城，宜兴市是全国文明城市、全国绿色发展百强县，溧阳市是国家园林城市、国家生态文明建设示范市县，长兴县是国家卫生县城、国家园林城市，安吉县是国家生态文明建设示范市县、全国绿色发展百强县。西示范区人文底蕴厚重，是我国书画文化、蚕丝文化、茶文化、竹文化、园林文化等江南文化的重要发祥地。西示范区内各地还有较强的差异性和互补性，既有宜兴、溧阳、长兴这类产业基础好、经济实力强的全国百强县，也有广德、郎溪这类要素成本低、发展潜力大、正处于快速增长期的后发县；既有白茅岭这类探索“飞地”经济等跨区域合作共建新模式的先行者，也有安吉这类在实践新发展理念方面具有引领示范意义的标杆县。这些条件使西示范区推动一体化绿色发展具有了良好起点。

（二）西示范区各地具有密切的经济社会联系，已经开展不少跨行政区域的务实合作

宣城市的省级以上开发区均与沪、苏、浙园区签订了共建协议，郎溪开发区的无锡工业园、常州工业园，广德承接产业转移的相关园区正在加快建设。2018年，宣城市从外部引资885亿元，有80%左右来自苏浙沪，全市与苏浙沪高校院所对接产学研用项目121项，占全部项目数量的45%。宣城与上海市在高新产业方面的合作尤其成功，目前国内最大的上汽通用汽车广德试验场、上海航天局的“603”基地就在宣城。湖州与无锡在太湖治理等区域生态治理方面已有长期合作。溧阳、郎溪、广德三地在教育、医保、就业等公共服务共享发展方面也开展了合作。这些合作所形成的经验将为西示范区一体化绿色发展提供借鉴。

（三）西示范区区域合作具有政策基础，相关方面热切期盼深化区域合作

2010年国务院批复实施的《长江三角洲地区区域规划》以及2013年国家发展改革委印发实施的《苏南现代化建设示范区规划》都明确提出大力建设宁杭发展带。2016年长三角地区主要领导座谈会就提出“打造宁杭生态经济发展带”的设想。2019年3月相关地市签署了《共建宁杭生态经济带行动倡议》。2016年，溧阳与郎溪、广德签署了《关于共建“苏皖合作示范区”的框架协议》，编制了《苏皖合作示范区发展规划》。2018年全国两会期间，溧阳市市长联合两省多位全国人大代表共同提交建议，将《苏皖合作示范区发展规划》上升为国家级规划。各方对于深化区域合作的期盼和积极性将为西示范区实现一体化绿色发展提供动力。

四、西示范区建设重在打造践行绿色发展理念的全国标杆

西示范区的合作发展虽已有一定基础，但这些合作层次较低，难以克服行政分割的掣肘，协同发展的效应未能充分实现。区域合作面临的突出制约，一是空间规划不对接，基础设施不衔接，土地空间功能相互干扰，缺乏对生态保护区的共保机制，环境邻避影响事件时有发生；二是公共服务共建共享程度不高，食品安全、社会治安、渣土车管理、垃圾倾倒等社会治理事务难以跨界联动执法，各地社会保障标准差异大，共享难度比较大；三是水资源利用和环境污染问题交互影响，环境方面的矛盾和纠纷较多，江河湖水资源量的跨地区分配利益机制和饮用水水源地及清水通道的跨地区保护机制亟待完善；四是资本、技术、信息等发展要素的流动依然不够顺畅，产业发展缺乏融合对接，投融资管理自成体系，财税共享机制缺乏或不完善。设立西示范区的出发点，是解决这一区域一体化发展面临的突出问题，形成区域发展的整体优势；更重要的是探索区域一体化发展的一般经验，为更大范围内的一体化发展提供参考。

（一）西示范区的总体目标和功能定位

西示范区建设的总目标是打造践行绿色发展理念的全国标杆，其具体定位是建成苏浙皖毗邻地区一体化发展新机制探索的先行区，宁杭生态发展带的重要支撑区，长三角核心地带的重要生态涵养区，彰显江南山水文化和美丽城乡的示范区。

（二）西示范区建设的重点内容

实施重大生态工程，打造宁杭生态发展带的重要支撑区。在完善

以宁杭通道为轴带的区域综合交通网络的基础上，沿着水运、公路、铁路等交通干线一体规划建设“宁杭生态走廊”，形成串联宁杭生态经济发展带的绿道网络，联合共建跨省域的“苏浙皖国家级森林公园”。实施生态治理工程。借鉴新安江流域跨省流域生态补偿试点经验，推动宁杭沿线地区中小城市开展生态合作，设立生态发展基金，构建有约束、有保障的长效生态补偿机制。

打造跨区域创新发展合作联盟，环太湖绿色创新合作示范带。利用宁杭沿线地区的国家级、省级创新平台，结合西示范区已有基础的特色产业，切实提升高新技术产业集群的创新能力。支持环太湖流域的高校、科研院所、企业、地方政府等组建创新联盟，整合环太湖地区创新资源，集聚创新人才，增强创新政策和制度设计的统筹性、协调性。瞄准宁杭沿线先进制造产业开展科技创新，逐步形成与沪宁、沪杭发展带相呼应的宁杭创新带。

依托生态宜居优势，打造长三角绿色城镇示范带。宁杭沿线地区拥有一批极具发展潜力的中小城市和众多各具特色的小镇，要充分利用宁杭沿线地区优越的自然环境，规划建设“国家全域旅游示范区”，把宁杭沿线地区的景点串联起来发展“风景经济”，提升中小城市的生态品质。利用溧阳、宜兴的优质山水资源，发展养老养生健康产业，发展休闲度假旅游、都市农业、观光农业，建设面向长三角乃至全国的养老养生基地。做大做强带有江南文化标识的历史经典产业和文化产业，挖掘宜兴紫砂等具有浓厚江南文化标识的资源，借助现代设计和传播手段加以改良、提升、创新，在历史经典产业资源的“复活”中焕发城市的文化生命力。

对标国际潮流，打造可持续发展城市示范带。构建可持续的生产模式和经济体系，推广可持续的消费方式和生活方式；探索可持续利用土地和自然资源的体系，保护生态系统、生物多样性；研究可持续地利用文化遗产的途径，保护传统文化、知识、技艺，突出其在城市发展中的作用；完善可持续的基础设施和基本公共服务体系，让城乡居民普惠、均等地享受城市发展进步的果实。借助云计算、大数据、物联网、移动互联网等新兴手段，构建城市公共安全数据分析系统、即时响应处置机制，建立全方位、立体化城市公共安全网。

（三）西示范区一体化发展的体制创新举措

建设西示范区，必须结合区域资源禀赋条件，围绕一体化绿色发展，重点从绿色经济发展模式、生态文明建设体制机制、区域协调发展体制机制等方面开展探索实践。

1. 探索建立统一编制、联合报批、共同实施的规划管理体制

建立统一的国土空间规划体系。构建一体化示范区统一的“总体规划－单元规划－详细规划”三级国土空间规划体系，统一基础底板和用地分类，统一规划基期和规划期限，统一规划目标和核心指标。一体化示范区国土空间规划和各类专项规划由三省一市共同组织编制、共同报批、联合印发；控详规由一体化示范区开发建设管理机构会同相关市县共同编制。逐级落实划定生态保护红线、永久基本农田保护线、城镇开发边界和文化保护控制线，制定细化、可操作的国土空间用途管制规则，实施分级分类用途管制，建立覆盖一体化示范区全域的“四线”管控体系。

2. 探索统一的生态环境保护制度

加快建立统一的饮用水水源保护和主要水体生态管控制度。制定

实施一体化示范区饮用水水源保护法规，明确管控范围、管控标准和管控措施，探索建立原水联动及水资源应急供应机制，加强湖泊上游源头涵养保护和水土保持。建立生态环境统一标准、统一监测监控体系、统一环境监管执法的“三统一”制度，在统一的生态环境目标下，以共建共享、受益者补偿和损害者赔偿为原则，探索建立多元化生态补偿机制。建立吸引社会资本投入生态环境保护的市场化机制，规范运用政府和社会资本合作模式。支持金融机构和企业发行绿色债券，探索绿色信贷资产证券化。

3. 探索促进各类要素跨区域自由流动的制度安排

建立统一的建设用地指标管理机制和存量土地盘活机制。三省一市依据国民经济和社会发展规划、国土空间规划等研究制订一体化示范区年度用地计划，由示范区开发建设管理机构负责统筹安排使用。统一企业登记标准，示范区内企业登记在政策条件、程序方式和服务措施等方面执行统一的标准规范，统一跨区域迁移的登记注册条件和程序，建立一体化示范区内企业自由选择注册地、自由迁移服务机制。推行人才资质互认共享，在一体化示范区推行专业技术人员职业资格、继续教育证书、外国人工作许可证跨区域同行业认证、人力资源市场服务人员资质认证等互认互准制度。打破户籍、身份、学历、人事关系等制约，促进人才合理流动。

4. 探索共建共享的公共服务政策

加强区域基本公共服务标准和制度衔接。以国家基本公共服务项目清单及三省一市清单为基础，加强清单内项目、标准、制度的对接和统筹，结合清单动态调整，选取若干项目试点实行统一标准。探索部分基本公共服务项目财政支出跨区域结转机制。促进基本公共服务城乡标准水平统一衔接和可持续，创新农村基础设施和公共服务设施决策、投入、建设和运行管护机制。探索区域公共服务便捷共享的制度安排。实行不受行政区划和户籍身份限制的公共服务政策。推进实施统一的基本医疗保险政策，逐步实现药品目录、诊疗项目和医疗服务设施目录的统一。探索组建跨区域医疗联合体，建立居民就医绿色通道。完善医保异地结算机制，开展异地就医急诊、门诊医疗费用直接结算试点。鼓励优秀品牌养老服务机构在一体化示范区布局设点或托管经营，探索试点跨行政区养老服务补贴异地结算。探索以社会保障卡为载体建立居民服务“一卡通”，在交通出行、旅游观光、文化体验等方面率先实现“同城待遇”。

5. 探索跨区域投入共担、利益共享的财税分享管理制度

推动税收征管一体化。推进电子税务局一体化建设，实现办税服务平台数据交互，探索异地办税、区域通办。探索创新财税分享机制。建立三省一市财政共同投入机制，共同出资设立一体化示范区投资开发基金，统筹用于一体化示范区开发建设。结合建设进程逐步探索财税分享机制，研究对新设企业形成的税收增量属地方收入部分实行跨地区分享，分享比例按确定期限根据因素变化进行调整。

（四）西示范区建设需要国家给予一定支持

一是在国家编制的长三角区域一体化发展规划纲要中，明确提出西示范区的建设和发展设想，提高西示范区的战略地位。二是支持西示范区进行一体化绿色发展方面的体制机制创新，包括示范区统一编制相关规划、GDP 核算分计和财税分享机制创新、基本公共服务共享、土地指标跨区域流转、生态环境统一监管和联防联治等。三是对西示范区编制合作发展专项规划、探索合作机制等方面给予具体指导。四是对西示范区内的基础设施建设给予政策和资金支持。五是鼓励政策性金融机构和相关基金支持西示范区的开发建设。

执笔人：马建堂　侯永志　贾　珅　孙　轩

专题报告十二

以强化协同更好地发挥上海大都市圈的引领作用

在长三角一体化上升为国家战略的背景下，上海大都市圈作为长三角地区经济社会功能的核心引擎，更需要聚焦发挥特大城市的辐射带动作用，在更大范围内承载国家战略和要求，从多维度构建更高质量一体化的上海大都市圈目标愿景，发挥上海的区域“强核”功能，推动长三角一体化向纵深发展。

一、世界大都市圈的发展规律和趋势

大都市圈已成为城市化发展的主要趋势、现代经济社会发展的主要空间组织形式，在国家和地区经济中发挥了越来越重要的枢纽作用。借鉴世界一流大都市圈的发展经验，对我国发展大都市圈经济有重要的现实意义。

（一）大都市圈要以促进区域一体化为重点

从世界大都市圈发展进程看，其充分发挥了“强辐射”和“场效应”功能，促成了大城市－都市圈－城市群的区域一体化演进路径，成为推进所在区域一体化的关键步骤和重要依托。因此，为了更好地发挥大都市圈在推进区域一体化中的先导性、基础性支撑作用，各国在发展大都市圈的过程中，十分关注大都市圈为区域整体发展提供内生动力和协同推进的问题，注重大都市圈与区域整体发展规划的无缝对接，突出大都市圈的引领带动作用，发挥大都市圈跨区域合作的示范作用，为区域在更大尺度空间范围推进一体化积累经验。

（二）大都市圈要以落实国家区域发展战略为使命

大都市圈以更大范围、更宏观的视野来审视城市及城市发展，放在国家整体区域战略中去规划、去推进，能更好地引领国家区域战略的实施。大都市圈的集聚经济和规模经济，能够有效扩大内需和投资，为经济高质量发展提供持续动力。发展大都市圈一定程度上能够破解大城市过度聚集和结构性失衡、中小城市动能缺失和服务缺位、城际协同“各自为战”和不良竞争等区域经济发展难题，提升城市综合竞争力和整体宜居度。

（三）大都市圈要以赢得国际竞争优势为目标

世界四大都市圈都代表着当前世界经济发展的巅峰力量。大都市圈在国家和世界经济发展中发挥着重要的枢纽作用，是连接国内国际的节点，也是产生新技术、新思想的“孵化器”，具有强大的国际辐射能力和“磁场效应”。大都市圈发展代表了未来城市发展的大势，在引领国家发展和赢得全球竞争中具有重大意义。

（四）大都市圈要以编制战略发展规划为引领

根据国际经验，发展大都市圈必须突出规划引领。加强顶层设计，制定以政策协同机制为核心的前瞻性战略发展规划是发展大都市圈的起点和关键。要注重战略规划的务实性，要确保战略规划的协调性，要突出规划的时效性，要坚持战略规划的开放性。

（五）大都市圈要以践行人本导向为理念

世界都市圈的发展理念已逐步从物本位向人本位理念转变，把人作为都市圈的主体和本质，让更多人共同参与都市圈建设发展，让更多人共享都市圈发展成果。要坚持人力资源是第一资源的理念，大都市圈的高质量发展要完全转移到依靠劳动者素质提高和生产效率提高上来。要通过完善的法治化体系维护社会公平、正义，要通过均等化的公共服务体系，提供更好的公共服务。要重视绿化和环保，突出“低碳”和“智能”，改善人的物理生存空间。要注重本土文化的传承发扬，为人提供更好的精神家园。

（六）大都市圈要以完善现代化治理为核心

根据国际经验，推进大都市圈治理体系和治理能力的现代化是促进其健康、有序发展的保障。要优先进行都市圈层面的国家立法工作，逐步建立涉及都市圈建设原则方向、协调制度、投融资制度等各层次的法律法规体系。要形成高效的跨区域协调机制。推动建立适应国情、灵活有效的跨区域行政协调和合作机制，形成多元共识下的公共治理模式。要制定科学的划定标准和评价体系，利用新一代信息技术，及时跟踪评估都市圈的发展动态，为政策制定的科学化和管理的精细化提供有力支撑。

（七）大都市圈要以聚焦创新发展为方向

从世界大都市圈的远景目标和现实发展趋势来看，随着以信息技术为主要标志的第三次科技革命的影响力的不断扩大和知识经济时代的到来，世界大都市圈发展已逐渐从过去的资源、资本驱动转向知识、创新驱动。在世界主要城市体系中，以先进科技为依托不断呈现出来的创新空间正在成为有影响力的大都市圈的重要标志与功能体现，创新驱动将成为世界大都市圈发展的主流趋势。

（八）大都市圈要以坚持协同推进为路径

从世界都市圈的推进路径看，都市圈发展要立足于各地的比较优势、立足于现代产业分工要求、立足于区域优势互补原则，以资源要素空间统筹规划利用为主线，以关键环节为抓手，统筹兼顾，协同推进交通基础互联互通，协同推进公共服务均等共享，协同推进生态环保联防共治，协同推进功能产业合理布局，协同推进要素资源有效配置。

二、上海大都市圈空间协同发展现状

上海大都市圈位于长三角的核心区域，包括上海、苏州、无锡、常州、南通、宁波、嘉兴、舟山、湖州在内的“1＋8”市域行政范围，国土面积约5.6万平方公里，2018年都市圈内常住总人口约7070万，经济总量（地区生产总值）接近9.8万亿元。上海大都市圈是高度开放型经济地区，是长三角地区实现一体化发展的引领区，也是中国经济发展的重要地区，对于推动中国区域经济协调发展和培育具有全球影响力的世界级都市圈具有重要示范和引领作用，更是我国参与全球竞争的重要空间载体。

（一）上海大都市圈空间协同发展的基础

上海大都市圈具有率先实现一体化发展的坚实基础。经济发展水平高，人民生活持续改善。上海大都市圈以全国0.58%的国土面积承载了全国5.07%的人口，全年对国民经济的贡献稳定在10%以上，是我国经济贡献强度最高的地区之一。2018年上海大都市圈人均GDP达13.8万元，超过2万美元，达到高收入经济体水平，高于长三角地区平均水平（11.4万元）2万多元，相当于全国水平（6.5万元）的2.14倍；人均可支配收入5.4万元，高出长三角地区（3.9万元）约1.5万元，接近全国水平的2倍；人均消费支出3.4万元，是长三角地区（2.2万元）的1.55倍，比其高出1.2万元，是全国水平的1.73倍。

一是产业结构持续升级，服务经济主导的产业结构基本形成。都市圈内大部分城市已进入“三二一”的产业结构，服务经济呈现加速发展态势，服务经济比重达到56%以上，核心城市上海的产业体系以服务经济为主导，服务业增加值接近GDP的70%；与此同时，上海还保持着较高比重的制造业份额，为提升自主创新能力、发展先进制造业奠定了坚实基础。

二是城市化水平高，城市能级分明，城镇化率高达77.1%，领先于长三角地区近10个百分点，超出全国水平近18个百分点。同城化态势显著，统一市场加快建设，高效畅通的城际铁路网络、高密度公铁交通干线网，推动着都市圈内的同城化加速演进；市场壁垒逐一被清除，妨碍统一市场和公平竞争的规定和做法也已进入清理、清除通道，要素自由流动的市场环境逐渐向好。

三是环湖、枕江、面海，共筑区域生态安全屏障。以水相连是上海大都市圈最典型的地理特征，苏州、无锡、常州、嘉兴、湖州五市环太湖而立，上海、苏州、常州、无锡、南通五市依长江而兴，上海、南通、宁波、舟山、嘉兴五市面海而生，湖、江、海将都市圈的生态环境连接为一个整体。上海大都市圈深入贯彻落实新发展理念，立足于“两山”理论，稳步推进江河湖海携手共治，持续加大环保投入力度，初步构建起了独具特色的都市圈生态样本。

四是国家战略先行先试的前沿阵地。首个国家级新区、首个自由贸易试验区、首批对外开放城市（上海、宁波、南通）、首个综合配套改革试验区等为国家重大发展和改革开放战略提供了丰富的探索成果。上海自贸区负面清单管理模式已向全国其他自贸试验区和近400个国家级开发区复制推广；浙江（舟山）自贸试验区先行先试，探索形成59项制度创新成果，其中全国首创23项，6项被国务院复制推广。

五是区位优势突出，内联外通。上海大都市圈是“一带一路”与长江经济带的重要交会地带，在中国全方位改革开放格局和高层次参与国际合作与竞争中具有举足轻重的地位。上海大都市圈通江达海、水陆并举，外通大洋、内联腹地，拥有现代化的江海港口群和机场群、高密度公铁交通干线网，是长江经济带和长三角地区对接世界经济体系的关键通道和重要支点。

六是引领全国开放前沿，开放红利进一步释放。改革开放以来，上海都市圈通过开放打开国际市场并快速融入世界经济体系，开放优势日益凸显；在中国新一轮的开放升级包括自贸区建设、“一带一路”建设中，以上海为核心的上海大都市圈继续站在了全国开放的前沿，为推进制度型开放奠定了现实基础。

七是科技创新活跃，市场活力加快释放。2018年都市圈内R&D经费支出超3000亿元，超过都市圈内GDP的3.00%，明显高于长三角水平的2.73%、全国水平的2.18%。2018年专利申请量接近60万件，超过长三角地区专利申请量的2/5，专利授权量接近30万件；2018年都市圈内拥有高新技术企业近2.3万家，相当于长三角地区的一半，逼近全国的1/5。

（二）上海大都市圈空间协同发展迎来历史新机遇

一是长三角一体化发展新动向开启上海大都市圈新征程。推动长三角地区更高质量一体化发展是新时代党中央确立的重大发展战略，标志着长三角地区进入以高质量为核心的发展加速期。作为长三角地区的核心发展区域，上海大都市圈一体化发展特征更加显著，对长三角一体化发展具有关键推动作用；作为长三角地区对接世界经济体系的国际门户，上海大都市圈的高开放型经济特征将引领长三角地区深度融入全球化。由此，借由长三角一体化逐步取得进展的良好发展态势，上海大都市圈正欲展翅高飞，引领长三角地区走向深度一体化、迈向世界级一流城市群。

二是国家区域协调发展战略新取向赋予上海大都市圈新使命。国家区域发展战略更加注重都市圈发展。2019年4月，国家发展和改革委员会发布的《关于培育发展现代化都市圈的指导意见》提出，到2035年要形成若干具有全球影响力的都市圈，这标志着我国区域发展战略进入都市圈时代，也意味着上海大都市圈空间协同发展对我国区域发展战略具有典型示范意义，既肩负着高质量发展深入推进都市圈一体化发展的使命，也肩负着在一体化推进进程中形成可复制推广经验的先试先行的新使命。

三是国际竞争格局新动态赋予上海大都市圈新定位。世界经济重心东移，新兴经济体崛起。2008年全球金融危机以来，发达经济体缓慢复苏，亚洲区内的众多新兴经济体增长强劲，对世界经济增长的贡献逐步加大，世界经济中心东移趋势明显。与之相适应的是新兴经济体纷纷步入快速城市化阶段，并有部分城市、都市圈深度嵌入全球化，逐渐形成一批准全球城市和国际一流都市圈。都市圈已成为国家参与全球竞争的重要空间载体，成为引领区域一体化发展的示范区和带动国家经济发展的活跃增长极，并蜕变为参与全球竞争与国际分工的重要区域。

（三）上海大都市圈空间协同发展面临挑战

一是高质量发展昭示着上海大都市圈要引领都市圈发展方式的转变。大都市圈持续、健康、高质量发展，不仅是我国实现高质量发展的现实要求，也是当今时代全人类共同面临的重大现实课题。上海大都市圈空间协同发展是高质量发展的体现，也是区域经济一体化发展的极佳范本，在推动大都市圈高质量发展方面具有极强的示范引领作用。尚处于转型发展进程中的上海大都市圈，依然面临诸多发展约束，环境质量仍是高质量发展的短板，居住空间拥挤、交通拥堵、生态空间不足、单位产出效率偏低等问题尚未得到有效解决，持续加剧的老龄化趋势使得这些问题更加棘手。对照更高质量发展的目标，都市圈内部的发展依然不平衡不充分，传统增长动能减弱，发展新动能尚待强化，结构性、布局性、累积性问题依然突出。要发挥好示范引领作用就要继续走在先试先行的前列，从自身出发进行一系列的突破：跨越行政区域实现资源要素的高效配置、扩大基础设施和公共服务设施的共建共享、创新性地破解不断加剧的资源与环境约束问题、积极推进创新驱动的发展以提升发展效率和应对持续加剧的老龄化趋势、推进能源技术创新以突破能源安全与低碳发展的制约。

二是长三角一体化发展要求上海大都市圈率先实现高质量一体化发展。高质量一体化是制度性一体化，上海大都市圈一体化仍处于功能性一体化的阶段，亟须进行一系列的制度性突破和新机制的探索，特别是在统筹协调区域内各城市的定位与分工、环境协同治理、社会协同治理、基本公共服务均衡化、创新协同、统一市场建设与要素充分流动等方面，以先试先行的优先探索在都市圈内部建立起完善、权威、高效的协调机制，实现规划协调管理和发展成果协同共享，推动都市圈从功能性一体化向制度性一体化转变，从而引领长三角地区迈向高质量一体化发展。都市圈内发展不均衡的问题突出，同一城市内部的不均衡问题也极为醒目，上海各区之间的不均衡问题更加突出，这对率先实现高质量一体化发展提出了新的要求。

三是国家区域发展战略期望上海大都市圈发挥区域协调发展的关键推动作用。国家区域发展战略进入都市圈时代，都市圈对区域协调发展的推动作用更加凸显。国务院关于《上海市城市总体规划（2017—2035 年）》的批复中明确指出，要充分发挥上海中心城市作用，加强与周边城市的分工协作，构建上海大都市圈。这意味着国家期望上海大都市圈在区域协调发展进程中继续发挥关键推动作用，一方面加快探索制度创新，推动区域一体化发展；另一方面继续引领开放前沿，助力构建开放型经济新格局。然而近年来，相比于北京都市圈和深圳都市圈，上海大都市圈面临对国民经济的贡献下行、开放优势趋弱、创新优势滑坡等严峻挑战。

四是要比肩国际一流都市圈，意味着上海大都市圈要具有较强的全球影响力。在经济与信息全球化时代，国际一流都市圈的创新引领功能日益强化，要素集聚与配置能力持续提升，其经济功能也加速向多元化演进，服务经济、数字经济、新型制造、创意创新、要素配置等功能交织互存，共同构筑起国际一流都市圈的全球影响力。与纽约、伦敦、东京等国际一流都市圈相比，上海大都市圈虽然在通达世界的基础设施方面已接近国际一流都市圈，但在经济发展水平、全球要素集聚与全球资源配置等方面还存在颇多不足。

三、上海大都市圈空间协同发展愿景与目标

我国区域发展的一个明显变化趋势就是城市群崛起，通过城市群带动区域发展的新局面正逐步形成。上海大都市圈空间协同发展为深入贯彻落实国家区域发展战略开启了一扇新的窗户，打开这扇窗迎进来的是区域一体化的率先突破以及国际一流都市圈的加速形成。在都市圈内部，基础设施互联互通、产业联动合作、生态共建、公共服务共享等城际合作持续深化，同城化态势明显加速，一体化发展效应显著；在都市圈外部，推动长三角一体化发展的局面加速形成，与长江经济带、“一带一路”沿线国家和地区的合作持续深化，国际合作不断向前演进，全球配置资源要素的能级持续提升，枢纽性功能显著增强。

（一）上海大都市圈空间协同发展愿景

综合世界大都市圈发展的内在规律及国家对上海大都市圈发展的定位与期盼，未来30年上海大都市圈应建设成“一个在国内领先发展、在国外具有强劲全球影响力的国际一流都市圈”。主要体现在：

——重要支撑。更好地发挥上海大都市圈在国家转型发展和对外开放中的功能和作用，提高都市圈内各城市的经济发展水平和对外开放层次，为“一带一路”建设向纵深发展、长江经济带向高质量发

展、长三角地区向高质量一体化发展提供重要支撑。

——国家典范。上海大都市圈将积极探索发展新模式、新路径，持续推进圈内空间协同发展，并成长为发展活跃、生态共建、创新协同、区域共治、要素互通、成果共享、陆海统筹、品质生活的国家典范。

——全球枢纽。上海大都市圈将不断提高对外连通性，提高与全球城市网络在资源要素互动方面的频繁程度与密集程度，成为链接国内外要素流动增值的通道、载体和关键枢纽，成为大国与世界经济联系的桥梁，从而确保上海大都市圈成为国际金融枢纽、国际创新枢纽、国际人才枢纽、国际财富枢纽、国际信息枢纽、国际文化枢纽、国际高端知识服务枢纽。

（二）上海大都市圈空间协同发展总体目标

未来30年，我国高质量发展深入推进，都市圈发展迎来品质时代，更加注重区域发展品质和人民生活品质，上海大都市圈在区域发展战略合力形成方面发挥关键推动作用；伴随着中国新一轮改革开放向纵深推进，上海大都市圈将更加注重国际国内协调发展，对我国区域经济发展和开放型经济新格局构建的示范引领作用将更加凸显。

面向国内：建设成为经济强劲、发展活跃、生态优美、和谐宜居的高质量一体化都市圈，引领长三角一体化发展，并对全国都市圈和城市群一体化发展起到关键示范作用。经济总量超过20万亿美元，总人口控制在9000万，可支配收入占GDP比重显著提升，可再生能源在能源消费结构中占主要地位。

面向国际：建设成为发展水平高、生活质量好、创新引领功能强、全球影响大的国际一流都市圈，引领亚太地区都市圈发展方向，并在全球要素流动与配置中具有重要地位。

（三）上海大都市圈空间协同发展指标体系

综合考虑上海大都市圈的目标愿景，从注重发展结果与发展过程、经济与社会协调发展、区域一体化与城际差异、国内引领功能与全球影响力提升等视角出发，充分考虑指标体系的代表性、通用性以及数据的可获得性和国际接轨的便捷性，上海大都市圈空间协同发展的指标体系主要包括地区经济发展、人口与就业、人民生活与消费、城市建设与基础设施、能源与资源环境、科技与创新、基本公共服务、对外开放与全球化等八个方面，并将金融与航运服务作为重要指标单列为一级指标。

（四）上海大都市圈空间协同发展阶段目标

结合我国社会主义现代化建设的战略部署以及上海大都市圈和长三角一体化发展的使命，上海大都市圈空间协同发展将呈现显著的阶段性特征，其中几个比较重要的时间节点为 2025 年、2035 年、2050 年。

到 2025 年，上海大都市圈应建设成高度一体化、宜居宜业的都市圈并基本实现现代化，为国内城市、都市圈实现现代化提供示范引领；都市圈内统一的产业准入清单基本建成，统一市场建设取得显著成效，市场机制在资源配置中逐步发挥决定性作用，为国内都市圈实现要素一体化提供经验参考；以龙头城市上海为依托的国际经济中心、国际金融中心、国际航运中心、国际贸易中心基本建成。

到 2035 年，我国基本实现现代化，上海大都市圈应建设成高水平现代化、高质量发展的一体化都市圈，显著推动长三角一体化发展，在国家区域协调发展进程中发挥关键作用；统一市场加速完善，都市圈内要素流动的制约因素基本清除，市场机制在资源配置中发挥决定性作用；全球影响力显著提升，在优势领域（金融、航运、贸易等）逐渐形成主导能力，其全球枢纽功能加速形成。

到2050年，新中国走过100年发展历程，阔步奔向第二个100年的奋斗之路，我国建成富强民主文明和谐美丽的社会主义现代化强国。上海大都市圈应建设成亚太地区一流都市圈发展的典范，引领国内乃至亚太地区都市圈发展方向；具有极强全球影响力，在全球资源要素流动与配置、科技创新、财富管理等领域具有重要地位。

四、上海大都市圈空间协同发展路径与保障措施

实现上海大都市圈发展愿景和战略目标，需要以上海大都市圈区域优势互补为立足点，以资源要素统筹规划利用为主线，以城市群建设为载体，以基础设施、公共服务、生态环保、产业发展、科技创新、对外开放、市场机制为重点，通过完善上海大都市圈治理体系和协同发展机制，消除影响要素流动、资源配置的行政壁垒，夯实上海大都市圈发展的保障体系，构建优势互补、分工合理的发展格局。

（一）共建互联互通的基础设施体系

统筹规划，破解上海大都市圈基础设施发展存在的空间不均衡问题，缩小其他城市基础设施与上海的差距。围绕做强世界级城市群，立足“半小时通勤圈”“一小时上海大都市圈”，联动建设“轨道上的上海大都市圈”。充分发挥上海国际航空、航运枢纽作用，建设世界

级空港群和港口群。推动上海大都市圈铁路、公路、机场、港口的便捷接驳，建设公铁水、江海河联运系统。协同构建新一代信息基础设施网络，率先实现5G网络上海大都市圈全覆盖，打造“网速最快的上海大都市圈”。以上海亚太信息通信枢纽为基础，加快上海大都市圈通信枢纽和骨干网建设。加强上海大都市圈数据中心以及存储、运算资源协同布局，提升上海大都市圈信息资源互通率和共享性。

（二）推进上海大都市圈基本公共服务均等化

统筹布局上海大都市圈基本公共服务资源，加快推进公共服务便利化，努力缩小上海大都市圈不同城市之间财政保障能力的差距，逐步提高公共服务均等化水平。重点推动教育资源的均衡配置。统筹部分地方教育费附加，用于上海大都市圈内义务教育的薄弱环节、薄弱地区与薄弱人群。支持上海大都市圈各城市共建大学，鼓励上海大都市圈内外知名学校在教育资源薄弱地区办分校。推动医疗资源的便利共享。全面推广医疗保险跨城市异地使用与直接结算。推动优质医疗服务机构在薄弱地区办分院，缓解优质医疗资源分布不均的状况。加快推广异地养老模式。适应上海大都市圈人口频繁流动与老龄化程度加深的趋势，全面提升养老保险跨城市转移接续与资格认证的效率，最大程度地提升异地养老的便利性。

（三）建设人与自然和谐共生的美丽都市圈

坚持生态优先，紧扣上海大都市圈毗江邻海、河网密集而特有的生态环境，严守生态保护红线、环境质量底线和资源利用上线。扩大生态补偿范围，加大都市圈内重点生态功能区、森林、湿地、海洋、河流、湖泊等生态保护补偿力度。在现有碳排放权交易、排污权交易等试点示范的基础上，继续探索市场化的减排机制。探索组建“上海大都市圈生态银行”，创新生态产品价值实现机制，探索“绿水青山”转化为“金山银山”的路径。建立上海大都市圈自然资源资产统计制度，编制上海大都市圈自然资源资产负债表，夯实自然资源资产价值化、市场化的基础。建立上海大都市圈生态环境监测网络和生态环境大数据平台，实现生态环境监测信息共享共用。

（四）优化上海大都市圈产业分工布局

统一制定上海大都市圈产业发展规划，突出上海的龙头带动作用，推动上海重点发展与其卓越的全球城市定位相匹配的产业；扬苏浙城市之所长，推动各城市在优势领域深化发展。协同构建上海大都市圈数字经济、平台经济生态系统，推动新产业、新业态、新模式发展。鼓励上海大都市圈各类企业特别是大型企业集团以市场化方式，在上海大都市圈内根据供应链、产业链、价值链优化布局。搭建多主体、多层次的平台载体，建立跨区域的产业合作园区，支持都市圈“飞地经济”发展。

（五）共同构筑上海大都市圈科技创新共同体

推动上海大都市圈创新资源的开放共享，统筹大型科学装置、国家重点实验室等科研基础设施、科研平台的布局，协同推进项目建设。促进实现上海大都市圈各地科技创新政策含金量的基本一致。探索更加有效的收益分享机制，推动存量创新资源的开放与共享。在上海大都市圈内复制推广 G60 科创走廊在资源共享、平台共建、协同攻关以及联合规划、一体审批、政策支持等体制机制方面的成功做法。

（六）提升上海大都市圈协同开放水平

营造国际一流的营商环境，深度参与“一带一路”建设，发挥进口博览会、自贸试验区开放创新平台作用，积极发展更高层次的开放型经济，提升上海大都市圈集聚和配置全球人才、资本、技术等生产要素的能力。进一步压缩外资准入负面清单并建立与国际接轨的行业管理制度。完善上海大都市圈一体化大通关，建设国际贸易“单一窗口”，加强区域内国际贸易数据和信息的共享。加强上海大都市圈不同关区和海关通关中审单、布控、查验、放行环境的沟通和衔接。借鉴其他国家和地区自由贸易港的相关政策，推动上海大都市圈在海关监管、人员进出境、资金流动、信息流动、税收征缴等方面进行自主探索和先行先试。

（七）推动要素自由流动和优化配置

梳理上海大都市圈内正在实施的各类政策，按照公平准入、平等竞争的原则加以清理，废除有违市场经济通行规则的法规、政策和标准。着力推动上海大都市圈内金融、土地、劳动力市场的一体化，推动上海大都市圈银行、证券、保险、基金、信托等金融机构实现业务联动协作。推动土地占补平衡指标在上海大都市圈内流转。推动户籍准入年限累积互认，探索高端人才和国际人才户籍在上海大都市圈内自由迁移制度。

执笔人：赵　峥　杨维富　王炳文

专题报告十三

欧盟一体化发展的经验和启示

自20世纪90年代以来，区域一体化一直是最具活力的世界经济现象之一。党的十九大以来，党中央积极推行新发展理念，观大势、谋大局，提出了长三角一体化的重要区域发展战略，要成功推进这一战略部署的实施，需要积极借鉴国际上的成功经验。从全球范围看，最成功的区域一体化发生在欧洲。在从经济领域向其他领域拓展、从西欧向整个欧洲扩展的过程中，欧盟逐渐建立起成熟的协调机制和多层次的治理架构，减少了政府间的行政壁垒分割，最终形成商品和生产要素自由流动的统一大市场，在协同地区政治社会发展方面取得了诸多成就，为长三角一体化战略提供了宝贵经验和启示。

一、欧洲一体化的历史进程及其经济社会影响

欧洲一体化的历史表现为“扩大”和“深化”两个方面，前者表现为成员国数量的增加和地域范围的扩大，后者表现为一体化合作领域的增加和合作程度的深入，整个过程大致可以分为四个阶段。

1951～1967年是经济一体化的起步阶段，主要进展是建立关税同

盟。1951 年建立的欧洲煤钢共同体是欧洲一体化的第一个管理机构，其使命是设立联邦德国、法国、意大利、荷兰、比利时和卢森堡六国间的煤钢共同市场，并对煤钢生产进行干预和协调。1957 年，六个成员国签订《罗马条约》，成立欧洲经济共同体和欧洲原子能共同体，将一体化的目标设定为完全消除成员国的关税壁垒、建立共同市场及对外关税和贸易政策体系。1968 年，六个成员国间正式取消一切关税，关税同盟建成。

1967 ~ 1986 年是经济一体化的深化阶段，主要进展是欧共体的成立与欧洲货币体系的启动。1967 年，欧洲经济共同体六国共同签订《布鲁塞尔条约》，将煤钢共同体、经济共同体和原子能共同体三个机构整合为欧洲共同体。1969 年，欧共体成员国协商分阶段建立经济货币联盟，经过近十年的波折，以欧洲货币单位（European Currency Unit，ECU）为核心、联合浮动为原则、货币合作基金为基础的欧洲货币体系于 1979 年正式启动，形成一个比价稳定又具备一定调整空间的货币体系。同时，欧洲共同体经历了三次扩大进程：1973 年，英国、丹麦和爱尔兰加入；1981 年，希腊正式成为成员国；1986 年，西班牙和葡萄牙加入。至此，欧共体的成员国增加至 12 个，涵盖了西欧和南欧的主要国家。由于爱尔兰、希腊、西班牙和葡萄牙的经济发展水平相对较低，欧洲一体化中的地区差异问题开始凸显。

1987 ~ 2003 年是一体化全面发展阶段，主要进展包括领域全方位拓展、欧盟成立、《申根协议》生效与欧元发行。1986 年，欧共体通过《单一欧洲法令》，提出在 1992 年底共同建成商品、人员、资本完全自由流动的欧洲统一大市场目标并将社会政策、环境政策和科技发展政策的协调纳入行动范围。1993 年，《马斯特里赫特条约》正式生效，确定了欧盟包含欧洲共同体、共同外交与安全政策、司法与内政事务合作在内的三大支柱，欧洲联盟成立，欧洲一体化的组织机构具备了更强的超国家协调能力。1995 年，奥地利、芬兰和瑞典正式加入，欧盟成员国增至 15 个。1997 年欧盟通过《稳定与增长公约》，进一步约束成员国的财政政策。1999 年，欧盟成员国签署《阿姆斯特丹条约》，将 1985 年通过的《申根协议》写入欧盟法律，促进了人员、货物、资金和服务的自由流动，同年欧元正式发行，欧盟开始了在货币体系上的统一进程。

2004 年至今是欧洲一体化的深化阶段，主要进展是欧盟东扩与多数表决制适用范围的拓展。2004 年，波兰、匈牙利、捷克、斯洛伐克、爱沙尼亚、拉脱维亚、立陶宛、斯洛文尼亚、塞浦路斯和马耳他 10 国入盟。2007 年，罗马尼亚、保加利亚加入。2013 年，克罗地亚成为欧盟第 28 个成员国。新成员的加入让欧盟的边界延伸至中东欧，但成员国之间的文化、经济发展水平差异也进一步扩大。与此同时，一体化组织机构的行动能力也有所增强，2007 年欧盟成员国签署《里斯本条约》，决定设立欧盟理事会常任主席、外交与安全政策高级代表等职务，拓展了多数表决制的适用范围，标志着欧洲一体化在外交和安全领域的深入发展，欧盟向政治联盟方向迈出了重要一步。

欧洲一体化给成员国带来了深刻的经济社会影响。数据显示，欧洲一体化促进了区域经济增长、产业布局的优化、产业链分工合作的加强、社会保障水平的整体提高，但也伴生国家内部收入差距扩大、人口与劳动力虹吸效应增强等问题。

（一）区域经济快速发展

欧洲一体化在启动之初就极大助推了成员国间及与外部的贸易增长。自 1957 年《罗马条约》签订，成员国间的贸易往来迅速增长。

根据欧盟统计局（Eurostat）1958～1975 年的月度贸易统计数据报告测算，在 1958～1968 年间，经济共同体内部贸易额平均每年以 14.4%的速度增长。关税同盟建立后，在 1969～1973 年间，共同体内部贸易额年均增长率达 19.4%。共同体对外贸易也有所增长，出口总额由 1960 年的 169.8 亿元上升到 1971 年的 445.89 亿元，年均增长 9.2%。[①] 贸易发展拉动了成员国的经济增长。1958～1970 年间，共同体国民生产总值增长 70%，各国都从共同市场上得到好处。在欧洲一体化几次扩大后，新成员国的经济整体表现出增长趋势。以 1973 年的第一次扩大为例，英国包括经济发展水平原本较低的爱尔兰的经济增长均有明显的提升（见图 1）。

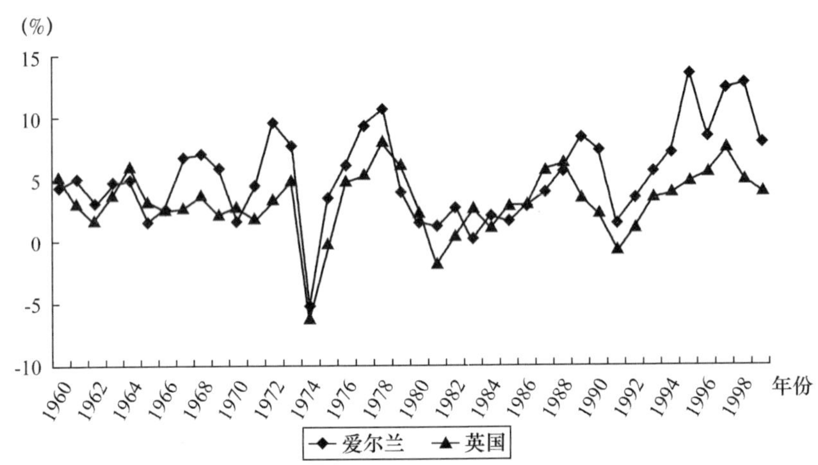

图 1　英国、爱尔兰在 1973 年加入欧共体后 GDP 增长情况

资料来源：Penn World Table，https：//www.rug.nl/ggdc/productivity/pwt/. 访问日期：2019 年 7 月 6 日。

（二）产业的区域再集中与合作加强

经济学家克鲁格曼曾预测，欧洲单一市场的形成会使工业更加向

---

① Eurostat，“Monthly External Trade Bulletin：1958 - 1975”，http：//aei.pitt.edu/67393/1/1958-1975.pdf，访问日期：2019 年 7 月 5 日。

发达的中心地区集中[①]。从实际影响看，在单一市场建设过程中，欧盟内部虽然存在产业转移，但并未出现明显的制造业朝发达工业中心单向转移的现象，不同产业在区域经济一体化进程中的集聚效应不同。对于纺织、皮革和食品业，随着贸易成本的下降，产业出现向中心靠拢的现象。对于金属、化学、运输设备和机械等利润较高的产业，受产品市场和要素市场共同影响，这些资本密集型产业起初多集中在欧洲中西部，但在一体化进程中中部中心地位有所下降，外围份额则相对增加[②]。

一些原本处于外围的新产业中心开始出现。比如，由于经济一体化减少了贸易和要素流动的壁垒，爱尔兰成为区域内部跨国公司建立制造基地和产业转移的重要目的地。1992 年统一大市场建成后，爱尔兰接受的外商直接投资（FDI）占 GDP 的比重大幅提高，超出欧盟平均水平 1 倍多。其中，美国对爱尔兰的投资占美国对欧盟海外投资的份额逐步上升，1992～1995 年期间年均增长率达 5.7%，而同期爱尔兰的 GDP 占欧盟的份额还不足 1%。这些海外投资主要集中于原来贸易壁垒多、单位运输成本较低的电子器械等行业。[③] 仅制造业，跨国公司在爱尔兰提供的就业比重就从 1973 年的 33% 上升到了 1996 年的 47%，净产值则占整个制造业的 77%。[④] 1990～1998 年期间，化学品出口在爱尔兰出口产品中的比重从 2.6% 提高到 8.2%，机器出口从 1.9% 提高到 3.0%。[⑤]

---

① Paul Krugman, "Increasing Returns and Economic Geography", Journal of Political Economy, 1991, Vol. 99, No. 3, pp. 483～499.

② 丁一兵：《欧盟区域政策与欧洲产业结构变迁》，吉林大学出版社 2008 年版，第 84～86 页。

③ 丁一兵：《欧盟区域政策与欧洲产业结构变迁》，吉林大学出版社 2008 年版，第 88 页。

④ 丁一兵：《欧盟区域政策与欧洲产业结构变迁》，吉林大学出版社 2008 年版，第 87～88 页。

⑤ 尹翔硕：《欧洲单一市场对欧盟成员国贸易流动和产业区位的影响》，《欧洲》2001 年第 2 期，第 67～74 页。

欧洲一体化还加强了区域内部的产业分工与合作。以欧洲中部维谢格拉德集团（波兰、匈牙利、斯洛伐克和捷克）与德国的商品贸易为例（见表1），机械和交通运输类产品位于进出口额的前2位，汽车零部件和整车是主要贸易产品。可见，维谢格拉德集团和德国的贸易联系集中于机械制造，前者是德国的原材料、产品零部件供应地和生产基地，[①] 由此形成“德国－中东欧制造业核心（German Central Eastern European Manufacturing Core，GCEEMC）”。[②] 其中大致包括两条分工明确的价值链：其一，德国出口汽车零配件与半成品到中欧四国，中欧四国根据成本优势进行整车组装加工，再将产品出口回德国市场；其二，德国出口适合中欧四国消费水平的中低端工业制成品，进口中欧四国生产的适合德国市场的中高端工业制成品。[③] 借助产业链合作，德国与维谢格拉德集团均得到实惠：德国利用四国成本较低的原材料和人力资源，降低生产成本，同时以其为辐射中心，将产品直接从生产基地销往中东欧乃至全球，降低发货成本，德国的投资有效地改善了四国的就业情况，促进了地区经济社会发展。[④]

---

① 马骏驰：《德国与维谢格拉德国家的经贸、投资关系探究——对中国与中东欧合作的启示》，《欧亚经济》2015年第6期，第68～81页。

② Jacopo Maria Pepe，“Germany and China's Inroads in the ‘German Central Eastern European Manufacturing Core’：Geopolitical Chances and Risks for Europe，” Paper presented at the ISA International Conference，Hong Kong，May 15－18，2017.

③ 崔宏伟：《“一带一路”倡议与容克投资计划对接前景探析》，《德国研究》2016年第1期，第51～61页；费梦戈：《欧债危机后德国与中东欧经贸关系再评估》，博士学位论文，华东师范大学，2016年，第51页。

④ 马骏驰：《德国与维谢格拉德国家的经贸、投资关系探究——对中国与中东欧合作的启示》，《欧亚经济》2015年第6期，第68～81页。

表 1　　2015 年波兰、捷克、匈牙利、斯洛伐克与德国的主要贸易产品

单位：亿欧元/%

<table>
<tr><th rowspan="2">国家</th><th colspan="3">对德出口</th><th colspan="3">自德进口</th></tr>
<tr><th>产品</th><th>贸易额</th><th>占比</th><th>产品</th><th>贸易额</th><th>占比</th></tr>
<tr><td rowspan="7">波兰</td><td>机械类</td><td>133</td><td>21.0</td><td>机械类</td><td>161</td><td>25.0</td></tr>
<tr><td>交通运输类</td><td>83.6</td><td>13.0</td><td>交通运输类</td><td>78.5</td><td>12.0</td></tr>
<tr><td>·机动车辆的零附件</td><td>48.1</td><td>7.7</td><td rowspan="2">·机动车辆的零附件</td><td rowspan="2">34.3</td><td rowspan="2">5.4</td></tr>
<tr><td>·汽车</td><td>18.1</td><td>2.9</td></tr>
<tr><td>金属类</td><td>53.9</td><td>9.5</td><td>金属类</td><td>69</td><td>11.0</td></tr>
<tr><td>未分类</td><td>50.8</td><td>8.2</td><td>化学制品</td><td>58.8</td><td>9.3</td></tr>
<tr><td>杂项</td><td>48.8</td><td>7.8</td><td>塑料与橡胶类</td><td>53.9</td><td>8.5</td></tr>
<tr><td rowspan="7">捷克</td><td>机械类</td><td>209</td><td>35.0</td><td>机械类</td><td>156</td><td>33.0</td></tr>
<tr><td>交通运输类</td><td>118</td><td>20.0</td><td>交通运输类</td><td>61</td><td>13.0</td></tr>
<tr><td>·机动车辆的零附件</td><td>62.3</td><td>11.0</td><td>·机动车辆的零附件</td><td>36.5</td><td>7.6</td></tr>
<tr><td>·汽车</td><td>48.2</td><td>8.1</td><td>·汽车</td><td>15.4</td><td>3.2</td></tr>
<tr><td>金属类</td><td>52.9</td><td>8.9</td><td>金属类</td><td>50.3</td><td>11.0</td></tr>
<tr><td>杂项</td><td>39.2</td><td>6.6</td><td>塑料与橡胶类</td><td>39</td><td>8.2</td></tr>
<tr><td>未分类</td><td>38.1</td><td>6.4</td><td>化学制品</td><td>38.5</td><td>8.1</td></tr>
<tr><td rowspan="9">匈牙利</td><td>机械类</td><td>144</td><td>44.0</td><td>机械类</td><td>118</td><td>41.0</td></tr>
<tr><td>·内燃机</td><td>18.1</td><td>5.5</td><td>·发动机零件</td><td>15.8</td><td>5.5</td></tr>
<tr><td>·火花点火发动机</td><td>18.1</td><td>5.5</td><td>·集成电路</td><td>9.63</td><td>3.3</td></tr>
<tr><td>交通运输类</td><td>74.1</td><td>23.0</td><td>交通运输类</td><td>50.1</td><td>17.0</td></tr>
<tr><td>·机动车辆的零附件</td><td>27.5</td><td>8.4</td><td>·机动车辆的零附件</td><td>25.8</td><td>8.9</td></tr>
<tr><td>·汽车</td><td>36.3</td><td>11.0</td><td>·汽车</td><td>10.6</td><td>3.7</td></tr>
<tr><td>仪器设备类</td><td>17.7</td><td>5.4</td><td>金属类</td><td>23.4</td><td>8.1</td></tr>
<tr><td>未分类</td><td>15.6</td><td>4.8</td><td>塑料与橡胶类</td><td>19.8</td><td>6.9</td></tr>
<tr><td>塑料与橡胶类</td><td>15.5</td><td>4.7</td><td>未分类</td><td>18.3</td><td>6.4</td></tr>
<tr><td rowspan="5">斯洛伐克</td><td>机械类</td><td>69.2</td><td>35.0</td><td rowspan="3">机械类</td><td rowspan="3">51</td><td rowspan="3">30.0</td></tr>
<tr><td>·视频显示器</td><td>11</td><td>5.6</td></tr>
<tr><td>·滚珠轴承</td><td>5.87</td><td>3.0</td></tr>
<tr><td>交通运输类</td><td>58.6</td><td>30.0</td><td>交通运输类</td><td>33</td><td>19.0</td></tr>
<tr><td>·机动车辆的零附件</td><td>20.4</td><td>10.0</td><td>·机动车辆的零附件</td><td>24.1</td><td>14.0</td></tr>
</table>

续表

<table>
<tr><th rowspan="2">国家</th><th colspan="3">对德出口</th><th colspan="3">自德进口</th></tr>
<tr><th>产品</th><th>贸易额</th><th>占比</th><th>产品</th><th>贸易额</th><th>占比</th></tr>
<tr><td rowspan="6">斯洛伐克</td><td>·汽车</td><td>23.6</td><td>12.0</td><td rowspan="2">·汽车</td><td rowspan="2">5.86</td><td rowspan="2">3.4</td></tr>
<tr><td>·汽车机身</td><td>12.4</td><td>6.3</td></tr>
<tr><td>金属类</td><td>13.3</td><td>6.7</td><td>金属类</td><td>16.3</td><td>9.5</td></tr>
<tr><td>塑料与橡胶类</td><td>11.7</td><td>5.9</td><td rowspan="2">未分类</td><td rowspan="2">13.4</td><td rowspan="2">7.8</td></tr>
<tr><td>·橡胶轮胎</td><td>5.6</td><td>2.8</td></tr>
<tr><td>未分类</td><td>10.9</td><td>5.5</td><td>塑料与橡胶类</td><td>12.7</td><td>7.4</td></tr>
</table>

资料来源：The Observatory of Economic Complexity，https：//atlas. media. mit. edu/en/. 访问日期：2019 年 7 月 5 日。

（三）成员国间劳动力虹吸效应加剧

人口迁移是影响劳动年龄人口结构的主要因素之一。根据欧盟条约规定，成员国公民有自由旅居盟国的权利且享有公民权，这使人口在成员国间的自由流动成为可能。《申根协议》生效之后，劳动力跟随产业转移成为普遍现象，一定程度上改变了成员国的劳动力人口增长结构。由图 2 可知，2007 ~ 2016 年间，奥地利、英国、比利时、法国、德国等经济水平较高国家 15 ~ 64 岁经济活跃人口（Active Population）数量增长相对较快。与此同时，包括拉脱维亚、罗马尼亚、保加利亚、爱沙尼亚、克罗地亚、立陶宛在内的部分中东欧国家这一指标总体呈负增长态势。

欧盟东扩后，经济发展程度相对较高、福利条件较好的国家，尤其是西欧国家成为劳动力主要迁入国，产业中心国家的人口虹吸效应在一体化范围扩大后更加突出。2004 年，为减少新成员国劳动力竞争对本国就业市场的冲击，原欧盟成员国在入盟协议中对八个中东欧成员国进行了限制，要求在 7 年过渡期内，新加入成员国必须限制公民

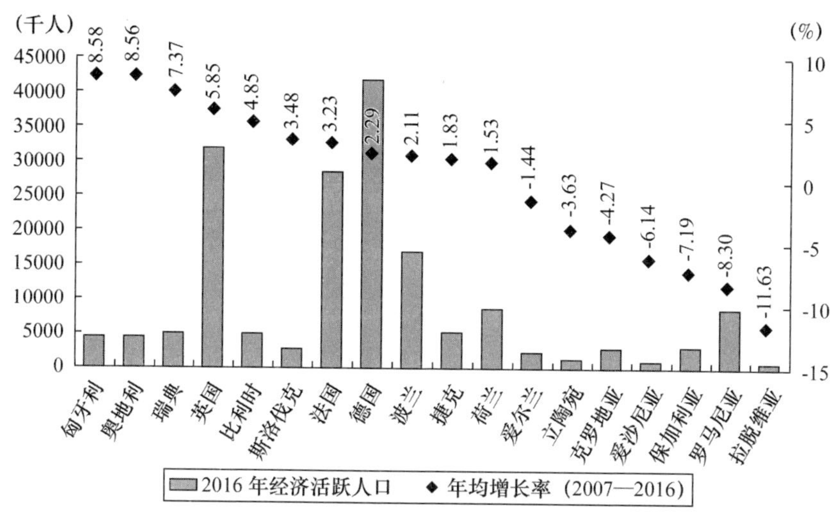

图 2　部分欧盟成员国 15 ~ 64 岁经济活跃人口情况

资料来源：“Active population, aged 15 - 64 - annual averages”, Eurostat, https://ec.europa.eu/eurostat/databrowser/view/tipslm15/default/table? lang = en. 访问日期：2019 年 7 月 7 日。

在欧盟其他国家工作，其他欧盟成员国可以执行为期 7 年的过渡性控制措施，但各成员国的执行情况不同。[①] 其中，英国、爱尔兰和瑞典在 2004 年就已全面开放，因此成为劳动力迁移的主要目的地。根据英国政府统计，从 2002 ~ 2008 年，进入英国的斯洛伐克和立陶宛劳工接近 10 万人，波兰劳工共计 68.1 万人，仅 2004 ~ 2005 年间共有 6.1 万名波兰劳工注册，2006 ~ 2007 年达 22 万名。[②] 爱尔兰在 2004 ~ 2005 年间也发放了约 8.5 万份工作许可证，大部分来自波兰、立陶宛、拉脱维亚和斯洛伐克。[③] 到 2011 年七年过渡期结束，欧盟所有国家完全相互开放劳动力市场，加速了劳动力的转移。以德国为例，仅 2012 年共

① 《欧盟解除保加利亚和罗马尼亚劳工流动限制》，人民网，2014 年 1 月 3 日，http://world.people.com.cn/n/2014/0103/c1002 - 24020181.htm，访问日期：2019 年 7 月 5 日。

② Richard Black, Godfried Engbersen et al, A Continent Moving West? EU Enlargement and Labour Migration from Central and Eastern Europe, Amsterdam : Amsterdam University Press, 2010, pp. 74 ~ 77.

③ 朱卓琳（Andrea Lisa Stopajnik）:《欧盟东扩后劳动力迁徙的现状和发展趋势》，硕士学位论文，东华大学，2011 年，第 26 页。

有40万名移民进入德国并永久定居，这些移民主要来自欧盟尤其是东南欧国家，如波兰、保加利亚、罗马尼亚、西班牙、葡萄牙、希腊等。他们迁移的主要目的是获得稳定的工作，且大部分是高素质劳动者，同时有相当数量移民在农业、建造业从事较低技术含量的工作。①

在劳动力迁移的另一侧，经济发展水平较低的中东欧国家青壮年劳动力与高级人才大量流失，进而阻碍了经济增长。虽然波兰、斯洛伐克等部分国家出现人口回流现象，② 但在罗马尼亚、保加利亚、拉脱维亚、立陶宛等国迁出者并未明显减少。尽管处于加入欧盟后的七年劳动力流动限制期，罗马尼亚和保加利亚在2007～2014年间已有超过300万人口生活在其他欧盟成员国中。③ 而在拉脱维亚，2014年适龄期的工人数量相比2000年已减少了25%，2002～2009年间的大学毕业生已流失了1/3。根据国际货币基金组织的模拟，相对于没有人口外移的理想状态，罗马尼亚和波罗的海三国（爱沙尼亚、拉脱维亚和立陶宛）2030年的人均GDP要低3%到4%左右。④

（四）成员国社会保障水平整体提高

由于欧盟条约对国家债务规模的严格要求以及一体化后新成员国须接受以消除贸易壁垒和市场管控为导向的经济改革，一体化被认为

---

① 《移民德国成欧盟国民首选，失业每月还能领400欧元》，澎湃新闻，2014年5月29日，https：//www. thepaper. cn/newsDetail_ forward_ 1248254。访问日期：2019年7月14日。

② 主要原因是金融危机造成英国、爱尔兰和西班牙等国经济疲软，但波兰等少数中东欧国家的经济状况良好，工作岗位增加，工资提高。另一方面的原因是个人情感。参考资料：《大量波兰移民重返家乡》，德国之声，2008年8月19日，https：//www. dw. com/zh/% E5% A4% A7% E9% 87% 8F% E6% B3% A2% E5% 85% B0% E7% A7% BB% E6% B0% 91% E9% 87% 8D% E8% BF% 94% E5% AE% B6% E4% B9% A1/a－3578778－0。访问日期：2019年7月14日。

③ 《欧盟解除保加利亚和罗马尼亚劳工流动限制》，人民网，2014年1月3日，http：//world. people. com. cn/n/2014/0103/c1002－24020181. html. 访问日期：2019年7月14日。

④ 《经济学人：东欧各国难以挽回人才流失的颓势》，观察者网，2017年2月1日，https：//www. guancha. cn/jingjixueren/2017_ 02_ 01_ 392046. shtml. 访问日期：2019年7月14日。

理论上可能导致福利国家的社会保障支出规模削减。[①] 事实上，由于欧盟平均社会保障支出水平较高，一些新成员国的社会保障开支在加入后有提高的趋势，逐渐接近欧盟平均水平。以 1973 年欧共体第一次扩大为例，新成员国丹麦、爱尔兰和英国在人均社会保障福利支出方面的增速略高于荷兰、德国和比利时等原欧共体成员国（见图 3）。

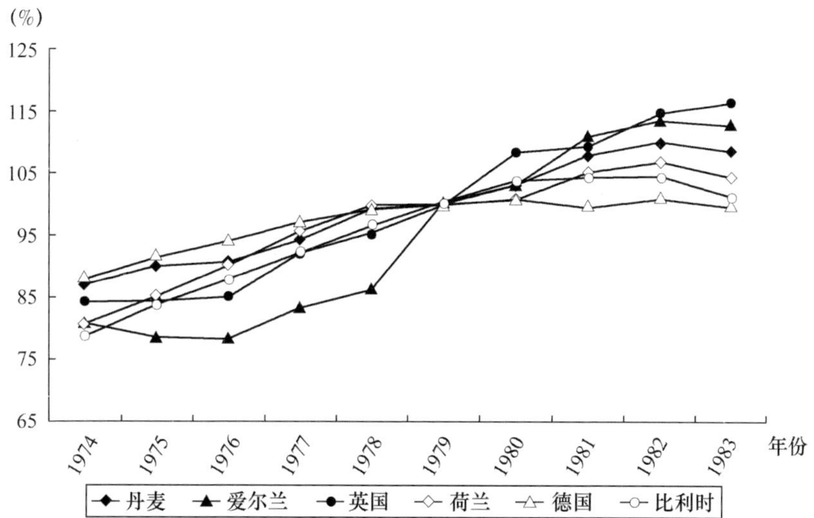

图 3　部分欧共体国家 1974～1983 年人均社会保障（Social Protection）支出比较

注：以 1980 年的购买力为标准，1980 年的支出按 100 计。

资料来源："Rapid Reports：—Population and Social Conditions", Eurostat, 29 June 1989, pp. 6－7, http：//aei. pitt. edu/87484/1/1989. 2. rr. pdf. 访问日期：2019 年 7 月 12 日。

欧盟东扩后，新成员国社会福利支出也呈现增长趋势，其中养老方面的增加尤为明显。由图 4 可知，这些国家在加入欧盟后，养老支出占 GDP 的比重均有增长并向欧盟平均水平靠近。但如上文所述，中东欧国家的人均国民生产总值与欧盟平均水平比仍有较大差距，因此养老等社会福利支出水平的提高很可能对其财政造成较大支出压力。

① Jason Beckfield, "European integration and income inequality", American Sociological Review, 2006, Vol. 71, No. 6, pp. 968－969.

如图 5 所示，在加入初期，部分新成员国中央政府债务水平有所下降。但由于金融危机和欧债危机对欧盟整体经济状况的影响，部分新成员国债务水平在 2008 年后出现上升态势。整体而言，大部分新成员国政府债务水平变化趋势与欧盟平均水平趋同。

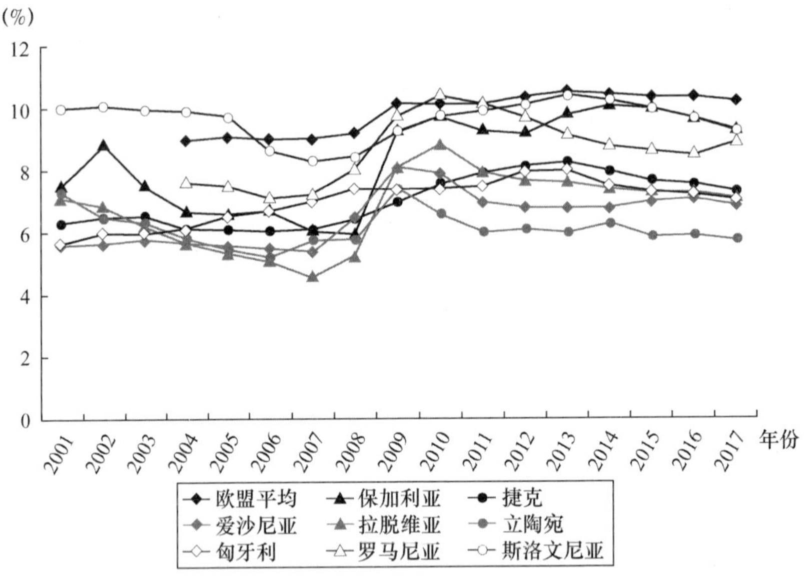

图 4　部分中东欧国家老年社会保障支出占 GDP 比重

资料来源："Total general government expenditure, social protection, old age, Tables by functions, aggregated benefits and grouped schemes-in % of the GDP", Eurostat, http://appsso.eurostat.ec.europa.eu/nui/submitViewTableAction.do. 访问日期：2019 年 7 月 12 日。

（五）成员国间及国内收入差距缩小

尽管欧盟内部仍然存在明显的区域发展不均衡现象，南欧和中东欧国家的经济水平明显落后于西欧国家，但一体化过程中成员国间的发展差距整体在缩小。① 我们以实际人均 GDP 的变异系数来反映欧盟

① Jason Beckfield, "Remapping inequality in Europe: The net effect of regional integration on total income inequality in the European Union", International Journal of Comparative Sociology, 2009, Vol. 60, No. 5 – 6, p. 497.

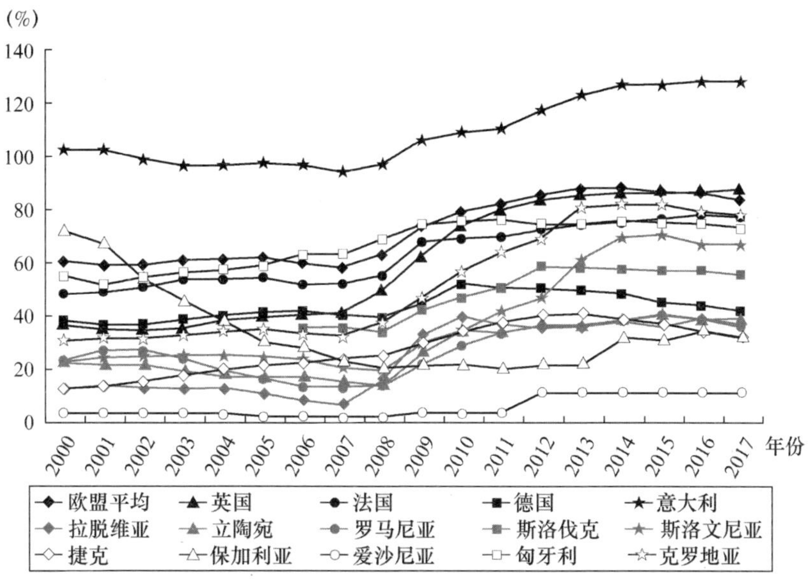

图5　部分中东欧国家中央政府债务占 GDP 比重

资料来源：“Central Government Debt (Percent of GDP)”，IMF，https：//www. imf. org/external/datamapper/GGXWDG_ NGDP@ WEO/OEMDC/ADVEC/WEOWORLD. 访问日期：2019 年 7 月 15 日。

28 国的发展差异，随着欧盟东扩战略的顺利推进，新老成员国间的发展差距逐渐缩小，人均 GDP 变异系数整体上呈持续下降趋势，从 2002 年的 0. 69 下降至 2018 年的 0. 60（见图 6）。特别是在 2008 年金融危机、欧债危机冲击后，这一指标整体上也是下降的。

一体化不仅有利于减小欧盟成员国间的发展差距，也在很大程度上减小了成员国尤其是东扩后的后发国家的国内贫富差距。统计数据显示（见图7），2005 ~2017 年间，基尼系数年均增长率为负的国家有斯洛文尼亚、罗马尼亚、芬兰、爱尔兰、英国、拉脱维亚、捷克、比利时、爱沙尼亚、克罗地亚、斯洛伐克、葡萄牙、波兰，除了芬兰、爱尔兰、英国、葡萄牙，这些国家多是欧盟东扩后的国家，尤其是波兰、葡萄牙、斯洛伐克的年均下降率超过了 1%，只有保加利亚（2. 77%）、匈牙利（0. 15%）、立陶宛（0. 29%）、塞浦路斯

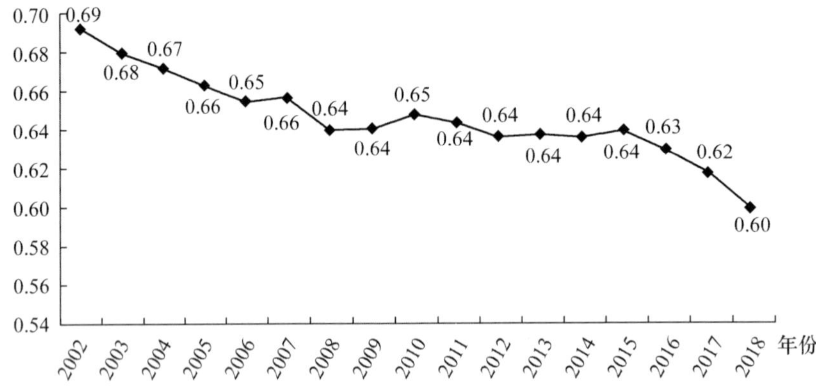

图6 欧盟28国实际人均GDP变异系数变化情况

资料来源："Real GDP per capita", Eurostat, https://ec. europa. eu/eurostat/databrowser/product/view/sdg_ 08_ 10? lang = en. 访问日期：2019年7月15日。

(0. 59%)、马耳他(0. 36%)的基尼系数是增长的。总体上，部分经济发展水平较高的初始成员国的确出现了国内贫富差距扩大的现象。如图8所示，在2005～2017年间，瑞典、卢森堡、丹麦、德国、奥地利、西班牙、法国、荷兰等国的基尼系数均有所增加。

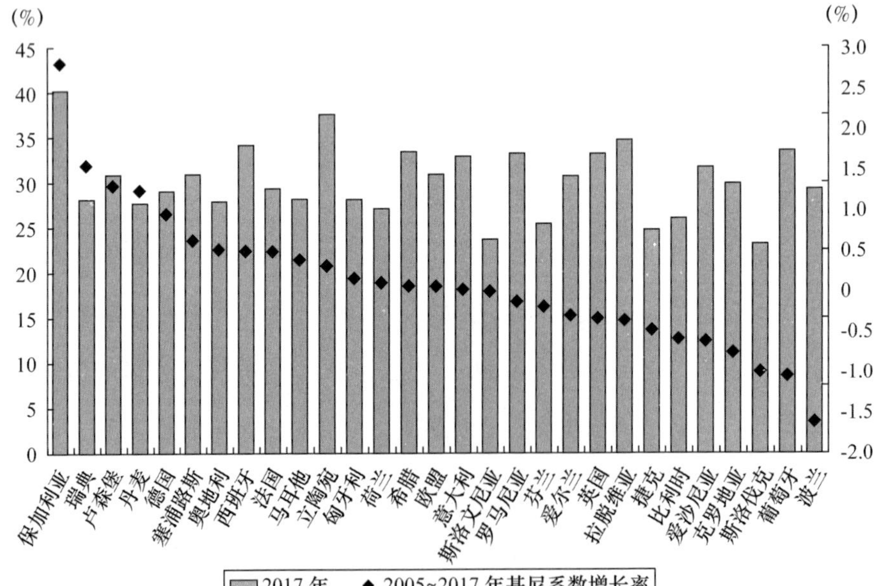

图7 欧盟28国2005～2017年基尼系数及增长情况

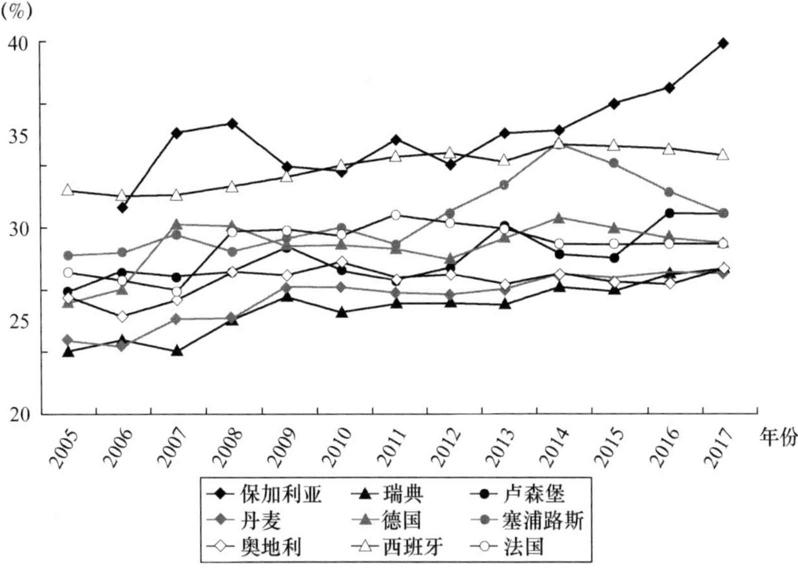

图8　部分欧盟国家2005～2017年基尼系数

资料来源："Gini coefficient of equivalised disposable income-EU-SILC survey", Eurostat, https://ec.europa.eu/eurostat/databrowser/view/tessi190/default/table?lang=en. 访问日期：2019年7月13日。

二、欧洲在推进区域经济社会一体化发展中的主要经验

欧洲一体化之所以能够逐步实现，与欧盟"超国家"的区域协调机制、多主体多层次的治理体系、兼顾公平和效率的区域统筹发展政策、循序渐进的推进策略密切相关。

（一）建立打破行政分割的多层次区域治理体系

区域一体化的成功需要解决"跨界治理"问题，打破不同行政区划政府各自为政的"囚徒困境"，进而建立"超政府"的合作治理体制。①

① 卓凯、殷存毅：《区域合作的制度基础：跨界治理理论与欧盟经验》，《财经研究》2007年第1期，第55～65页。

欧盟层面“超国家”性的组织机构设置，增强了其协调不同行政主体行动的能力。欧盟委员会、欧洲议会、欧洲法院和审计院是共同利益的代表，地位至关重要。其中，欧盟委员会拥有立法创制权、监督权，同时负责确保各方遵守条约及实施共同体法。欧洲议会有参与决策权。欧洲法院的职能是通过解释和应用条约使共同体法律得到遵守，其做出的裁决在根本上须有利于一体化的深入。[①] 这些机构的人员产生同样体现出“超国家”性。欧盟委员会成员须成员国共同协商任命，同时须经欧洲议会的调查和表决。欧洲法院法官同样须经成员国一致同意后方能获得委任。这些保证了两个机构的人员组成和决定能够反映成员国共同而中立的意志，因而可以在打破行政分隔过程中发挥重要作用。

多层次多主体的治理体系在欧洲一体化过程中发挥着重要作用。多层治理表现为参与主体的多层级性和多元性，各行为体之间的关系不是等级制的，功能划分随着政策任务的不同而动态调整。[②] 多层治理体现在政策形成、执行和评估的各个阶段。

以政策形成过程为例，欧洲议会和代表成员国利益的部长理事会是欧盟层面影响政策形成的主要行为体。自《马斯特里赫特条约》生效以来，咨询程序、合作程序、共同决策程序和同意程序成为欧盟四大主要立法程序。咨询和合作程序中，立法提案的最终决定权掌握在部长理事会手中；共同决策程序中，立法提案的最终决定权由部长理

① ［德］贝娅特·科勒－科赫等著，顾俊礼等译：《欧洲一体化与欧盟治理》中国社会科学出版社 2004 年版，第 114 页。

② “多层治理”的含义为：在地域划分的不同层级上，相互独立而又相互依存的诸多行为体之间所形成的通过持续协商、审议和执行等方式作出有约束力的决策的过程，这些行为体中没有一个拥有专断的决策能力，它们之间也不存在固定的政治等级关系。参考王再文、李刚：《区域合作的协调机制：多层治理理论与欧盟经验》，《当代经济管理》2009 年第 9 期，第 48～53 页。

事会和欧洲议会行使；同意程序中，欧洲议会拥有最终决定权，可通过行使否决权制衡代表成员国特殊利益的力量。总体而言，在重大事务上，欧盟的决定仍须得到成员国的一致同意，部长理事会而非欧洲议会是最终决定者。在次国家层面，地方政府、利益集团、非政府组织等能够自下而上对欧盟政策的形成施加影响。其主要渠道包括：在布鲁塞尔设有办事处或代表机构，通过收集信息、游说等方式与决策者建立和保持联系；通过欧盟地区委员会使欧盟决策层了解并采纳地方代表的观点和主张。[①] 尤其是作为政策建议汇集机构的欧盟地区委员会以独立性、亲民性和合作性为工作原则，要求成员国各级政府接近市民，工作透明，让欧盟的决策能在最接近民众的层面形成，而不必屈从于成员国、地区以及地方政府意志。[②]

在发展评价方面，欧盟已建立起一整套包含官方评价、市场反应与公民参与的治理评价体系。第一层政策评估来自实施政策的欧盟各机构、成员国及其地方机构，评价手段和标准具有较高的权威性和客观性。第二层评估来自市场，评估过程中会大量参考基于市场的直接统计数据和企业调查数据。第三层评估依托政策实施过程中的社会伙伴，旨在让普通民众、非政府组织和行业专家都能够表明自己的立场和观点，从而为评价和改进奠定坚实的民意基础。[③]

---

① 刘文秀、汪曙申：《欧洲联盟多层治理的理论与实践》，《中国人民大学学报》2005 年第 4 期，第 123 ~ 129 页。

② “欧盟地区委员会”，中华人民共和国驻欧盟使团经济商务参赞处，2015 年 6 月 1 日，http：//eu. mofcom. gov. cn/article/ddgk/zwjingji/201506/20150601011528. shtml。访问日期：2019 年 7 月 8 日。

③ 喻锋、孙卓炘：《区域治理如何成为可能：以欧盟聚合政策（2007—2013 年）评价为例》，《经济社会体制比较》2014 年第 3 期，第 110 ~ 120 页。

（二）设计统筹区域发展的财税和基金工具

为解决成员国独立财政带来的利益分立与发展不均衡问题，欧盟一方面借助共同体法规对成员国财政政策形成约束，另一方面通过基金等财政工具实现区域发展的适度统筹。

欧盟各成员国具有相对独立的财政体系，但是作为加入欧元区的趋同标准，须遵守基本财政约束。根据《马斯特里赫特条约》，各成员国的财政赤字占 GDP 的比重不超过 3%，政府债务占 GDP 的比重不超过 60%。《稳定与增长公约》进一步确定了财政政策协调的规则和过度财政赤字的惩罚措施，同时建立监督成员国财政运行状况的预警机制。这有助于成员国贯彻统一的财政纪律，进而预防风险。

欧盟层面的财政预算主要致力于区域发展的适度统筹。约 75% 的欧盟收入来自成员国按国民收入比例缴纳的会费，约 14% 来自成员国的增值税，[①] 其他还有关税和农产品进口差价税等。欧盟特别注意控制机构运行的财政支出，[②] 在欧盟 2014 ~2020 年财政框架（Multiannual Financial Framework for the Years 2014—2020）中，仅总预算的6% ~7% 用于维持机构运转，其余 93% ~94% 通过各种发展基金类政策工具返还成员国，在基本体现成员国共同意志前提下进行再分配，[③] 发挥保护地区农业生产、缩小发展差距和解决失业问题等的作用。

基金工具应欧洲一体化需要出现，是区域统筹发展的重要政策工具。1975 年，鉴于英国、爱尔兰和丹麦加入后初步显现的地区发展不

---

① 增值税由成员国征收，然后将 1% 上缴给欧盟。

② 杨逢珉、张永安编：《欧洲联盟经济学》，华东理工大学出版社 2008 年版，第 234 ~235 页。

③ 当然再分配过程中也存在个别成员国因摊派费用过高，补偿过少而利益受损，存在不满情绪的情况，尤其是经济发展水平较高、农业在产业结构中占比较低的国家，例如英国和德国。参考谢鹏：《欧盟预算制度演变分析》，《武汉科技大学学报（社会科学版）》2017 年第 4 期，第 444 ~453 页。

平衡问题，欧共体正式成立欧洲地区发展基金（ERDF），支持落后地区产业发展和基础设施建设。地区发展基金的使用方式包括：以拨款或者低息贷款形式对落后地区产业进行投资，并给予税收减免；将公共支出用于落后地区的道路、港口和住房等项目；对落后地区的企业提供可降低生产成本的补贴，鼓励使用劳动密集型生产技术的企业；控制新企业成立地点，尽可能在落后地区设立企业。[①] 此外，欧共体还有结构基金（Structural Fund）、欧洲社会基金（ESF）等。1988 年，欧共体就结构基金政策进行重大改革，将欧洲地区发展基金、欧洲社会基金、欧洲农业指导与保证基金中的指导部分（EAGGF）、欧洲渔业指导金融工具（FIFG）一同纳入结构基金框架下。地区发展基金的功能仍然以缩小地区差距、支持工业地区经济发展和结构调整、为地区均衡发展提供资金援助为主。[②] 结构基金的主要目标对象是人均国内生产总值低于共同体平均水平 75% 的地区，如葡萄牙、爱尔兰、希腊、西班牙、意大利部分地区及法国的海外领地。[③] 1994 年，欧盟成立凝聚基金（Cohesion Fund），用于资助人均国民生产总值低于欧盟平均水平 90% 的成员国，帮助其发展交通基础设施和环境保护设施，缩小与先进地区的差距，并逐步达到建立经济与货币同盟所要求的预算赤字和国债标准，以加强欧盟在经济上的凝聚力和政策协调。[④]

总体上，财政基金在促进欧盟落后地区发展方面确实发挥了重要作用。1989 ~ 1993 年间，结构基金的投入在希腊、葡萄牙、西班牙和爱尔兰的固定资本中占比 8%，在受资助地区增加了 220 万人的就业，

---

① 张荐华：《欧洲一体化与欧盟的经济社会政策》，云南人民出版社 2011 年版，第 137 页。

② 张可云：《欧盟区域政策的制度基础与中国区域政策未来方向》，《湖湘论坛》2010 年第 3 期，第 59 ~ 65 页。

③ 张荐华：《欧洲一体化与欧盟的经济社会政策》，云南人民出版社 2011 年版，第 138 页。

④ 张荐华：《欧洲一体化与欧盟的经济社会政策》，云南人民出版社 2011 年版，第 140 ~ 141 页。

帮助四国的人均收入从1986年欧共体平均水平的2/3增加至1996年的3/4，爱尔兰更是增加到了90%的水平。[①] 根据欧盟数据，政策基金等政策使欧盟最不发达地区的人均GDP由2007年占欧盟平均水平的60.5%提高到2010年的62.7%。2007~2012年，结构基金为受援国翻新或重建了1208公里公路、1495公里铁路，提高了欧盟内交通网络的效率，直接资助19.8万个中小企业、7.78万个初创企业、6.1万个科研项目、2.2万个联合研究项目，创造了59.4万个工作岗位和2.1万个长期研究员岗位，有320万欧盟公民受益于供水系统的现代化改造等。[②] 结构基金的政治社会效益也非常显著。以希腊为例，自1992~2001年，希腊执行了结构基金资助的TAXIS项目。项目通过提供电脑、改良硬件设施、设立计算机联网系统、为政府雇员提供技术和职业培训等方式，帮助政府更充分地掌握基本经济数据，更有效打击偷税漏税行为，便捷与其他成员国和欧盟的信息交换，推动了希腊税收体制的变革，缩小了希腊在行政管理方面与欧盟先进地区的差距。[③]

（三）循序渐进打造要素自由流动的统一市场

统一大市场的构建是欧洲一体化的重要目标。1968年，欧共体完成了关税同盟的建设，但成员国间基础设施互联互通程度不够，法律、技术标准差异未消除，公共服务体系与水平不统一，内部市场实际上仍处于分割状态。20世纪70年代由经济危机造成的发展停滞，与美

---

① 张荐华：《欧洲一体化与欧盟的经济社会政策》，云南人民出版社2011年版，第141页。

② “欧盟结构和投资基金浅析”，中华人民共和国商务部驻匈牙利经商参处，http://www.mofcom.gov.cn/article/i/dxfw/jlyd/201504/20150400958677.shtml。访问日期：2019年3月14日。

③ 张浚：《结构基金及欧盟层面的市场干预——兼论欧盟的多层治理和欧洲化进程》，《欧洲研究》2011年第6期，第114~130页。

日经济实力对比中的劣势地位，促使欧共体在20世纪80年代加快真正的统一大市场建设步伐。应看到，整个欧盟市场一体化是循序渐进、稳妥推进的。

1. 开展统一市场建设的统一规划

1982年起，欧共体首脑会议开始强调建设统一大市场的紧迫性，要求共同体委员会展开研究。1985年，欧共体委员会提出《关于完善内部市场的白皮书》，确定了在1992年建成统一大市场的目标，同时明确了大市场建设过程中的三个主要障碍：物质（有形）障碍，即各国边境上的海关、商品过境的手续和对旅行者的管理措施等；技术障碍，主要指代各成员国不同的技术标准、法律规定和政策；税收障碍，即成员国之间不同的税收规则。为清除这些障碍，《白皮书》列出了近300项具体措施并由共同体委员会逐项拟定具体的实施报告，最后递交代表各成员国利益的部长理事会讨论通过。①

拟定基本"路线图"后，欧共体和成员国将委员会提出的方案通过立法逐项落实，其中重要的举措包括统一商品标准、消除技术性贸易障碍和协调税制等。1990年，欧共体内部实现了资金自由流通，共同体居民可以在任一成员国银行中筹措资金，标志着资本市场和金融自由化初步实现。到1992年3月，近300项措施中已有219项通过，193项正式付诸实践；到1996年9月，欧盟成员国将统一大市场立法转化为国内法的平均比例已达92.9%，统一大市场的巩固和完善工作基本完成。②

2. 打造互联互通的基础设施网络

基础设施互联互通是区域一体化的基本前提，欧盟主要通过制定

---

① 杨逢珉、张永安编：《欧洲联盟经济学》，华东理工大学出版社2008年版，第290~292页。

② 杨逢珉、张永安编：《欧洲联盟经济学》，华东理工大学出版社2008年版，第293页。

共同交通运输政策、制定和实施基础设施网络计划来推进。1991 年的《马斯特里赫特条约》曾提出建立“跨欧洲网络体系（Trans-European Networks，TENs)”计划，覆盖交通运输、能源和电子通信三大领域，将建立更好的跨国交通基础设施作为一体化发展的重要任务。① 1995 年，欧盟发布“共同交通运输政策：1995～2000 年行动计划”，对共同交通运输优先发展的政策领域做出规定，要求消除建立共同交通运输市场的障碍，协调成员国对交通运输部门的资助，协同工程技术标准的制定和实施，加强交通运输安全控制等。② 进入 21 世纪后，欧盟东扩给交通运输政策的协调带来挑战，欧盟又于 2001 年发布了《欧盟交通运输政策 2010：决定时刻》（*European transport policy for* 2010：*time to decide*）的白皮书，对东扩后的交通运输量进行了预测并修订了“跨欧洲网络体系”的指导原则，旨在适应欧洲一体化范围扩大后的交通运输协调需要，同时进一步消除成员国跨境交通运输的阻碍。③

2004 年，“跨欧洲网络体系”计划进一步得到修订，其中交通设施连通规划主要包含两项内容：建设覆盖整个区域的全面网络（The Comprehensive Network）以及建设连接公路、铁路、河运、海运关键节点的重要运输线路，形成核心网络（The Core Network），在 2016～2030 年周期内的预计投资为 7500 亿欧元。④ 为更好地实施该规划，欧盟委员会于 2006 年成立了“全欧交通网络执行机构（Trans-European

---

① 张荐华：《欧洲一体化与欧盟的经济社会政策》，云南人民出版社 2011 年版，第 100 页。

② 张荐华：《欧洲一体化与欧盟的经济社会政策》，云南人民出版社 2011 年版，第 97 页。

③ “Common transport policy：overview”，European Parliament，http：//www.europarl.europa.eu/factsheets/en/sheet/123/common-transport-policy-overview. 访问日期：2019 年 7 月 9 日。

④ “About TEN-T”，European Commission，https：//ec.europa.eu/transport/themes/infrastructure/about-ten-t_ en，last accessed on 9 July 2019；“Delivering TEN-T：Facts and figures”，European Commission，https：//ec.europa.eu/transport/sites/transport/files/delivering_ ten_ t.pdf. 访问日期：2019 年 7 月 9 日。

Transport Network Executive Agency）”，负责项目的技术与财政管理。

为提升基础设施互联互通的效能，欧盟还在遥感、信息管理等关键环节积极部署。比如，建设“伽利略”欧洲卫星导航系统（European satellite navigation system Galileo）和统一的欧洲铁路管理系统（European Rail Traffic Management System，ERTMS）。[①]

3. 依托专业社会组织推动标准的统一

标准统一是一体化的技术基础。欧盟通过制定法律法规管理和推进标准化工作。欧洲议会与欧盟理事会于 1998 年发布了 98/34/EC 号指令，旨在改善成员国在技术标准领域的信息互通服务，为标准化组织提供更多信息支持，[②] 2006 年发布了关于为欧洲标准化组织提供财政/经济支持的第 1673/2006/EC 号决定。[③] 为简化原有法律框架，适应新的发展要求，欧盟又在 2012 年制定了 1025/2012 法规，将立法标准扩展到服务标准领域，在加强与欧洲三大标准化组织合作的同时，也积极推动中小企业及环保组织等社会团体参与欧洲标准化工作。[④]

欧洲现有的主要标准化组织均是依成员国法律成立的国际非营利组织，出于建设统一大市场的需要，欧共体自 20 世纪 70 年代末开始加强与欧洲电工标准化委员会（CENELEC）、欧洲电信标准学会

① “Common transport policy：overview”，European Parliament，http：//www. europarl. europa. eu/factsheets/en/sheet/123/common-transport-policy-overview. 访问日期：2019 年 7 月 10 日。

② “Directive 98/34/EC”，EUR-Lex，https：//eur-lex. europa. eu/legal-content/EN/TXT/？uri =CELEX：31998L0034. 访问日期：2019 年 7 月 11 日。

③ “DECISION No 1673/2006/EC”，EUR-Lex，https：//eur-lex. europa. eu/legal-content/EN/TXT/PDF/？uri = CELEX：32006D1673&from = CS. 访问日期：2019 年 7 月 11 日。

④ “Regulation（EU）No 1025/2012”，EUR-Lex，https：//eur-lex. europa. eu/legal-content/EN/TXT/？uri = celex%3A32012R1025. 访问日期：2019 年 7 月 11 日。刘春青：《欧盟新法规将推动欧洲标准化进一步改革和发展》，《标准科学》2014 年第 2 期。

(ETSI)、欧洲标准化委员会（CEN）三大标准化组织[①]的密切合作，于1984年通过了与CEN和CENELEC的《合作总则》，并在1988年给予ETSI相同的合作地位。在具体合作过程中，欧盟委员会首先根据制定标准的要求起草正式委托书，三大标准化组织在仔细考虑要求之后，组织专家起草标准，或重新研究标准制定的需求。标准起草完成之后，欧盟启动公共咨询和投票程序，决定是否进行批准和公布。[②]三大标准化组织的工作卓有成效，得到了欧盟高度认可。以CENELEC为例，截至2018年，由其制定的欧洲标准已达7085件。[③]

4. 逐步推进旅行自由与劳动力自由流动

早在1985年，德国、法国、荷兰、比利时和卢森堡就签订了关于取消共同边界检查、实现旅行自由、开展警务与司法合作互助的《申根协定》，迈出了实现人员和商品自由流动的第一步。但直到20世纪90年代末，随着成员国间警察、海关和司法合作的深化以及更多欧洲国家加入，《申根协定》才真正发挥作用，人员自由流动得以基本实现。[④]

2002年，欧盟发布“欧盟劳动力流动计划”，提出了一系列促进劳动力流动的公共服务类政策措施。在劳动就业方面，提出统一各国职业分类，为劳动者提供学习培训、职位需求、能力认证等一站式就

---

① 欧洲电工标准化委员会（CENELEC）于1973年依据比利时法律成立，旨在帮助欧洲建立电工技术市场并专门负责该领域的标准化工作。欧洲电信标准学会（ETSI）依据法国法律于1988年成立，负责欧洲电信、广播和信息技术方面的标准化工作，制定市场需要的标准并对国际标准贡献欧洲智慧。欧洲标准化委员会（CEN）由法国标准化协会（ANFOR）主办，成立于1961年，该组织总部于1975年从巴黎移至布鲁塞尔，并正式注册成为一家非营利性的国际科技组织，负责电工技术和电信领域以外的标准化工作。三大组织尽管分工明确，但在信息和通信技术（ICT）领域的标准制定方面也存在协调与合作，参见陈淑梅、张明：《欧洲标准化组织与欧盟的标准化》，《中国标准导报》2003年第9期，第31～33页。

② 陈淑梅、张明：《欧洲标准化组织与欧盟的标准化》，《中国标准导报》2003年第9期，第32页。

③ “CENELEC facts and figures”，CENELEC，https：//www. cenelec. eu/aboutcenelec/whatwedo/factsandfigures/index. html. 访问日期：2019年7月10日。

④ 杨逢珉、张永安编：《欧洲联盟经济学》，华东理工大学出版社2008年版，第295页。

业信息平台，在各教育阶段强化外语技能的教育与培训。欧盟自2008年开始建立统一的欧洲资格认证框架，已使各国的学历学位教育和职业资格可以相互认证和转化。[①] 在科教领域，连续推出欧盟研发框架计划，嵌入促进研究人员短期或长期跨国交流和培训项目，并提供资金支持。在社会福利体系方面，提出简化社保手续、推行电子医保卡、增强养老金便携性、禁止对他国劳动力的歧视。在社会政策创制方面，提出进一步增强欧盟在推动社会政策一体化上的表决权，[②] 从而推动社会保障体系的一体化。

（四）通过公共服务一体化助推区域发展一体化

随着经济一体化的深入，公共服务一体化成为欧盟不可回避的议题。对此，欧盟在统一立法与规划、政策协调、基金工具、信息共享等多个层面进行了努力。

1. 建立基于欧盟公民身份的法律权利清单

1991 年，《马斯特里赫特条约》最早明确了“欧盟公民”的法律概念，同时制定了与之相关的保护成员国公民权利和利益的统一规定，如欧盟公民享有自由迁徙和居住的权利，有选举权和被选举权，在共同体范围外活动时有权得到欧盟及任一成员国的外交保护和服务等。2009 年，《欧盟基本权利宪章》生效，形成“欧盟公民身份权利”目录清单框架，包含尊严、自由、平等、团结、公民权和公正六大维度，每个维度都列出了对应的权利事项及详细解释。例如，“尊

---

① 曾凯华：《欧盟人才流动政策对粤港澳大湾区发展的启示》，《科学管理研究》2018 年第 3 期，第 87 ~ 90 页。

② 1986 年《单一欧洲文件》规定多数决议和指令方式可以适用于改善工作环境领域，1991 年《欧洲联盟条约》将理事会的多数表决权拓展到促进男女平等、解决长期失业问题等领域。

严”维度包括人格尊严权、生命权、人身完整权、禁止酷刑与不人道或羞辱性待遇或处罚、禁止奴隶和强制劳动等事项及其具体说明。[①]推行欧盟公民理念和权利是公共服务一体化的重要价值基础。

2. 通过统一规划加强成员国社会政策的协同

欧盟曾于1973年、1989年和1993年共发起三次社会行动计划（The Social Action Program，SAP），就共同体内促进就业和劳工权利保障提出共同目标，主要涉及获得更好的就业、生活与工作条件的改善、劳工参与管理与决策等内容。在教育方面，2017年欧盟委员会提出了“欧洲教育区”总体计划，拟到2025年打破教育职能由各国负责的现状，使成员国采用更加统一的教育体系。这一计划的具体目标包括实现中小学和大学毕业文凭的互认、教学计划方面的合作，提高计算机和语言知识以及促进终身学习等。[②]

3. 依托欧洲社会基金解决重要难题

1971年，欧共体对欧洲社会基金进行改革，将其职能分为解决现存失业问题和解决年轻人职业教育问题两部分。1992年爱丁堡欧洲首脑会议进一步明确欧洲社会基金的任务是——解决持续的失业问题，为年轻人提供工作机会，消除人们被劳动力市场排斥的风险，使工人适应产业结构的转型和生产制度的发展。会议同时决定大幅提高基金的总体规模，使其达到470亿欧元。[③] 目前，欧洲社会基金的职责未出现大的调整，整体资金规模则有所增长，2014～2020年周期的计划

---

① 唐亚林、刘伟：《SGI框架下欧盟公共服务一体化的价值基础建构及其推进策略》，《中国行政管理》2017年第2期，第130～136页。

② 房强：《欧盟拟统一教育标准》，《世界教育信息》2018年第1期，第72页。

③ 张荐华：《欧洲一体化与欧盟的经济社会政策》，云南人民出版社2011年版，第161页。

投入数额将达到 800 亿欧元。[①]

4. 建立权益转移对接机制

欧盟基于《巴黎条约》《罗马条约》《欧洲联盟运行条约》等总体性法规确定了权益转移对接原则。相关专门法律条例对社会保障等具体领域的原则做出了规定。例如，在医疗保险方面，欧盟医疗保险参保原则包括：第一，唯一国原则，公民在一段时间内只能参加一个国家所提供的医疗保险；第二，就业国参保原则，异国就业者就业两年及以上的在就业所在国参保；第三，年限累计原则，就业者跨国就业时，流入国要准确录入其原就业国参保年限，并按照相应法律法规进行累加；第四，国民待遇原则，要求凡欧盟公民无论在哪国参加社保，其社保待遇与该成员国公民享受的待遇水平一致。这些确保了欧盟公民在跨国就业后医保权益不会受到过多损失。[②]

5. 建立助推公共服务一体化的标准化管理及信息传递机制

在医保领域，欧盟建立了完善的欧洲医疗保险体系网络，统一要求成员国使用 E 表格和 EHIC 卡就医。E 表格包含社保记录、待遇证明、信息获取请求、社保接续等信息。EHIC 卡是保障欧盟公民就医权益的凭证，[③] 每一成员享有平等社保待遇，跨国就医者所享有的医疗服务要与当地居民对等。产生的费用可以即时缴费且回医保参保国也给予报销。

---

① "European Social Fund (ESF)", European Commission, https://ec.europa.eu/social/main.jsp?langId=en&catId=325. 访问日期：2019 年 7 月 9 日。

② 孔鑫鑫、梁立中：《欧盟社会保障开放性协调的经验及启示》，《品牌研究》2018 年第 5 期，第 21～23 页。

③ 孔鑫鑫、梁立中：《欧盟社会保障开放性协调的经验及启示》，《品牌研究》2018 年第 5 期，第 21 页。

三、欧洲一体化过程中值得引起关注的两点教训

欧洲一体化在促进经济发展和缩小地区差异等方面取得了诸多成功，但也因扩大过度与深化不足，导致区域差异过大、危机应对能力不足等问题。

（一）扩大过度导致一体化范围超出机构协调能力

在欧洲一体化进程中，欧盟一直努力协调各成员国利益，弥合各国文化与发展水平的差异，但随着一体化范围不断扩大，区域差异始终是关键问题，在2004年的东扩和债务危机爆发后甚至有恶化趋势。

区域差异首先体现经济发展水平上。从人均GDP平均水平看，欧盟形成中心和边缘发展差异巨大、东西和南北差距共存的局面，[①] 加大了解决问题的难度。中心区域是经济发展水平较高的国家，如北欧国家、英法德等大国以及荷比卢奥等西欧中小国家。边缘国家主要是人均GDP水平落后于发达区域的国家，如新加入的中东欧国家以及希腊、葡萄牙等南欧国家。以西欧为中心的欧盟产业布局、西欧对东欧的高投资率均强化了中东欧对西欧资本的依赖，但技术转移过程相对缓慢，这加大了东西欧间产业发展水平的差距，致使东西差异难以缩小。[②]

区域差异还体现在政治立场和观念差异上。中东欧国家的加入加

---

① 刘作奎：《“深化”还是“扩大”？——东扩十年欧洲一体化走向分析（2004—2014年）》，《欧洲研究》2014年第4期，第49~62页。

② 刘作奎：《“深化”还是“扩大”？——东扩十年欧洲一体化走向分析（2004—2014年）》，《欧洲研究》2014年第4期，第56页。

剧了欧盟内原本存在的政府间主义和超国家主义分歧。“超国家”主义是长期推动欧洲一体化的主导思潮，但新加入的中东欧国家大多持政府间主义观点，希望维持自身国家和民族利益、传统和文化多样性，在将国家主权让渡给欧盟机构这一问题上较为谨慎。① 观念差异造成欧盟内部政治凝聚力下降。在难民问题上，欧盟成员国分歧也很大。2016 年 9 月，一份报告指出，成员国对欧盟的难民分摊安置计划态度消极，致使计划落实缓慢。② 此后，维谢格拉德集团更是公开表示不支持欧盟强制分摊难民、把接收难民数量与获得欧盟基金挂钩的政策。③

整体上，区域差异问题随着欧洲一体化边界的扩张而日益凸显，区域经济发展水平和观念差异过大造成的利益协调困境似乎超出了现阶段欧盟的治理能力。对此，欧盟于 2017 年初发布英国“脱欧”后欧盟未来发展构想的白皮书，提出推进一体化的五条道路，其中就包括“多速欧洲”方案，即成员国将不再按照同一速度进行融合发展，不过这一方案并未获得中东欧新成员国支持。④ 由此可见，如何缓解扩大过程中的区域差异问题仍然是欧洲未来一体化发展不可回避的挑战，也启示我们要更加关注区域一体化过程中的治理能力和限度问题。

（二）深化不足导致经济社会危机应对能力的欠缺

欧洲一体化同时是成员国不断让渡主权、深化合作、欧盟权能不

---

① 刘作奎：《“深化”还是“扩大”？——东扩十年欧洲一体化走向分析（2004—2014年）》，《欧洲研究》2014 年第 4 期，第 54 页。

② “欧盟报告显示难民分摊安置计划进展缓慢”，凤凰网，2016 年 9 月 29 日，http://news.ifeng.com/a/20160929/50044428_0.shtml。访问日期：2019 年 7 月 10 日。

③ “如何应对欧盟难民政策 匈牙利‘问政’于民”，新华网，2017 年 4 月 2 日，http://www.xinhuanet.com//world/2017-04/02/c_129523810.htm。访问日期：2019 年 7 月 10 日。

④ “多速欧洲：老话题的新内涵”，新华社，2017 年 3 月 9 日，http://www.xinhuanet.com//world/2017-03/09/c_1120598031.htm。访问日期：2019 年 7 月 10 日。

断增加的过程，然而，现阶段欧盟还面临着一体化深度不足带来的权能分裂问题。虽然欧盟获得的权能涉及经济、社会、内政、司法乃至外交各个领域，但部分核心权力与能力仍掌握在成员国手中。比如，建设单一市场，共同货币缺乏与之匹配的共同财税与经济政策，《申根协定》对人员自由流动的要求与成员国主权和边界限制之间的矛盾仍然突出，[①] 这些使得欧盟在应对难民危机、欧债危机等重大危机时显得非常乏力。

以财政政策为例，虽然《马斯特里赫特条约》和《稳定与增长公约》均规定欧盟成员国财政赤字与公共债务不得超过 GDP 的一定比重，但其作用仅限于纪律约束和政策协调层面，未能达到迫使成员国严格执行的共同政策程度。因此，成员国违约情况屡见不鲜，希腊、意大利等国公共债务占 GDP 的比重甚至常年超过 100%，[②] 客观上为欧债危机的暴发埋下了伏笔。当危机暴发时，欧盟层面也缺乏统一的财政政策和危机应对措施，除了条约规定“不救助原则”[③] 的制度性约束，欧盟有限的预算资源也难有作为。最终，“政府间方式”成为应对危机事实上的主导方式，危机解决方案需要成员国达成高度共识。由于观念限制、国家利益需要及国内政治压力，成员国难以很快形成一致意见，造成危机不断加剧。[④]

难民危机同样暴露了欧盟的制度性缺陷。市场一体化尤其是申根

---

① 金玲：《欧洲一体化困境及其路径重塑》，《国际问题研究》2017 年第 3 期，第 51 ~ 62 页。

② 崔文芳、马宇：《欧洲主权债务危机的特点与成因》，《长春金融高等专科学校学报》2011 年第 1 期，第 1 ~ 5 页。

③ 非救助条款规定欧元区各成员国政府必须独立对其所发行的债务承担责任，严格禁止欧盟或者任何欧元区成员国政府承担另一个欧元区成员国所发行的债务，其目的在于避免道德风险，督促欧元区成员国遵守财政纪律。参考漆鑫、姜智强：《欧债危机背后的欧元区制度缺陷——不可能三角》，《国际金融》2012 年第 9 期，第 37 ~ 41 页。

④ 金玲：《欧洲一体化困境及其路径重塑》，《国际问题研究》2017 年第 3 期，第 51 ~ 62 页。

区人员自由流动的要求使移民问题具有超越国家主权和边界的欧洲特性，需要欧盟层面的协调和应对。与此同时，由于难民问题日益与国内安全风险以及民族身份认同相联系，各国政府在解决问题时必然面对强大的国内民众压力，尤其是来自民族主义情绪的排外压力，成员国基于主权安全和国家稳定的需要，可能采取不妥协立场，导致欧盟在难民危机上的应对举措失效。①

欧盟危机解决能力的缺失既来自制度设计本身，也来自制度确立的方式。欧洲一体化本质上是不同主权国家通过自愿让渡主权形成合作，一体化的深化需要各国之间的相互信任和利益妥协，因而，欧盟获得权能的过程必然充满漫长的"讨价还价"过程，也难以完全获得一些关键权力，导致制度缺陷难以解决。就我国区域一体化战略而言，由于不存在主权让渡的问题，制度设计难度相对较低，但仍应合理划分一体化管理机构和地方政府的权限范围，注意不同制度的配套，减少权能分割带来的问题。

四、欧盟一体化对长三角一体化战略的启示

基于对欧洲一体化过程的梳理、经济社会影响的分析和经验教训的总结，结合我国长三角一体化战略的发展情况，我们提出如下建议。

（一）完善支持长三角一体化的法律法规体系

在欧洲一体化进程中，条约和法规发挥了巩固一体化成果、约束成员国行为等重要作用。长三角一体化战略同样需要构建坚实的法律

① 金玲：《欧洲一体化困境及其路径重塑》，《国际问题研究》2017 年第 3 期，第 52 页。

法规基础。一方面，国家层面应形成引导和规范区域一体化和经济合作的法律规范，另一方面，地方层面应形成促进一体化的具体法律规章。[①] 特别是，地区层面应在电信、电力、产品质量、公共服务、社会治理标准方面进行统一或者协同立法，地区一体化管理机构应鼓励行业组织发展和参与标准制定、异地支付结算。

（二）构建统一领导、多层次、多主体的协同治理体系

欧盟的经验表明，不同行政主体间的合作需要构建一个“特殊体制”或“特殊机构”，从而模糊地理上的界限并打破传统行政壁垒。[②] 这个机构可能是一体化参与者之间形成的自组织，其权力来自合作伙伴自愿出让的权力，主要功能是协调而非统治或控制。与此同时，这个机构需要具有一定的约束和规范权力，具有价值中立的“超国家性”，不偏袒参与合作的任何一方。欧洲一体化在治理方式上的创新还体现在初步构建了欧盟、成员国、地方政府、民间等多层面多主体的治理体系，将治理理念贯穿于决策、执行、监督和评价全过程，这套治理体系超越了传统一体化进程中单一强势政府主导、政府间合作的管理框架，成功调动了包括欧盟官员、成员国首脑、部长和地方政府官员、利益集团和民间团体在内的多元主体参与的积极性，形成多维互动的治理格局。[③]

长三角一体化战略可借鉴这一经验，构建由中央政府主导的区域

---

① 卓凯、殷存毅：《区域合作的制度基础：跨界治理理论与欧盟经验》，《财经研究》2007年第1期，第55~65页。

② 卓凯、殷存毅：《区域合作的制度基础：跨界治理理论与欧盟经验》，《财经研究》2007年第1期，第61页。

③ 喻锋、孙卓炘：《区域治理如何成为可能：以欧盟聚合政策（2007—2013年）评价为例》，《经济社会体制比较》2014年第3期，第110~120页。

一体化领导机构，如由中共中央、国务院统一领导，[1] 人员设置上应充分代表不同地区利益，该机构的主要职责是：执行中央对地区一体化发展的部署，提出区域经济发展与区域关系协调的政策建议并报请中央与立法机构审批，组织制定具有区域约束力的政策法规和标准，具体执行经立法程序通过的政策、规划与其他规则，负责区域政策网格划分、总体性和专项性一体化规划，组织协调条线资源、不同地区利益主体关系并约束地方政府行为，设立统一管理的区域发展基金，具体组织实施区域性重大项目，组织研究重大区域问题，监督、协调和评估区域一体化政策任务的推进情况等。在此基础上，构建一套多层次的区域合作协调机制，在不同领域促进不同主体间的谈判和协商，特别是引入专业性组织在决策资政、标准制定、公共服务供给、异地结算、矛盾调解、信息交流中发挥作用，解决区域一体化过程中的具体矛盾和问题，从而打破政府区划分隔，避免“自上而下”的单一行政推进，加强政府与民间合作，促进区域一体化的治理体系创新。

（三）积极使用具有统筹功能的政策性财政与基金工具

在一体化进程中，欧盟十分注重财税政策与基金工具的运用。在财税方面，基于会费欧盟得以形成统一的财政收入，并通过基金工具用于地区统筹发展。在基金方面，通过建立欧洲结构基金、凝聚基金和入盟准备基金，欧盟得以缩小地区发展差异，通过欧洲社会基金，欧盟得以致力于社会保障体系建设，通过欧洲农业指导与保证基金和欧洲渔业指导金融工具，欧盟可以实现对相关产业的保护，这些工具有效缓解了欧盟一体化过程中遇到的各种困难。

---

① 张可云：《欧盟区域政策的制度基础与中国区域政策未来方向》，《湖湘论坛》2010 年第 3 期，第 59 ~65 页。

我国长三角一体化战略可借鉴欧盟的财政与基金工具经验，由国家财政与地方省市财政划拨专款建立区域发展基金，同时建立起针对各种问题的地区发展子基金，对于人均 GDP 低于平均水平 90%、75% 等发展欠充分区块提供资金和项目帮助，形成完善的基金体系，为缩小地区发展差距、形成统一市场、保障公共服务提供稳定的资金来源。[①]

在肯定基金政策工具带来的积极影响的同时，也要看到其在实际操作过程中的问题。比如，欧债危机导致部分成员国政府财政困难，难以拿出配套资金援助项目建设；结构基金本身的运作方式也被认为缺乏灵活性；欧盟与受援国政府间缺乏协作；对欺诈行为和资源不合理利用的监督和惩罚不足等。[②] 这些问题都影响了结构基金工具的利用效率，提醒我们在运用基金政策工具时应解决基金的来源问题和实际项目运作中的资源管理问题。

（四）依托大数据技术形成统一而精细化的政策网格

欧盟区域政策的成功离不开科学规划，其中一项重要举措是精准划定需要政策扶持的“问题区域”。欧盟建立了专门的标准地区统计单元目录（Nomenclature of Territorial Units for Statistics，NUTS），主要目的是为欧盟提供统一的地域单元划分，以提高政策实施的精确度及促进区域管理的科学化。NUTS 为三级分类体系，首先将每个成员国划分为若干个 NUTS1 区域，而每个 NUTS1 区域又被划分为若干个 NUTS2 区域，之后再将每个 NUTS2 区域划分为若干个 NUTS3 区域。[③]

---

① 张可云：《欧盟区域政策的制度基础与中国区域政策未来方向》，《湖湘论坛》2010 年第 3 期，第 64 页。

② 孙小丽、徐静：《欧盟结构基金的发展和运作模式探析及对中国的启示》，《生产力研究》2012 年第 9 期，第 157 ~ 158 页。

③ 张可云：《区域经济政策》，商务印书馆 2005 年版，第 172 页。

根据这一划分，欧盟目前共有 104 个 NUTS1 区域、281 个 NUTS2 区域和 1348 个 NUTS3 区域。[①] 而主要区域政策和成效评估基本是在 NUTS2 层次上进行的。这既避免了区域政策的实施对象范围过大、政策效果不明显的问题，也避免了因实施对象范围过小而无法实现以点带面的问题。[②]

我国可以吸收欧盟的经验，制定长三角一体化规划时可依据一定的统计经济指标（如人均 GDP 和失业率），结合卫星遥感、移动通信等网格化大数据，而不仅是依靠行政区划来划分区域单元。这样有助于找出特定的“问题区域”，厘清不同区域的发展现状和共同问题，进而更有针对性地制定区域发展规划与精细化的区域政策。

（五）打通公共服务领域阻碍劳动力自由流动的关键堵点

在欧盟一体化过程中，公共服务一体化具有双重作用：一是促进劳动力的自由流动，建设统一的区域市场；二是提升一体化带来的公民获得感，形成欧盟公民的价值认同。为此，欧盟从基本法律、信息共享、同等保障、技能提升等方面进行了政策与行动协同，取得了较好的成效。

具体到长三角地区，鉴于公共服务一体化深受财政“分灶吃饭”与户籍制度的影响，应明确公共服务一体化的主要目标是服务于区域经济一体化、便利区域居民的日常生活，主要任务是疏通阻碍劳动力与人才自由流动的关键环节。可以借鉴的举措有：建立大致统一的地区性公共

---

① “NUTS-Nomenclature of territorial units for statistics Background”, Eurostat, https://ec.europa.eu/eurostat/web/nuts/background. 访问日期：2019 年 7 月 15 日。

② 张可云：《欧盟区域政策的制度基础与中国区域政策未来方向》，《湖湘论坛》2010 年第 3 期，第 63 页。

服务基本项目清单与标准指南，成立公共服务领域的一体化协调机构，共建共享公共服务一体化发展基金，建立区域统一的劳动就业信息服务平台，推动学历和专业资格互认和转化，推动社会保障一卡通，增强社会保险的便携可续性，全面推广异地就医和费用报销即时结算。

（六）及早谋划区域内发展差距拉大问题的政策应对

欧盟一体化显著改善了成员国间及后发国家内部的贫富差距问题，但随着范围的扩大与程度的加深，欧盟不同地区间及部分先发国家内部贫富差距拉大的问题凸显，成为影响一体化进程深入推进的重要障碍，甚至对区域一体化的发展理念构成挑战，造成内部价值分歧，值得高度重视。

我国长三角区域一体化战略推进时间尚短，应看到欧盟的教训，及早谋划地区发展差异拉大带来的问题。应加强一体化发展机构统筹区域发展的作用，积极探索财税、基金和社保统筹机制，发挥这些政策工具在平衡区域发展差距中的作用，推动区域内的先富带后富与互助共济。确立循序渐进、分领域、分阶段推进的总体思路，探索区域内不同领域与不同网格单位按照不同速度推进一体化发展的实践。充分做好有关区域一体化政策尤其是涉及财税、公共服务领域政策的舆情民情收集工作，推进参与式、民主式决策，通过科学决策与重大决策听证制度化解社会矛盾。建立违反约束的惩戒机制，明确区域一体化发展的内部纪律。

执笔人：王伟进　陈　勇[①]

---

① 北京大学国际关系学院硕士研究生。

专题报告十四

东京都市圈一体化发展的经验和启示

当前，都市圈、城市群已成为全球范围内国家和区域空间发展的主要形态，它们既是经济和科技创新活动的重要载体，也是巩固和培育全球竞争力的重要依托。东京湾区作为世界著名的湾区，是日本最重要的工业带和城市群，其经济总量约占日本全国的1/3，东京都市圈便是依托东京湾发展壮大起来的。在过去几十年的演变发展中，东京都市圈一体化发展积累了不少宝贵经验，能为我国加快粤港澳大湾区建设、推进长三角一体化发展提供借鉴。

一、东京都市圈地域范围和发展概况

东京都市圈位于日本关东地区，是日本经济总量最大、人口最多的城市群。东京都市圈在地理上可统称为“一都三县”，即以东京都为中心，北至埼玉县，南达神奈川县，东至隔东京湾相望的千叶县，[1]

---

① 有学者认为东京都市圈应当包括更大的地域范围。例如，刘祥敏、李胜毅（2013）认为应包括东京、埼玉、千叶、神奈川、茨城、枥木、群马、山梨“一都七县”，总面积33933平方公里，约占日本国土面积的9%。本文认为这种划分方法实际上包括了整个日本关东地区，地理范围过大，故采用大多数研究者认定的“一都三县”。

地域面积 13376 平方公里，约占日本国土面积的 3.54%。其中，千叶县的面积最大，约为 5083 平方公里，超过东京都与神奈川县的面积之和，占东京都市圈地域面积的 38%。东京都市圈的东京、埼玉、千叶三座核心城市分别与各自所在的都、县同名，神奈川县则以川崎和横滨两市为中心。神奈川县南部的横须贺和对岸千叶县的木更津市凭借港口成为东京湾区城市群的重要组成部分，再向南有三浦和房总半岛环绕，使得东京湾区大体上呈收口状。

在地理区位上，东京都市圈的形成和发展得益于东京湾优越的港口条件，毕竟这里是日本中东部地区沿太平洋的出海口。特别是 20 世纪 50 年代以来，随着日本工业化和城市化进程的加速推进，人口、资金、技术等各类要素大规模向东京都地区流动集聚，东京都的经济结构也随之发生了大调整。在发展的早期，东京都以钢铁、化工、造船等资本密集型产业为主，形成日本关东地区经济发展的强大聚合力。从 20 世纪 70 年代中期开始，东京都立足产业结构升级的需要，将制造业特别是重化工业逐步外迁到周边的埼玉县、千叶县和神奈川县，这些县市的工业经济由此进入快速发展时期。与此同时，以东京为核心的东京都市圈开始形成。

21 世纪以来，日本政府力图通过提高产业集聚度来提升国家竞争力，推出了日本版的产业集群政策。按照日本经济产业省的表述，2001 ~ 2005 年为产业集群启动期，2006 ~ 2010 年为产业集群发展期，2011 ~ 2020 年为产业集群自主成长期。[①] 在此过程中，东京都市圈也在调整和优化经济结构。尤其是东京圈，作为日本“国家战略特区”，日本政府将其定位为“国际化商务及创新产业基地”，并给予一定的

① 详情可参看日本经济产业省的相关介绍，网址：https：//www. meti. go. jp/english/。

优惠政策，比如神奈川县的优惠政策主要包括税额扣除（削减固定资产税、房地产税）、补贴（补助办公地租赁费等）和低息融资，其产业形态发生了较大变化。从主导产业看，目前东京都地区主要集聚了金融、商贸、总部经济和信息服务等产业形态，埼玉县主要是制造业、建筑业和交通运输业，千叶县的交通运输、机械和钢铁工业很发达，神奈川县则重点发展机械工业、电子信息、石化和港口经济（见表1）。显然，东京都市圈"一都三县"的产业发展各有侧重。

表1　东京都市圈"一都三县"和主导产业

"一都三县"	辖区面积（km^2）	中心城市	当前主导产业
东京都	2109	东京	金融、商贸、信息服务、总部经济
埼玉县	3768	埼玉市	制造业、建筑业、交通运输业
千叶县	5083	千叶市	交通运输、机械、钢铁
神奈川县	2416	横滨市、川崎市	机械、电子、石化、港口经济

资料来源：根据日本经济产业省、总务省统计局等的资料整理。

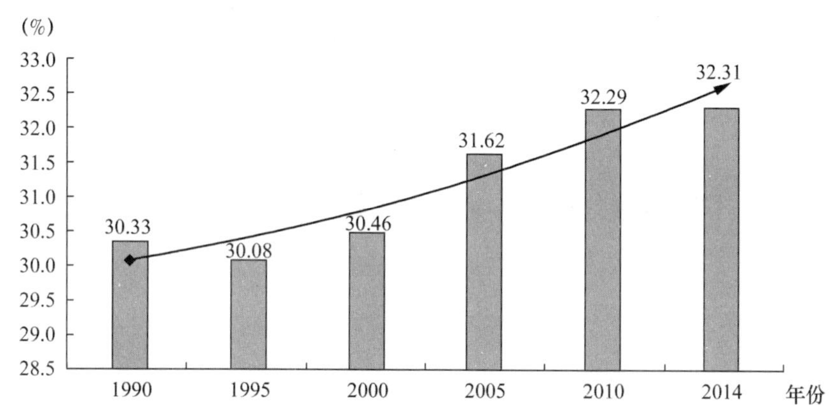

图1　东京都市圈生产总值占日本GDP的比重

资料来源：根据日本总务省统计局《日本统计年鉴》相关年份数据测算绘制。

根据日本总务省统计局发布的《日本统计年鉴2019》数据测算，2017年东京都市圈总人口为3644万，占日本全国人口的28.76%；2014年东京都市圈的地区生产总值为166.18万亿日元，占当年日本国内生产总值的 32.31%，其中，东京都占到了日本国内生产总值的 18.45%。事实上，20 世纪 90 年代以来，东京都市圈在日本经济总量中的占比就在逐年小幅攀升（见图 1），东京在东京都市圈一体化发展和提高集聚度方面起了很大作用，其核心地位也日益稳固。

二、东京都市圈一体化发展的主要经验启示

日本是世界上最早提出都市圈概念并对都市圈进行规划的国家，这使日本在都市圈规划与协调发展方面积累了丰富的经验。作为日本三大都市圈中最为重要的都市圈，东京都市圈的形成发展既是核心城市东京发挥扩散效应的必然产物，也是科学规划、有效统筹、专业分工和错位竞争等因素的结果。东京都市圈的发展大体上经历了“强核”“外溢”“布网”“整合”“耦合”等阶段（刘祥敏、李胜毅，2013），[①] 各阶段皆饱含着日本政府的实践探索。概括起来，东京都市圈一体化发展主要有以下几方面的经验及启示。

（一）科学规划，有效统筹

东京都市圈在其发展过程中一直十分注重区域规划，将不断扩张的都市圈作为一个整体纳入规划，尽可能促进都市圈内各地域的协调发展。1950 年，日本政府为了东京都的尽快恢复与发展，成立了首都建设委员会。1956 年，日本颁布《首都圈整备法》，将首都建设委员会升级为总理府下属的首都圈整备委员会。1958 年，《第一次首都圈

---

① 也有学者按照日本政府从 20 世纪 50 年代制定《第一次首都圈建设规划》开始到 20 世纪末完成的五次规划过程，将东京都市圈的发展分为雏形期、扩张期和成熟期三个阶段（张晓兰、朱秋，2013）。

建设规划》出炉，主要是仿照1944年大伦敦规划，提出建立卫星城市和调整东京城区的建设。1968年，《第二次首都圈建设规划》对绿带规划作出了调整，为了疏散东京的功能，该时期建设了大量的铁路、公路以连接区域内各主要城市，以期实现构造广域都市圈的设想。此后无论机构如何改变，每十年左右都会根据国际环境变化和国内战略需求进行适应性调整，完善出台一次首都圈建设计划。2004年，日本中央政府退出全国性国土开发规划的编制，交由各都市制定自己的发展规划，中央政府更多地转变为发挥协调与政策统筹功能。如此，都市圈内的城市可以根据各自特点制定更加符合实际的发展规划，中央政府则以“总协调人”的身份确保充分发挥都市圈内各城市的比较优势，促进区域协调发展。

值得强调的是，日本的规划体系非常注重“前后衔接一致”，可以规避主政官员变动和其他因素带来的干扰，能够从事前、事中和事后三个层面全程保障规划体系的实施。特别是为了避免决策主体和利益主体的矛盾以及对某地区的倾向性照顾，通常是立足于都市圈发展大局、从宏观层面进行规划决策。其具体措施包括交通、环境、信息共享和公共服务平台的建立以及产业一体化与行政体系改革等，这些区域政策的实施不受行政区划的限制，适用于整个都市圈内的成员城市，能够有效破除行政壁垒。

（二）专业分工，错位竞争

东京是东京都市圈的核心城市，也是世界上经济活动最集中的城市之一。东京的强大吸引力使得周边城市一直面临较大的竞争压力，但这些城市并没有被来自东京的竞争挤压、击垮，而是通过建立良好的沟通协商机制，形成与东京专业分工、错位发展的共赢格局。这种思路既是化解东京中心城区过度膨胀问题的现实需要，也是周边地区加快社会经济发展的合宜选择，实现了“核心 – 外围”联动发展。具体而言，早在 20 世纪六七十年代经济高速发展时期，东京就为疏解中心城区压力、促进产业集群发展，在其中心城区及外围区域合理布局了一批以新城体系建设为支撑的现代服务功能区，形成支撑东京作为国际化大都市的战略性空间框架，并开始实施“工业分散”战略，将一般制造业外迁。实施“工业分散”战略后，机械电器等工业逐渐从东京中心地区迁移到神奈川县的横滨、川崎等城市，东京中心城区则强化知识密集型产业和高端服务功能，重点布局高附加值、高成长性的现代服务业。1986 年，日本建立东京离岸金融市场，金融业迅速发展，制造业加速向周边城市转移。由此，东京的产业格局从传统工业化时期的以一般制造业、重化工业为主，逐渐蜕变为以贸易、金融、研发和高新技术产业为主，东京也从日本国内大都市发展成为国际化大都市。专业分工、错位竞争不仅使东京免于“大城市病”，而且使其职能定位更加清晰、城市管理水平得到提升，避免了区域产业同构和恶性竞争，各类资源要素得到合理配置和充分利用，优化了整个都市圈的经济和产业布局，拓展了发展空间。

（三）交通先行，补齐短板

良好的交通基础设施是提升城市功能的重要保障。东京都市圈是一种以轨道交通为中心的发展模式，其规划也都遵循公共交通优先原则。东京都市圈的居民也大都热衷于轨道交通，其中一个重要的原因是车站与住处的距离较近。“一都三县”各首府之间在上下班高峰时期，无论是自驾还是乘坐公共交通工具，都能在一个半小时之内实现通勤。东京都都市整备局数据显示，每天上班上学的人中，轨道交通的乘客占到86%，高峰时段这一比例更是高达91%，居全球首位（陈宪，2018）。由城区地铁、城际高铁、城市轻轨和高速公路等共同构成的立体式交通体系强化了东京与各卫星城市的联结纽带，全世界最密集的轨道交通网有效支撑了东京都市圈的发展，使都市圈的产业和人口分布更加均衡、社会经济发展更加协调。东京都市圈这方面的主要做法有：一是以举办大型活动为契机，加快交通基础设施建设。比如，东京是2020年奥运会和残奥会的举办地，为使主要场馆设施布局更紧凑，实施了首都圈高速晴海线、国道357号线等项目。二是加快交通工具间的连接，比如建设东京都中心与机场之间的“都心直通线”（王凯、周密，2015）。总之，东京都市圈的交通发展经验表明，轨道交通是中心城市连接周边一小时经济圈最有效、最便捷的交通方式，在城市发展过程中需提前规划、补齐基础设施和公共服务的短板。

（四）多核驱动，协同发展

世界上的大都市圈通常体现为“多核心”的城镇体系结构，即一个都市圈可由两个以上核心城市和围绕核心城市的多个中小城市组成。东京虽说是东京都市圈的核心城市，但川崎、横滨、千叶、横须贺、埼玉等也是重要的区域经济增长极，它们不仅在产业分工方面和东京有所区分，而且是“分散型多心多核”发展模式的生动体现。“分散型多心多核”发展模式最早体现在日本政府1976年出台的《第三次首都圈建设规划》中。该规划构想以“分散型网络结构”代替“一极集中”的东京，即建设多级结构的城市复合体共同承担东京的各项职能，通过分散东京城市中枢管理功能，将政府、教育、工业及商业等不同职能向周边城市扩散，并在不同的卫星城市形成独立区域，培育都市圈核心区。之后的《第四次首都圈建设规划》和《第五次首都圈建设规划》进一步强化了多核驱动、协同发展的政策目标。这样的“分散型网络结构”不仅舒缓了东京中心城区人口和产业发展的压力，同时还通过产业分散进一步强化都市圈内城市之间的网络化结构和合理分工，促进了都市圈内各地的均衡发展，增强了东京作为国际城市的竞争力，体现了日本政府在规划都市圈时将其作为一个整体纳入规划的全局观。

（五）财税引导，尊重市场

都市圈是工业化和城市化发展到一定阶段的产物，虽然科学规划有助于都市圈的形成和发展，但根本作用因素还是市场机制。东京都市圈的发展历程业已表明，其产业结构的调整、资源的优化配置和人口的流动集聚都是在市场机制作用下，有序地在都市圈内中心城市与周边区域间转移。尤其是在尊重市场规律的前提下实施适宜的财税引导政策，有利于提升都市圈一体化发展的层次和水平。对此，日本政府主要采取了以下四方面措施：一是通过国家项目对地方基础设施进行直接投资，如重点交通基础设施和港口建设等，对一些边远落后的城市和地区提供贷款支持，促进区域中心城市和小城市的开发建设，特别是通过公共投资调整和引导市场主体的行为，比如1995年之后将一些公共投资项目转向研发中心、光纤技术和先进的公共交通设施建设。二是通过转移支付，补贴都市地域发展项目。例如，为了引导企业向外围区域转移，政府一方面对接受这些企业的地方政府进行转移支付，另一方面，对企业实施税收减免等优惠政策。三是通过政策性银行进行专项贷款和导向贷款，以此表明政府的产业政策、引导市场主体的投资方向。四是采取财政补贴等优惠措施，促进新兴产业和城市的开发。日本政府允许某些地区发行地方债券并由国家财政补贴其利息。

（六）陆海统筹，港城一体

日本资源贫乏，原材料大多依赖进口，获取低成本的海洋运输条件至关重要。东京都市圈拥有东京港、横滨港、川崎港、横须贺港、木更津港、千叶港等多个重要港口。都市圈依托港口优势，通过海运带动国际贸易，充分利用了世界资源和先进技术，加上合理的专业化分工和错位竞争，促成了大规模的产业集聚与城市蔓延，为其一体化发展提供了坚实的经济支撑。可以说，优越的区位条件为东京都市圈奠定了空间结构和发展基础。日本政府高度重视港口与城市的融合发展，注重陆海统筹。早在 1951 年，日本政府就制定了《港湾法》，加强政府在总体规划中的权力。1967 年提出的《东京湾港湾计划的基本构想》，解决了东京湾内港口竞争问题，将港口间的竞争转换成了整体合力（王宪明，2008）。1985 年，日本政府推出“面向 21 世纪的港湾政策”，提出综合性港口概念，在滨水区构建物流、工业与生活和谐发展的模式。此后的 1990 年，日本政府推出“建立富饶魅力滨水区”政策目标，强调在通过填海建立人工岛后，以人工岛外沿区域作为港口泊位，在人工岛内部区域规划建设居住和商业空间。在对港口进行改造时，强调对旧有港口空间的再利用，目的是推进港城一体，营造宜居港湾环境（田栋、王福强，2017）。总之，以港口空间开发与优化利用推进“港产城”融合发展是东京都市圈一体化发展的一个鲜明特点。

三、经济腾飞与环境恶化：也曾“误入歧途”

东京都市圈有两大工业带：京滨工业地带和京叶工业地带。其中，神奈川县下辖的川崎市和横滨市位于京滨工业地带，前者以重工业、服务业和新兴产业为主，后者以服务业、制造业和信息产业为主；千叶位于京叶工业地带，其钢铁、电力、机械工业较为集中。这两大工业地带聚集了日本的钢铁、冶金、炼油、石化、汽车、电子、造船等重要产业，不仅生产量和进出口量巨大，排污也同样非同小可。但在发展的早期，日本政府和企业对环境问题并不重视，在环境方面一度付出沉重代价。比如20世纪60年代，随着河流两岸建设众多工厂，多摩川基本上成了一条排污水道；20世纪80年代之前，东京的很多废弃家电是用来填海的，在海边围一块地，将家电填进去，铺上泥土，种上树，就成了填海区（陈言，2017）。总之，该时期港口贸易和沿海制造业的扩张不仅造成严重污染，还降低了湾区对居民的吸引力。

20世纪80年代，东京都市圈开始加强环境整治，生态环境有了根本好转。此后，不给环境带来任何负担、在生产过程就考虑资源再生利用和循环经济问题逐渐成为日本社会的共识。应该说，东京都市圈20世纪50年代至70年代末的经济腾飞与环境恶化并存，这是其发展理念“误入歧途”的体现。日益恶化的环境使日本政府意识到问题的严重性，并采取强力措施整治，东京都市圈的环境问题得到了有效解决。

从更长的历史时期看，东京都市圈的经济发展和环境质量可能遵循“环境库兹涅茨曲线（Environmental Kuznets Curve）”。[①] 按理说，环境库兹涅茨曲线揭示了随着经济进一步发展，环境问题可能会自行得到解决，但这并不意味着“倒U”形拐点会自动到来。毕竟，东京都市圈生态环境的好转更多是日本政府强力治理的结果，在环境问题上往往存在“市场失灵”。从中国的发展实践看，尽管经济增长对环境污染的影响总体上符合环境库兹涅茨曲线假说，且目前已处于“倒U”形曲线的下降

① 1991年，经济学家格罗斯曼（Grossman）和克鲁格（Krueger）发现环境污染与经济增长之间存在着“倒U”形关系。后来，学者借用1955年库兹涅茨界定的人均收入与收入不平等之间的“倒U”形曲线，将这种环境质量与人均收入间的关系表示为“环境库兹涅茨曲线（EKC）”。

部分，但不同的区域呈现出一定差异，东部地区基本处于“倒 U”形曲线的右侧，而中部和西部地区仍处于“倒 U”形曲线的左侧（宋锋华，2017）。鉴于此，在长三角一体化发展过程中要注意贯彻新发展理念，在政策制定上要兼顾三省一市的发展差异，优惠政策需适当向相对落后的安徽、苏北和浙西地区倾斜，要统筹好跨流域治理与生态补偿问题，深入践行“绿水青山就是金山银山”理念，走绿色发展道路。

四、值得注意的两个问题：人口集聚与虹吸效应

东京都市圈一体化发展给我们提供了不少成功经验，也在环境方面留下了深刻教训。本文结合我国长三角地区的相关情况，探讨人口集聚与虹吸效应这两个值得注意的问题，以更全面地理解区域一体化发展的潜在挑战。

（一）关于人口集聚

人口集聚是城市得以形成和发展的重要条件。但是当人口集聚到一定程度后，可能会出现“逆城市化”现象。伦敦和纽约等国际大都市人口规模的长期变化规律表明，大都市人口规模的变迁通常会呈现缓慢聚集期、快速聚集期和缓慢增长期的“S”形变化轨迹。这意味着一旦过了人口快速聚集期，城市中心人口扩张最终会进入缓慢增长的平台期。

就日本而言，日本人口规模在 2008 年达到 1.28 亿的历史峰值后，人口总量开始减少，但东京都市圈的人口数量仍在缓慢增加（见表 2），其总人口由 1980 年的 2870 万增加到 2017 年的 3644 万，其占日本全国人口的比重从 1980 年的 24.52% 逐步提高到了 2017 年的 28.76%（见图 2）。目前，日本国内的人口依然在往东京都市圈流动

表 2　　东京都市圈人口变化情况　　单位：万

地区＼年份	1980	1985	1990	1995	2000	2005	2010	2015	2017
东京都	1162	1183	1186	1177	1206	1258	1316	1352	1372
埼玉县	542	586	641	676	694	705	720	727	731
千叶县	474	515	556	580	593	606	622	622	625
神奈川县	692	743	798	825	849	879	905	913	916

资料来源：根据日本总务省统计局《日本统计年鉴》相关年份数据整理。

集聚，东京都市圈是日本最重要的人口集聚区，也是人口密度最大的区域。但也需看到，东京都市圈的人口扩张已经进入缓慢增长的平台期，其 2010 ~ 2015 年的人口规模只扩张了 1.43%，远低于 2005 ~ 2010 年 3.31% 的水平。

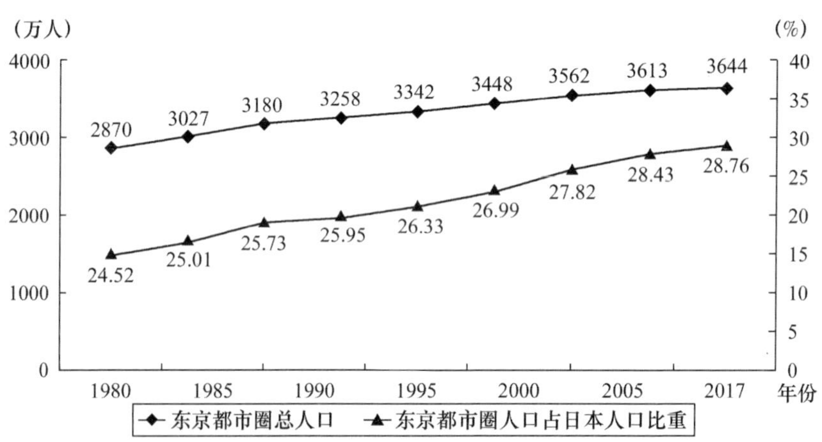

图 2　东京都市圈人口演变情况

资料来源：根据日本总务省统计局《日本统计年鉴》相关年份数据测算绘制。

日本 47 个一级行政区（都道府县）的数据显示，[①] 2017 年只有东

① 日本的地方行政区划分为“都道府县”和“市町村”两级。目前，日本全国分为 47 个一级行政区：一都（东京都）、一道（北海道）、二府（大阪府、京都府）、四十三县。“都道府县”之下再设立“市町村”。据研究，明治维新以来，日本地方自治有过三次大规模的变动，目的是通过地方自治体的合并来整合资源，优势互补，发挥规模效益，精简机构，降低行政成本，提高行政效率，从而实现跨区域治理质量的提升（白智立，2017）。

京都、埼玉县、千叶县、神奈川县、福冈县、大阪府、爱知县7个一级行政区属于人口净流入区（见图3），其中，东京都、埼玉县、千叶县和神奈川县位于东京都市圈。但流入人口在东京都市圈的分布并不均衡，2017年净流入的11.98万人口中，有7.55万流入东京都地区，流入埼玉县、千叶县、神奈川县的人口则比较少。“一都三县”的人口密度也反映了这一状况。例如，2015年东京都的人口密度为6168.7人/km^2、神奈川县为3777.7人/km^2、埼玉县为1913.4人/km^2、千叶县为1206.5人/km^2，虽然都远高于日本340.8人/km^2的平均人口密度，但区域差异还是很明显。

中国长三角地区的人口集聚状况也呈现出类似特征，上海、南京、杭州、苏州、宁波等主要城市的人口扩张业已进入平台期。例如，上海市常住人口数量已经由2014年的2426万降到2018年的2423万，人口规模有所缩小。2010年以来，南京市、苏州市常住人口增长缓慢，2010～2018年这两个城市的常住人口分别只增加了43万和26万。[①] 图4直观展示了2000～2018年上海和南京常住人口的变化情况。根据贾珅（2019）的研究，2010年以来珠三角和京津冀地区仍在集聚人口，但长三角地区的总人口相对全国人口规模趋于稳定，安徽成为长三角人口增长的主要支撑，长三角内部区域间人口流动呈现围绕中心城市“分片集聚”的特征。

从全国人口流动趋势看，2014年流动人口规模达到2.53亿的峰值后，自2015年起，流动人口规模和比重从此前的持续上升转为缓慢下降，2019年流动人口规模降到了2.36亿，意味着中国的人口流动

---

① 南京市常住人口由2010年的800.76万增加到2018年的843.62万，苏州市常住人口由2010年的1045.99万增加到2018年的1072.17万。

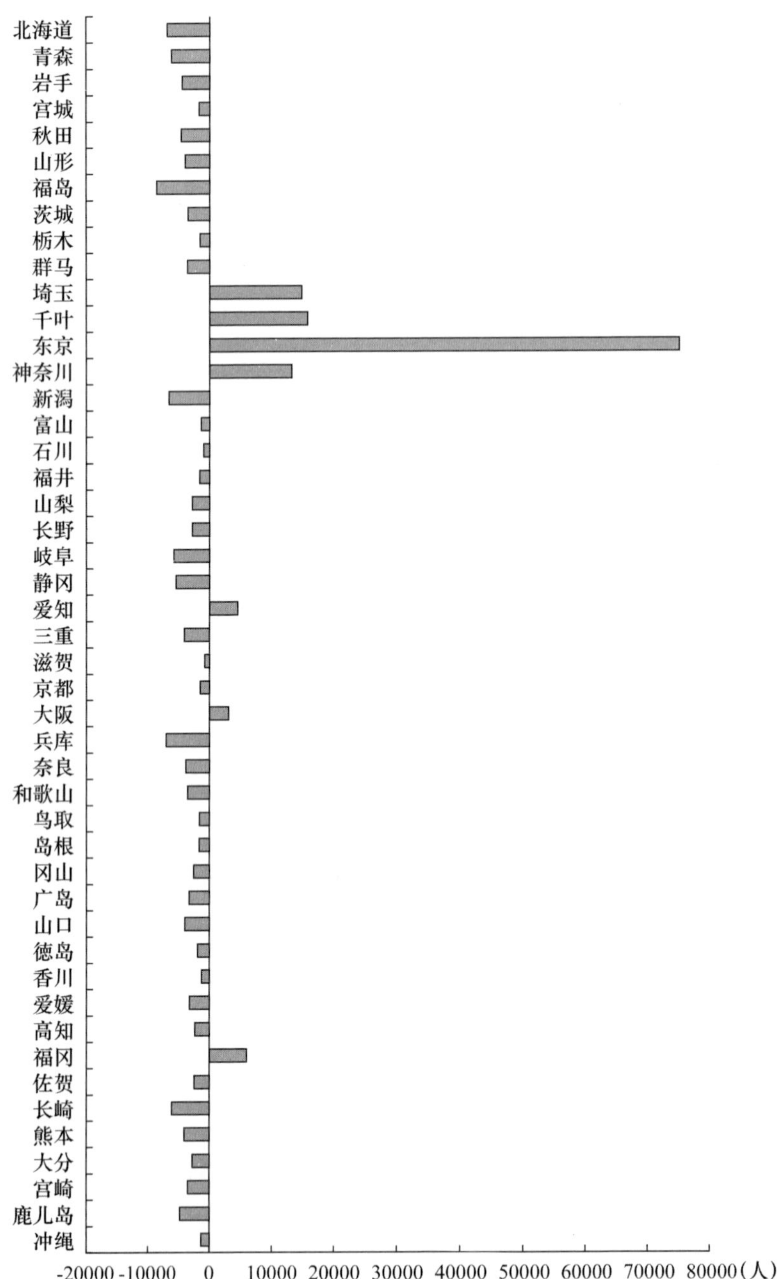

图 3 2017 年日本一级行政区人口流动情况

资料来源：根据日本总务省统计局《日本统计年鉴》相关年份数据整理绘制。图中展示的是日本 47 个一级行政区的人口流动数据。正数表示人口净流入，负数则意味着人口净流出。

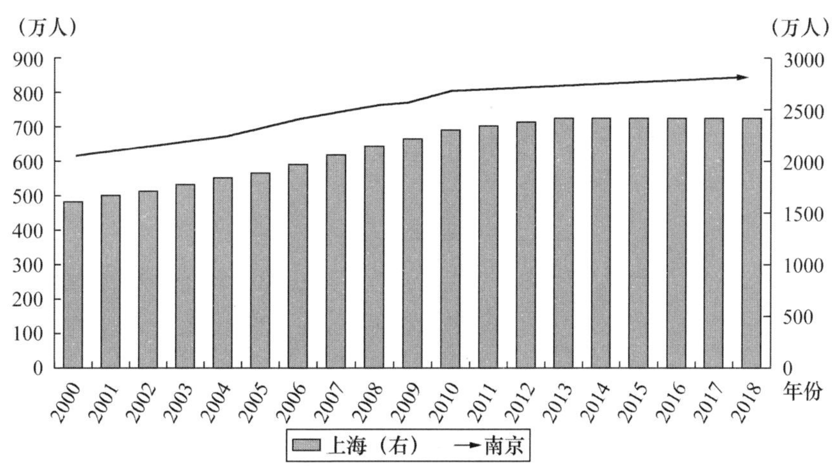

图4　2000～2018年上海、南京常住人口的演变

资料来源：根据上海、南京统计局相关年份数据整理绘制。

已进入调整期。人口流动变化的背后固然有产业结构调整、地区工资水平收敛等因素的影响，但人口结构的变化则是更深层的原因。我们的研究表明，中国的人口结构在经历1953～2008年劳动年龄人口规模持续扩大、创造了大量人口红利之后，出现了少子化与老龄化并存现象，未来时期人口老龄化、少子化、劳动年龄人口下降和农村空心化问题将持续加重，人口规模也将在2023年前后开始下降（李建伟、周灵灵，2018）。

总之，城市人口规模的长期变化过程表明，尽管人口仍有继续向大城市流动集聚的趋势，但这种规模和增长率会随着人口结构的调整而不可避免地进入平台期（周灵灵，2019）。由于东京都市圈和长三角地区都是老龄化程度很高的地区，未来的产业布局和一体化发展都需要充分考虑劳动力的供给和养老问题。特别是上海、南京、杭州等长三角核心城市，其发展很大程度上得益于安徽和苏北贡献的大批青壮年劳动力，但随着全国和长三角人口结构的变迁，劳动力流入的规模已越来越小，增长率也越来越低。因此，需加强研判、充分借助这段相对有利的“时间窗口”，在推进长三角一体化过程中解决好户籍城镇化和养老保障的区域统筹等存量问题，加快构建普惠共享的公共服务体系，实现基本公共服务均等化，为高质量发展涵养长期动能。

（二）关于虹吸效应

东京都市圈的发展历程表明，区域间的一体化发展起主导作用的是市场机制，需遵循市场规律。与此同时，要加快推动高位组织协调机制的建立健全，改善和优化竞合格局，抑制虹吸效应。就中国而言，区域发展差异的客观存在、要素流动和人员往来的便利化，往往使得虹吸效应难以避免。特别是高铁这类重大基础设施建设的快速推进，一些相对落后的地区可能还没来得及做好充分准备，其人才、资金、技术等优质要素资源可能就被快速吸走。

以高铁建设为例，2019 年中国高铁营业里程已达 3.5 万公里，占世界高铁总里程的 2/3。作为一种低污染、高性能的新型运输方式，高铁不仅给人们的生活方式带来极大影响，而且通过缩短企业间商务谈判时间和降低信息沟通成本等方式，加快了人员、资本和技术等生产要素的流动速度，最终影响资源配置效率和全要素生产率。对此，我们用中国“四纵四横”高铁开通站点数据匹配工业企业面板数据，从微观视角考察了高铁开通对企业资源再配置的影响，发现高铁开通整体上促进了资本要素流动，优化了资本要素在企业间的配置状况，但高铁开通对企业产品市场扭曲没有显著作用。而且，高铁开通对企业资本要素配置的影响存在异质性。一是区位异质性，相较于基础设施落后的农村地区，高铁开通更加优化了基础设施相对完善的城市及其周边的企业资本要素配置；二是行业异质性，高铁开通对资本密集型行业的企业资本要素配置优化作用更强；三是所有制异质性，高铁开通对非国有企业的资本要素配置优化作用更显著（李欣泽、纪小乐、周灵灵，2017）。

这预示着在机制设计上，一方面要打破各种壁垒，加快统一市场的进程，优化要素流动和资源配置，另一方面，也要注意兼顾区域差异，抑制发达地区对后发地区人才、资金和技术等要素资源的虹吸效应。尤其要关注高铁这类重大基础设施，它虽提升了城市之间的可达性，但会促使落后地区的资本和劳动力更多地流向大城市，小县城可能会由于经济活力的流失而变得更差，进而被“吸干”（Qin Yu，2017）。当然，这并不是说不发展高铁等重大基础设施，毕竟高铁开通总体上能促进要素流动、优化资源配置，而是应该注意，改善落后地区的基本公共服务，在产业布局上兼顾比较优势和地区差异，促进区域间的分工互补和错位发展。简言之，区域一体化发展的动力机制应该是有效市场和有为政府的有机协同。

执笔人：周灵灵

参考文献

[1] 白智立．日本广域行政的理论与实践：以东京首都圈发展为例．日本研究，2017（1）
[2] 陈宪．从东京都市圈看区域融合发展．文汇报，2018-02-15
[3] 陈言．东京湾的循环经济之路．同舟共济，2017（11）
[4] 贾珅．长三角地区人口格局变动带来的挑战及应对之策．国务院发展研究中心《调查研究报告》，2019年第21号（总5521号）
[5] 李建伟，周灵灵．中国人口政策与人口结构及其未来发展趋势．经济学动态，2018（12）
[6] 李欣泽，纪小乐，周灵灵．高铁能改善企业资源配置吗？——来自中国工业企业数据库和高铁地理数据的微观证据．经济评论，2017（6）
[7] 刘祥敏，李胜毅．一体化分工跨区域合作的典范——东京大都市经济圈发展的经验和启示．天津经济，2013（12）
[8] 宋锋华．经济增长、大气污染与环境库兹涅茨曲线．宏观经济研究，2017（2）
[9] 田栋，王福强．国际湾区发展比较分析与经验借鉴．全球化，2017（11）
[10] 王凯，周密．日本首都圈协同发展及对京津冀都市圈发展的启示．现代日本经济，2015（1）

[11] 王宪明. 日本东京湾港口群的发展研究及启示. 国家行政学院学报，2008（1）

[12] 周灵灵. 我国人口流动的核心特质及政策启示. 开发研究，2019（4）

[13] Grossman, Gene M. & Alan B. Krueger, "Environmental Impacts of a North American Free Trade Agreement", *NBER Working Papers*, 1991, No. W3914.

[14] Qin Yu, "No County Left Behind? The Distributional Impact of High - speed Rail Upgrades in China", *Journal of Economic Geography*, 2017, 17: 489 ~ 520.

专题报告十五

美国大湾区一体化发展的经验和启示

湾区一般是指围绕沿海口岸分布的众多海港和城镇所构成的港口群和城镇群，一般将在湾区这种特定地域上形成的经济集聚现象称为“湾区经济”。世界级城市群大多分布于湾区，沿海的经济和人口也多集聚于湾区，湾区已成为全球经济增长和技术创新的引领区，也是沿海国家参与全球化竞争的重要空间载体。纽约湾区、旧金山湾区、东京湾区的“成长三角”是在全球经济竞争中崛起的著名湾区。目前，三大世界级湾区均已迈入创新驱动经济增长阶段，实现良性互动和一体化发展。

旧金山湾区是全球闻名的“高科技湾区”。它的形成依赖于当地的资源优势和港口群，发展则依赖于三次科技革命的历史机遇以及各种要素的集聚，实现了产业的持续创新升级，形成以中心城市为核心、以周边腹地为支撑的开放型经济体系。旧金山湾区已经成为超级大港、商贸枢纽、科技创新和金融服务能力四大功能的集成区域。据统计，2016 年旧金山湾区 GDP 总量达到 4705.3 亿美元，其中硅谷地区的 GDP 占美国 GDP 的 5%，其人口不到全美国的 1%，人均 GDP 达到了 11.96 万美元，位列全美国第一。据《财富》杂志公布的 2017 年世界市值 500

强企业中，总部位于旧金山湾区的共有 28 家之多；2017 年美国盈利能力 50 强企业中，旧金山湾区占了 10 家之多。截至 2018 年 3 月，全球共有 236 家独角兽公司，美国占 116 家，其中大部分位于硅谷。

作为全球著名的科技湾区和一体化发展的代表性区域，旧金山湾区的成功经验对推进实施长江三角洲区域一体化战略具有启发意义。

一、旧金山湾区一体化发展脉络

旧金山湾区由 9 个县和 101 个建制市构成，主要城市包括旧金山、奥克兰、圣何塞等，总人口数超过 700 万。从区划上来看，旧金山湾区主要包括 5 个区域，即北湾、旧金山市区、东湾、旧金山半岛和南湾。自 19 世纪中叶起，旧金山湾区经历了三大发展阶段，一体化发展水平持续提高。

（一）依托资源开发和港口优势的发展初期（1848 年至 19 世纪 70 年代）

早期旧金山湾区的发展主要依赖两大禀赋优势。一是黄金矿产资源丰富。19 世纪中叶起，旧金山湾区掀起“掘金潮”，带动下游金属冶炼和加工业迅速发展，吸引了大量移民涌入，1850 ~ 1870 年湾区人口快速增加。依靠黄金资源，旧金山湾区完成了初始的资本积累，社会财富激增，现代金融业开始出现，富国银行和美国加州银行相继设立。二是交通区位优势。人口流动和货物贸易对交通基础设施的需求不断增长，而旧金山湾区有众多优良的深水港湾，通过港口对外联通太平洋，海运地位突出，并通过铁路联通内陆，能很好地满足陆海联运的交通需求。

（二）快速发展期（19 世纪 80 年代至第二次世界大战）

湾区基础设施不断完善。20 世纪 20 年代，旧金山湾区的高速公路网修建完成，先后建成了 7 座跨海大桥，这是湾区交通一体化发展的重要里程碑。基础设施完善带动湾区工业化快速推进。19 世纪后期，以奥克兰为中心形成复杂的陆路交通网，奥克兰成为湾区工业中心，湾区东部逐渐形成一个工业地带并且逐步扩大到西奥克兰地区。1880～1890 年，奥克兰制造业产值增加了 3 倍以上，成为“铁路城镇”的典型。

（三）湾区发展成熟期（第二次世界大战至今）

第二次世界大战期间，由于旧金山湾区的重要战略地位，基础设施建设和高科技工业迎来了加速期。战争带来大量军方需求，第二次世界大战及战后联邦政府在湾区总计投入 60 亿美元用于军事订单采购，拉动了湾区经济发展。1942 年起，湾区相继建立了多家大型造船厂，制造能力大幅上升。在此期间，人口大量迁入，1940 年到 1950 年，旧金山市居住人口从 63.4 万增长到 77.5 万。

硅谷成为世界科技创新中心始于第二次世界大战期间的电力电子研究。20 世纪 30 年代，硅谷的奠基人弗德里克·特曼资助学生在一间车库内成立了惠普公司（HP），此后“车库文化”影响了一代代硅谷人。1951 年，斯坦福工业园区成立，这是世界上第一个研究与产业高度结合的高校工业区，也是高技术产业园区的先驱，带动该地区成为全球知名的“科技湾区”。

二、旧金山湾区一体化发展的主要特征

旧金山湾区有其别具一格的特征，如残酷的市场淘汰机制、扁平

化的企业管理制度、鼓励创业和冒险的“车库文化”、尊重创造的工程师文化、包容多元的移民文化等，这些特征共同缔造了“硅谷奇迹”。

（一）科技湾区

在世界主要湾区中，旧金山湾区呈现出“科技湾区”的鲜明特征。第二次世界大战以来，在硅谷产生了众多重大的科学技术进步和产业突破，孕育出一大批享誉世界的高科技企业。硅谷在历史上产生了多个“世界第一”，如硅谷的企业发明并大规模生产了真空电子管、集成电路、微处理器、微型计算机等电子产品，并率先将晶体管、国际互联网、浏览技术等实现产业转化并推向国际市场。可以说，硅谷是信息技术革命的奠基者和领导者，引领着信息技术的每一次潮流，来自硅谷的技术和产品深刻改变了整个世界，重塑了全球的生产和生活方式。

（二）独特的创新机制和创新生态

旧金山湾区崛起源于独特的创新机制和创新生态，这是其难以被其他地方模仿或复制的核心竞争力。风险投资公司、创业服务机构、高校、创新型企业共同构成硅谷的创新生态圈，科学、技术、生产融为一体，产学研实现无缝对接。高校、大型企业、投资人、孵化器共同扶持年轻人创业，创业环境极其优越。作为高技术创业企业的集聚地，其企业生存和发展所需要的各种资源，如人员、资金、服务机构以及它们之间的网络与互动模式等，硅谷都具备。

（三）高校成为创新“发动机”

高校对旧金山湾区的创新生态至关重要。湾区共有 70 多所高等学府，其中9所进入2016年上海交大世界大学学术排名“全球100强”，共诞生超过150名诺贝尔奖得主。以斯坦福大学为代表的湾区高校不只是学术象牙塔，而成为高科技产业发展的直接推动者。除了早期惠普公司的“车库传奇”和“斯坦福科技工业园”，后来的思科、苹果、雅虎、谷歌等公司都与斯坦福大学密切相关。在科技成果转化方面，斯坦福大学为全世界树立了标杆。1980年，美国国会通过《拜杜法案》之后，斯坦福大学形成以技术授权办公室（OTL）为核心的技术转移服务体系，为职务发明的成果转化提供专业和系统的服务。

（四）人才高度集聚

旧金山湾区适宜的气候条件、雄厚的产业基础以及包容开放的文化，吸引了全球各类人才向湾区集聚。湾区具有突出的教育优势和人才储备优势，统计数据显示，2013年，湾区25岁以上人口中接受高等教育的比例为42%，远高于美国平均水平28%，也高于波士顿和纽约。硅谷是美国高科技人才的集中地，科技人员超过100万，在硅谷任职的美国科学院院士就有近千人。

湾区的收入水平和就业环境在全美首屈一指。美国薪资最高的15个企业中，有9个在旧金山湾区，硅谷高技术职位的平均年薪高达15万美元，在美国位居首位。此外，加州不承认“非竞争协议”，人才可以自由跳槽到竞争公司，劳动力市场极具流动性和竞争性。

（五）活跃的风险投资

湾区成为全球科技创新中心的重要原因之一是风险资本高度集聚、创业服务细致完善。美国超过40%的风投基金普通合伙人（GP）集中在湾区，湾区的风险投资规模从1996年的30亿美元快速发展到

2015年的280亿美元，占美国风险投资总额的45%以上，每年投资的创业项目超过一千个。风险投资是创业生态的重要组成部分，创业企业与风险资本形成互相促进的“螺旋式循环”局面：一方面风险投资为创业企业提供成长的资本环境，刺激创业企业大量涌现；另一方面创业活跃对风险资本的需求不断增加。英特尔、苹果、谷歌等科技巨头的崛起，早期都离不开风险投资的助力。

（六）产业多元化

除高科技行业，旧金山湾区的消费、能源、金融、医疗保健等非高科技行业发展势头也很良好，如能源巨头雪佛龙、金融巨头富国银行均位于湾区。多元化的产业结构为经济增长提供了多重动力。同时，信息技术产业对其他产业形成有效支撑和良性互动。信息技术与实体经济融合是产业发展的大趋势，旧金山湾区的科技公司利用先进的信息技术手段不断跨界整合，颠覆了很多传统行业的商业模式和产业形态，产生金融科技、共享经济、平台经济等众多新业态。

（七）冒险文化

冒险精神是旧金山湾区的精神底色，这与前沿技术创新的高风险性相适应，其他地区短时间内难以学习模仿。从最初的淘金热、西部大开发，到后来的科技创业，都体现了湾区的冒险精神。旧金山湾区的另一个精神传统是“自由”，加州大学伯克利分校是“自由主义”的桥头堡，湾区形成的敢于质疑和挑战权威的传统，与“创新”有着类似的精神基因。正是旧金山湾区冒险和自由的文化氛围，使其成为创新者的天堂，大量具有冒险精神的创新者被吸引到这里进行高风险的创业活动。

三、政府及非政府组织在旧金山湾区一体化发展中的主要作用

（一）协同、错位，建立区域协调机制

1. 区域协调机制

政府很少干预旧金山湾区的发展定位，包括硅谷的形成和发展都不是政府直接规划的结果。虽然没有高层次（比如州层面）的政府组织协调湾区经济发展战略，但湾区仍然建立了区域协调机制，在基础设施、生态环境等方面推动区域协同治理。

一是湾区政府协会。这是最主要的一个地区性综合规划机构，也是加州第一个区域性地方政府协会，其成员包括湾区 9 个县和 101 个市镇的地方政府。湾区政府协会主要解决跨区域的政府协调问题，组织各县区共同参与制定湾区的发展规划，统筹湾区的土地空间利用、交通基础设施建设、生态环境治理等重大问题，是从官方层面推动湾区一体化发展的主要组织平台。湾区政府协会主要由联邦和州政府财政资金支持，少部分由会员会费和社会资金支持。

二是湾区委员会。这是一个民间地区性商业和经济政策游说组织，主要职能是组织湾区的公民领袖和企业家共同参与湾区重大事项的论证和决策，具有广泛民意代表性，对推动湾区一体化发展发挥了积极作用。该组织由企业赞助，自成立起就陆续成立专门的区域性公共监管机构，包括：湾区空气质量管理区，负责监管湾区的空气污染；湾区保护和开发委员会，负责保护、改善和合理利用湾区；大都会交通委员会，负责规划、投资、协调和管理湾区交通系统；湾区快速轨

道交通委员会，负责筹建并管理湾区电气化轨道交通系统 BART；等等。

2. 协调城市功能布局

旧金山湾区主要城市之间功能划分较为明确，彼此没有直接竞争关系，相互促进，优势互补，提高了区域整体的发展效率和可持续性。在湾区的三大城市中，圣何塞是高新技术中心，奥克兰是港口工业中心，旧金山是金融文化中心，“科技”“产业”“服务”三位一体，共同构筑了全球科技创新中心。

（二）完善法律体系

一是鼓励风险投资的法律。1974 年，美国联邦政府通过了《退休收入证券法》，养老基金得以扩大投资范围；1979 年，美国联邦政府进一步放宽了养老基金对初创企业投资的限制，养老基金成了风险投资的最大资金来源，有效地拉动了旧金山湾区的创业活动。

二是支持高新技术企业发展的法律。1982 年，美国联邦政府通过了《中小企业技术革新促进法》，为中小企业的技术研发和科技成果产业化活动提供全方位的支持，不仅直接为中小企业的技术研发活动提供一定比例的经费资助，还通过财政手段鼓励拥有发明专利的科技人员创办企业。该法律极大地稳定了资本方的市场预期，风险资本如雨后春笋般地涌现，创业生态日益完善。

三是优化营商环境的法律。政府干预主要体现在完善基础制度和优化营商环境上，比如统一制定空气、食品药品的安全标准。同时，政府大量进行基础研究投入并完善科技基础设施，有效支撑了企业的研发活动。政府每年投入上百亿美元进行前沿科技领域的研究，在湾区内建立了 25 所国家级或州级的实验室，将湾区打造为知识高地。

四是保护和激励人才的法律。加州法律并不支持“竞业禁止协议”，不限制员工流动和同业竞争。加州法律积极鼓励人才和产业融合发展，如斯坦福大学支持学生和教授使用职务发明创业并在延长的创业时间内为他们保留学籍或教职。

（三）规划建设发达便利的交通网络

交通基础设施互联互通是湾区一体化发展的基础保障。在旧金山湾区的发展历程中，便捷的交通对区域发展的加速作用是显而易见的。1930 年左右修通的跨海大桥和 1972 年通车的 BART 都有效促进了湾区的一体化发展。目前，湾区内具备成熟的海陆空综合立体交通网络，紧密串联起各个功能区。该交通网络由多部门协调统一规划完成，是包含城市公路、铁路、高速公路、桥梁、隧道、机场、港口的庞大网络系统。基于发达便利的交通网络，湾区城市空间联系紧密并与全球经贸往来顺畅。

（四）提供生态友好的宜居环境

旧金山湾区本身环境优美、气候宜人，是吸引人才迁入的重要因素。地方政府注重提供生态友好的宜居环境，将湾区打造成全美最宜居的地方。因此，在产业、城市联动发展过程中，湾区政府非常重视生态环境的保护，出台了相关的法律和政策严格控制污染，如加州出台法案，规定了温室气体减排目标，同时还出台了规划方案，引导城市建设以环境保护为重要目标之一。长期以来，宜居环境都伴随并推动着旧金山湾区经济发展，为其他地区树立了经济发展和环境保护有机统一的典范。

四、对长江三角洲区域一体化发展的启示

旧金山湾区成长为全球耀眼的“科技之城”是一个复杂、长期、渐进的过程。通过对旧金山湾区的特征与发展历史的梳理，可以得到如下经验与启示。

第一，建立多方合作机制。湾区是一个跨政府和跨行政边界的概念，在湾区的发展过程中，需要企业、政府和社会等多方的合作。旧金山湾区的合作机制既有官方层面的湾区政府协会，又有民间层面的湾区委员会，广泛代表各方的利益诉求，将政府和社会力量共同调动起来，很好地解决了湾区一体化的跨区域合作与协调问题。

第二，完善市场机制。重视市场机制配置资源的决定性作用与政府引导相结合，鼓励要素自由流动。尤其是要培育科技服务业、金融业等第三产业，这是创新创业的重要催化因子。政府应致力于营商环境的改善和提升，对重大关键技术和基础研究给予大力支持并为人才流动创造有利环境。

第三，城市功能明确，错位发展，发挥集聚效应。旧金山湾区在发展过程中，形成中心城市及周边城市错位、协同发展的局面，湾区城市群具有城市功能互补、产业错位布局、公共服务共建共享、政策协同一致等基本特征，作为一个整体参与国内、国际竞争与合作，成为支撑区域协调发展和提升国际竞争力的空间载体。

第四，千方百计发展教育。知识经济的新时代，区域的竞争也是人才的竞争。以开放的政策、包容的文化、宜居的环境，给全世界人才更多进驻的理由和发挥的空间。旧金山湾区聚集了一批美国著名的高等学府及研究性机构，其中有五个世界级的研究型大学、五个国家

级实验室，对建设“科技湾区”起到了不可替代的作用。

第五，善用湾区自然景观与空间特征，着力保护生态。较之内陆地区，湾区的环境更加脆弱，治理难度更大。应避免走“先污染、后治理”的老路，重视有限的资源环境承载力与长期发展之间的矛盾，合理规划和布局，约束各类盲目开发行为，实现绿色增长。

执笔人：杨维富